职业教育素质教育论

ZHIYE JIAOYU SUZHI JIAOYU LUN

尹伟民 尹 导 著

中国教育出版传媒集团

高等教育出版社·北京

内容提要

本书深入探讨了职业教育素质教育的有关内容,旨在为新时代职业教育素质教育的理论研究与实践提供明确具体的参考。本书共七章,内容主要包括职业教育素质教育的内涵与特征、职业教育素质教育的目标、职业教育素质教育的内容、职业教育素质教育的实施、职业教育素质教育的师资、职业教育素质教育的评价,以及新时代职业教育素质教育的案例。

本书适合作为职业教育工作者的参考资料,也可作为相关专业学生的学习用书。

图书在版编目(CIP)数据

职业教育素质教育论 / 尹伟民,尹导著. -- 北京 :
高等教育出版社,2025.4(2025.7重印). -- ISBN 978-7-04-064542-2

Ⅰ. G711

中国国家版本馆 CIP 数据核字第 2025RZ1145 号

策划编辑	张尔琳	责任编辑	周静研	封面设计 张文豪	责任印制	高忠富

出版发行	高等教育出版社	网　　址	http://www.hep.edu.cn	
社　　址	北京市西城区德外大街 4 号		http://www.hep.com.cn	
邮政编码	100120	网上订购	http://www.hepmall.com.cn	
印　　刷	上海叶大印务发展有限公司		http://www.hepmall.com	
开　　本	787mm×1092mm　1/16		http://www.hepmall.cn	
印　　张	12			
字　　数	235 千字	版　　次	2025 年 4 月第 1 版	
购书热线	010-58581118	印　　次	2025 年 7 月第 2 次印刷	
咨询电话	400-810-0598	定　　价	68.00 元	

本书如有缺页、倒页、脱页等质量问题,请到所购图书销售部门联系调换

序

习近平总书记在全国教育大会上指出,要紧紧围绕立德树人这个根本任务,着眼于培养德智体美劳全面发展的社会主义建设者和接班人,坚持社会主义办学方向,坚持和运用系统观念,正确处理支撑国家战略和满足民生需求、知识学习和全面发展、培养人才和满足社会需要、规范有序和激发活力、扎根中国大地和借鉴国际经验等重大关系;要在坚定理想信念上下功夫,要在厚植爱国主义情怀上下功夫,要在加强品德修养上下功夫,要在增长知识见识上下功夫,要在培养奋斗精神上下功夫,要在增强综合素质上下功夫。职业教育作为与社会经济联系最为紧密的一种类型教育,是教育强国的重要组成部分,不仅承担着培养高素质技术技能人才的重任,更是推动经济社会发展的重要力量。在职业教育的改革与发展中,大力加强和推进素质教育是应有之义,也应该成为永恒的主题,在人工智能技术不断发展和我国经济结构深化调整的新形势下更应如此。随着时代发展和科学技术迭代,职业教育素质教育的内涵、目标、内容等也在发生相应的变化,《职业教育素质教育论》正是在这样的时代背景下应运而生的,旨在通过深化研究为职业教育工作者提供全面、深入且具有实践指导意义的职业教育素质教育理论体系和实践指南。

本书共分七章。第一章阐述了职业教育素质教育的内涵与特征,通过剖析素质、素质教育以及职业教育素质教育的概念,明确了职业教育素质教育的核心要义,即以学生为中心,注重学生的全面发展,培养学生的职业道德、职业知识、职业能力和创新创业素养,为后续章节的展开奠定了坚实的理论基础。第二章至第四章分别探讨了职业教育素质教育的目标、内容及实施。在目标设定上,本书提出了基于时代性、全面性、差异性和系统性四大原则的目标体系,包括基础素养目标、专业素养目标、创新素养目标和发展素养目标四个方面,旨在培养学生的综合素质与创新能力。在内容确定上,本书强调了新时代职业教育素质教育的核心内容——职业道德素养、职业知识素养、职业能力素养和创新创业素养,为职业教育素质教育的实践提供了明确的指导。在实施路径上，本书从职业院校、企业、政府、行业组织等实施主体出发，通过通识教育课程、专业理论课程、专业实践课程、创新创业课程、班主任工作等载体，以及课堂教学、校园职业文化熏陶、学生社团活动等多种方式，构建了职业教育素质教育的全方位实施路径，为职业教育素质教育的有效实施提供了可行的方案。第五章聚焦师资建设，强调了师资在职业教育素质教育中的关键作用。本书提出了职业教育素质教育的师资要求，包括具有正确的教育理念，宽厚的知识基础，较强的教育能力、创新创业能力以及丰富的社会实践经验。同时，第五章还探讨了师资的来源与专业发展路径，包括职业院校教师、企业实习实训指导教师、行业专家及知名人士等多元化的师资来源，以及职前培养、职后培训和保障体系构建等师资专业发展的有效途径，为提升职业教育师资素质提供了有力的支撑。第六章构建了职业教育素质教育的评价体系，提出了评价的原则，包括多元性原则、综合性原则、导向性原则和可行性原则，以及评价的目的、内容、方法等，同时详细阐述了评价的实施过程，包括前期准备、制订评价方案、收集评价指标数据、客观分析评价结果等步骤，为广大职业院校实施素质教育提供了操作指南。第七章通过选取三个具有代表性的案例，深入剖析了新时代职业教育素质教育的实施效果与存在问题，展示了新时代职业教育素质教育的实践成果与经验、启示，为职业教育素质教育的推广与深化提供了宝贵的借鉴与参考。

本书力求全面而深入地探讨职业教育素质教育相关的理论与实践问题，为职业教育工作者、政策制定者、研究人员以及关心职业教育发展的社会各界人士提供有价值的参考与启示。我们期待本书成为职业教育领域交流与讨论的催化剂，激发更多关于职业教育素质教育的思考与探索。同时，我们也深知职业教育素质教育的实施是一个复杂而长期的过程，需要政府、学校、企业和社会各界共同努力，真诚期待本书的再版能够对职业教育素质教育的推进起到促进作用。让我们共同努力，通过职业教育素质教育培养出更多高素质、创新型技术技能人才，为我国的产业升级、经济社会发展和教育强国建设注入源源不断的活力与动力。

编　者

目录

第一章 职业教育素质教育的内涵与特征

　　自从我国推进素质教育以来,学术界、实践界关于素质教育问题都展开了积极的研究和实践。由于教育的层次不一、性质不同,各级各类教育实践中的素质教育内涵也存在差异。职业教育的类型特点决定了职业教育素质教育相对普通教育素质教育而言有其特定的内涵。本章主要对职业教育素质教育的时代背景、历史发展、理论基础、内涵及特征进行探讨。

第一节 概　论

一、我国职业教育素质教育提出的时代背景

(一)经济背景

　　2023 年 9 月,习近平总书记在主持召开新时代推动东北全面振兴座谈会时,强调要"积极培育新能源、新材料、先进制造、电子信息等战略性新兴产业,积极培育未来产业,加快形成新质生产力,增强发展新动能"。这是立足于我国经济发展实践基础、时代特征和目标任务,针对加快构建新发展格局和着力推动高质量发展提出的重大命题,加快形成新质生产力成为我国全面建设社会主义现代化国家的战略取向。[1]"加快形成新质生产力"是新时代我国推动中国式现代化、实现经济高质量发展必须担负的新使命。"新质生产力,核心要义是'以新促质',以创新驱动高质量发展。"[2]"职业教育以培养技术技能人才为己任,兼具技术研发、服务社会等职能,与新质生产力的形成与发展具有高度的契合性。"[3]职业教育素质教育的实施与实现,是新质生产力形成

---

[1]　高帆."新质生产力"的提出逻辑、多维内涵及时代意义[J].政治经济学评论,2023,14(6):127-145.
[2]　徐政,郑霖豪,程梦瑶.新质生产力赋能高质量发展的内在逻辑与实践构想[J].当代经济研究,2023(11):51-58.
[3]　闫志利,王淑慧.职业教育赋能新质生产力:要素配置与行动逻辑[J].中国职业技术教育,2024(7):3-10.

的重要路径与依托。

1. 创业型经济呼唤开展职业教育素质教育

创业型经济作为一种全新的经济形态,是知识、技术、管理、资本与企业家精神互融的新型经济运行方式,以创新、创业、创造为核心,以实现理论创新、机制创新、技术创新、制度创新为宗旨。创业型经济的本质是创新。随着创业型经济在全世界的延伸和发展,实现职业教育人才培养模式的创新也就成为顺应创业型经济潮流的必然选择。

创业型经济时代是我国实现经济和社会快速发展的战略机遇期,更是优化经济结构和进一步进行社会结构调整的战略转型期。中国是世界上劳动力人口最多的国家,也是最大的新兴市场经济国家,扩大就业、鼓励创业具有特殊的重要意义。在这样的社会背景下,中国的职业教育随着当今中国社会主义市场经济发展和各项制度的不断完善,显示出强劲的生命力和创新活力,也标志着新的教育形态,即创业者教育的出现。

职业教育作为应用型与技能型人才培养的主要载体,必将成长为这场创业革命中的主力军。创业型经济时代的职业教育不仅仅是关于知识和技能的教育,更应该是关于创造、创新和创业的教育。大力开展创新创业教育,其目的就在于提高受教育者获得知识的能力和未来进行创新创业所必需的能力、素养,通过他们的创新创业扩大就业,进而推动经济发展,实现职业教育与发展经济、扩大就业的良性互动。

职业院校学生创业,除了需要具备专业技能,还需要具备创造性思维、管理能力、良好的道德修养和心理素质等。职业院校大力开展创造、创新和创业教育,提高受教育者所必需的各种素养,必然可以为受教育者创造、创新和创业提供素质基础。

2. 知识经济时代引发职业教育培养模式变革

知识经济时代,经济增长方式由传统的粗放型转变为现代的集约型,带来了三次产业结构比例关系的调整,产生了大量新兴职业,促进了现代服务业的发展。现代服务业的快速发展需要大批具有解决疑难问题的能力、在沟通和协作方面受过特殊训练、素质良好、知识面广的人才。因此,加强对学生适应工作环境和与他人合作能力的训练,培养学生创新、沟通、协作方面的能力,是新时期现代服务业高层次技能人才培养对职业教育提出的必然要求。

随着世界经济一体化进程的日益加快,跨地域、跨国界的竞争更加激烈,对高素质人才的需求日益加大,所有的竞争最终都归结到人才的竞争上。基于职业教育与产业的密切相关性,产业规模越大、发展越快,职业教育的规模、层次、发展速度和专业设置越要与之适应。在我国产业结构调整的过程中,经济社会对各行各业人才的需求数量与层次将随着产业结构调整的推进而变化,产业结构的调整及对人才的需求规模决定了教育的人才培养规模、需求结构和需求规格,也必然要求职业教育的结构、专业设置、培养方向与标准随着产业结构的调整而调整。

为了适应产业结构的转型升级及人才需求的变化,职业教育在结构、专业设置方面必须突出素质教育元素。实施职业教育素质教育,不仅能提高受教育者自身的职业技能素质,还能培养出具备适应复杂多变的市场、社会环境所需要的思考能力、创造能力、管理能力、表达能力、社交能力、自学能力以及心理承受能力等,更加适应产业结构调整的人才。

3. 推动职业教育素质教育发展是企业发展的内在需求

企业发展需要职业教育提供数量充足、质量优良的技术技能型人才。有学者指出,面对经济发展方式转变的迫切要求和日益激烈的国际竞争,技术技能型人才的短缺越来越成为我国经济社会发展面临的重大瓶颈。这不仅表现在人才数量缺乏上,更表现在技能型人才质量水平的不理想上。人才质量跟不上,就难以承担企业自主创新、转型发展的重任,难以适应经济发展方式转变的需要。现代企业应拥有自己的领先技术和产品,拥有人才优势、技术优势和产品优势,进而形成竞争优势,而支撑这些优势的关键是人才。企业需要的技术技能型人才既要负责一线的生产与建设,又要肩负一线的服务与管理职责。因此,他们不仅要具有创新精神、创造能力,动手能力强,做事精细、认真,具有良好的团队合作精神,具有健康的体魄和优良的职业道德品质,还要具有良好的终身学习意识和继续学习能力,这样才能支撑企业的可持续发展。企业还需要通过职业教育和培训,"建立技术技能传承积累创新机制,将企业技术进步和技能积累的成果不断转化为技术技能人才培养的成果""实现企业技术技能进步和劳动者技术技能发展的同步"[①]。

传统的职业教育很大程度上忽略了学生自主学习能力、创新精神及终身学习理念的养成,很难培养出适应市场经济需求、能力强、素质高的新型人才。因此,实施职业教育素质教育,增强技能型人才综合素质的培养是企业持续发展的内在需要。

(二) 社会背景

实现高质量发展是社会上各行各业的发展目标和路径。高质量发展的最终依托是人,尤其是高素质人才。职业教育素质教育的实施是实现整个社会高质量发展的核心要义。

1. 建设学习型社会需要加强职业教育素质教育

学习型社会是一个面向未来的概念,体现了一种理想主义的社会发展观和教育观。它强调破除学习障碍,保障所有人的学习权益,使教育和学习从传统的学校扩展到社会的所有层面、所有组织和所有人。学习型社会强调学习是个人的生存需要,个人在生命的任何阶段都可以根据自己的需要,自由、自主地选择教育。

在建设学习型社会的背景下,职业教育不仅要适应经济发展的需要,为经济发展

---

① 查建明,田雨.论译者主体性[J].中国翻译,2003(1):19,24.

提供具有专业技术能力和素养、满足企业需求的人才,而且要在法律允许的框架内进行人才培养,保障参与职业教育和培训的学习者的合法权益,使他们能够有尊严地学习职业技能,能够在完成学习和培训之后在某类特定企业的特定岗位上工作,适应一系列相关企业及岗位的要求,并且在未来的经济发展、技术变革和社会转型过程中,拥有继续学习及自我提高的能力。这就要求职业教育和培训的整个过程不仅满足用人企业和市场未来的需求,而且符合学习者和受培训者的长远利益,不断提升他们的学习能力,以适应社会的发展。

尽管目前不同形态的职业教育已经为我国经济社会发展提供了大量人才,职业教育已有相关立法并大体上在法制的轨道上运作,但以学校教育为主要形态的职业教育对市场和企业对于人才需求的快速变化应对不足,教育内容和现实需求也存在脱节现象,导致培养的学生不能满足现实需求。建设学习型社会必须加强职业教育素质教育,不断加强受教育者或受培训者自身的学习能力,以适应不断变化的市场和社会。

2. 职业教育素质教育为老龄化社会增添活力

第七次全国人口普查结果显示,中国 60 岁及以上人口占比超 18%,人口老龄化进一步加深。老龄化社会的到来要求职业教育在人力资源再开发上承担起更重要的使命。老龄化社会的到来对于职业教育的发展来说既是机遇,又是挑战。一方面,大力发展职业教育,有利于促进经济增长方式的转变,能够全面提升人力资源素质,增强老龄化社会的竞争能力。2019 年 11 月,中共中央、国务院印发《国家积极应对人口老龄化中长期规划》,其中明确提出"构建老有所学的终身学习体系,推行终身职业技能培训制度,加快终身学习立法进程,建立健全社区教育办学网络,创新发展老年教育,实施发展老年大学行动计划,到 2022 年全国县级以上城市至少建有 1 所老年大学"。另一方面,随着老龄化的到来,银发经济成为经济发展新动能,强烈呼唤职业教育根据市场需要,增强专业设置的灵活性和针对性,培养大批高素质技术技能人才,充实人才紧缺的养老产业。2021 年《中共中央、国务院关于加强新时代老龄工作的意见》、2024 年《国务院办公厅关于发展银发经济增进老年人福祉的意见》中都指出要"支持和引导普通高校、职业院校结合自身优势和社会需求增设银发经济相关专业,合理确定老年学、药学、养老服务、健康服务、护理等专业招生规模""鼓励有条件的高校、职业院校开设老年教育相关专业和课程,加强学科专业建设与人才培养""大力发展相关职业教育,开展养老服务、护理人员培养培训行动",为在老龄化社会促进经济增长,增强老龄化社会竞争力打下基础。

3. 职业教育素质教育是推进新型城镇化建设的内驱力

新型城镇化的基本特征是以人为本、产城互动,核心是人的城镇化。党的十八大报告提出"坚持走中国特色新型工业化、信息化、城镇化、农业现代化道路,推动信息化和工业化深度融合、工业化和城镇化良性互动、城镇化和农业现代化相互协调,促进工业化、信息化、城镇化、农业现代化同步发展"。"新四化"同步的发展战略对职业教育改革提出了新的要求,也为职业教育发展带来重大机遇。

新型城镇化的核心是人的城镇化,实施路径是将新生代农民工转化为产业工人,而实施职业教育是提升新生代农民工素质的根本途径和进行新型城镇化建设的关键突破口。提升新生代农民工的受教育水平,需要加快构建新生代农民工职业教育体系,对转移就业的新生代农民工开展职业教育,快速推动新生代农民工转型为产业工人和新市民。

农民工要真正融入城市,仅仅具有职业能力是不够的,还需要掌握必要的城市生活技能,熟悉现代城市生活行为习惯、历史沿革以及地理环境,接纳城市文化,具备在城市生活条件下处理人际关系的能力等。传统的职业教育注重职业知识和职业技能的传授,忽视非职业知识和能力的培养,已经不适应新型城镇化的需要,这就迫切地要求开展职业教育素质教育,提高农民工适应城市生活的素质。

(三)文化背景

技能素质是立业之基,人文素质是为人之本,只有两者有机融合,才能真正培养出适应现代化发展需要的高素质技术技能型人才。由于职业教育以技术技能教育为主,主要为社会培养应用型人才,这种显性的教育目标和要求非常容易掩盖深层的、弹性较大的、效果难以体现的人文教育目标。因而职业院校的领导、教师和学生大多对人文教育存在不同程度的忽视。同时,传统社会价值观念认为,职业教育是那些在学术教育中失败的人的无奈选择,职业教育先天地在地位上低于普通教育。职业院校的学生大多是升学考试中的失利者,与其他学生相比,职业院校学生的差距不仅体现在知识基础、文化基础薄弱上,而且在思想道德、心理素质、人文素质方面存在不足。在心理素质方面,职业院校学生的心理更脆弱,更需要教师的温暖和关怀。在职业观念上,大部分学生认为最重要的是技能技巧、专业知识,忽视劳动态度和劳动纪律。可见,相当一部分学生的职业观念定位不准确,忽视了道德素质、职业人文的重要性,忽视了敬业精神、职业精神与技术精神等人文素质的培养。

同时,受"学而优则仕"的传统社会文化观念影响,大众在进行教育选择时也更偏向学术教育,只有在学术教育失败时,才会"退而求其次"地选择职业教育,导致职业院校中聚集着"学业失败者",成了"差生学校"的代名词,学生难管理,学校声誉不好,一些偶发性事件,如"辱师事件""职校学生群殴"等让职业院校的名声一降再降,进一步强化了职业教育的负面形象。[①] 职业教育的现实状况与社会文化观念的偏见对职业教育的发展产生了负面影响,消除这一影响离不开以职业教育素质教育提升学生整体素质,提高职业教育的人才培养质量,进而提升职业教育的社会认可度和文化认可度。

① 石伟平,唐智彬.增强职业教育吸引力:问题与对策[J].教育发展研究,2009,29(Z1):20-24.

此外,在职业教育领域存在着一个误区,即过于狭窄地理解职业教育所培养的"实用型""技能型"人才的概念,过多地关注其职业技能,而忽视人文素质的养成与提高。许多学校从功利性目的出发,过分突出职业教育课程的职业定向性,认为与职业定向课程关系不大的文化课可以少开设。然而,"实用型""技能型"观念被强化到极端的程度,就会助长一切以实用为目的的教育思想,培养出来的学生缺乏应有的文化根基,存在素质缺陷在所难免,专业发展也缺乏思想支持。因此,实施职业教育素质教育实为紧迫之举。

二、我国职业教育素质教育的历史发展

任何事物的形成与发展都不会一蹴而就,而是要经历一个过程,素质教育也不例外。我国素质教育的概念在 20 世纪 80 年代中期提出,并在 20 世纪 80 年代末 90 年代初得到确立。以时间为依据,可以将素质教育的发展大致划分为以下六个阶段(表 1-1)。

表 1-1　我国职业教育素质教育的发展阶段与主要标志

发展阶段	主 要 标 志
萌芽阶段 (1985—1993)	1985 年 5 月 27 日,中共中央颁发《中共中央关于教育体制改革的决定》
初步实施阶段 (1994—1998)	1994 年 8 月 31 日,《中共中央关于进一步加强和改进学校德育工作的若干意见》发布,首次在中央文件中使用"素质教育"的概念
全面推进阶段 (1999—2006)	1999 年 6 月 13 日,《中共中央、国务院关于深化教育改革全面推进素质教育的决定》发布
内涵发展阶段 (2007—2013)	2007 年 10 月 15 日,胡锦涛总书记在中国共产党第十七次全国代表大会上发表关于"优先发展教育,建设人力资源强国"的讲话
聚焦发展阶段 (2014—2021)	2014 年 6 月 22 日,国务院发布《国务院关于加快发展现代职业教育的决定》
内涵赋能阶段 (2022—　)	2022 年 4 月 20 日,第十三届全国人民代表大会常务委员会第三十四次会议通过《中华人民共和国职业教育法》修订,自 2022 年 5 月 1 日起施行

(一)萌芽阶段(1985—1993):职业教育素质教育初露头角

1985 年 5 月 27 日,中共中央发布《中共中央关于教育体制改革的决定》,指出"教育体制改革的根本目的是提高民族素质,多出人才,出好人才",由此拉开了我国素质教育制度体系建设的大幕,职业素质教育也随之萌芽。在其方针指引下,时任国家教委副主任柳斌于 1987 年 4 月在讲话中明确提出了教育制度体系建设中素质教育的内

涵要义:"基础教育不能办成单纯的升学教育,而应当是社会主义的公民教育,是社会主义公民的素质教育。"此后,《中共中央关于社会主义精神文明建设指导方针的决议》和党的十三大报告等文件中都强调"提高整个中华民族的思想道德素质和科学文化素质",提出"培养政治素质、道德素质、文化素质、心理素质、审美素质、技能素质与身体素质",并将其作为中小学素质教育的目的和任务。由此,理论界关于"素质""民族素质""劳动者素质""国民素质"的研究日益增多,研究主要涉及素质观念、素质与培养目标、素质与社会发展、素质与教育的关系等方面,重点讨论了如何树立正确的人才观和提高民族素质等问题,并对片面追求升学率的现象作了分析、批评。所有这些都为国家层面素质教育制度体系建设的有关文件正式出台奠定了坚实的基础,也为素质教育从普通教育向职业教育延伸、提出职业教育素质教育奠定了基石。

(二)初步实施阶段(1994—1998):职业教育素质教育逐步开展

1994 年,《中共中央关于进一步加强和改进学校德育工作的若干意见》明确指出:"增强适应时代发展、社会进步,以及建立社会主义市场经济体制的新要求和迫切需要的素质教育。"这是我国第一次正式在中央文件中使用素质教育的概念。此后数年内,《中华人民共和国教育法》(1995)、《中华人民共和国国民经济和社会发展"九五"计划和 2010 年远景目标纲要》(1996)等对提高民族素质、实施素质教育等重要问题都作出了明确的规定与要求,并以文件的形式确立了素质教育在基础教育改革中的地位。在这一过程中,政策制定者、教育工作者等各方都逐渐意识到,素质教育不仅在基础教育中具有重要地位,而且应当在职业教育中受到重视。1996 年 5 月 15 日颁布的《中华人民共和国职业教育法》明确提出:"实施职业教育必须贯彻国家教育方针,对受教育者进行思想政治教育和职业道德教育,传授职业知识,培养职业技能,进行职业指导,全面提高受教育者的素质。"其中明确提出全面提高职业教育受教育者的素质,正式将实施职业教育素质教育提上职业教育发展的日程。与此同时,教育理论工作者对素质教育的内涵,实施素质教育的意义,国民素质的构建,中小学素质教育目标的确定,素质教育的人才培养模式、课程结构、运行机构、督导评估等方面作了大量研究,有的已取得较好的成果。这些都为全面推进素质教育提供了大量理论和实践依据,也为职业教育素质教育的实施提供了理论与实践支持。

(三)全面推进阶段(1999—2006):职业教育素质教育迎来全面发展

1999 年 6 月 13 日颁发的《中共中央、国务院关于深化教育改革全面推进素质教育的决定》表明素质教育成为党和国家推进教育改革和发展的重大战略决策。其第二条规定:"实施素质教育应当贯穿于幼儿教育、中小学教育、职业教育、成人教育、高等教育等各级各类教育,应当贯穿于学校教育、家庭教育和社会教育等各个方面。"

这一文件概括了素质教育的重要特征。一是素质教育是面向全体学生的教育。这就要求政府和教育部门依法为适龄儿童和青少年提供平等的受教育条件和受教育机会;学校和教师要努力使每个学生都得到平等、健康的发展。二是素质教育要以学生的全面发展为本位,即全面发展学生的思想政治素质、科学文化素质、劳动技能素质、身体素质、心理素质和审美素质等;同时要努力使素质教育的方方面面成为不可分割的整体。三是思想政治素质是最重要的素质,学校要把思想政治教育摆在重要地位。四是素质教育要以培养学生的创新精神和实践能力为重点。学校要培养学生的创造性,要从实际出发,加强和改进对学生的生产劳动和实践教育。五是素质教育要使学生生动活泼、积极主动地得到发展。各级各类教育都要坚持因材施教,坚决克服用"一个模子"来培养人才的倾向。这一文件的出台使素质教育的发展进入了全面推进的新阶段。与此同时,《国务院批转教育部〈面向 21 世纪教育振兴行动计划〉的通知》(1999)也明确提出,实施"跨世纪素质教育工程",整体推进素质教育。所有这些都对职业教育素质教育全面推进起到了推动作用。

（四）内涵发展阶段(2007—2013)：职业教育素质教育进入科学发展阶段

以 2007 年 10 月 15 日胡锦涛总书记在中国共产党第十七次全国代表大会上的报告中关于"优先发展教育,建设人力资源强国"的讲话为标志,有关部委先后出台了一系列关于素质教育制度体系建设的科学发展文件,如《教育部关于进一步深化中等职业教育教学改革的若干意见》(教职成〔2008〕8 号)、《教育部关于制定中等职业学校教学计划的原则意见》(教职成〔2009〕2 号)、《教育部关于印发新修订的中等职业学校语文等七门公共基础课程教学大纲的通知》(教职成〔2009〕3 号)、《教育部关于印发〈中等职业教育改革创新行动计划(2010—2012 年)〉的通知》(教职成〔2010〕13 号)、《教育部关于成立教育部职业院校文化素质教育指导委员会的通知》(教职成〔2012〕12 号)等文件。职业教育素质教育在此前由于缺乏科学发展观的指导,产生过种种偏差,所以,在职业教育素质教育内涵发展阶段,必须自觉地贯彻科学发展观,系统地处理好素质教育内部及其与外部各个方面的关系。

1. 深化教育教学改革,全面推进素质教育

教育部在《关于印发〈关于全面推进素质教育、深化中等职业教育教学改革的意见〉的通知》(教职成〔2000〕1 号)中明确指出,"中等职业教育要全面贯彻党的教育方针,转变教育思想,树立以全面素质为基础、以能力为本位的新观念,培养与社会主义现代化建设要求相适应,德智体美等全面发展,具有综合职业能力,在生产、服务、技术和管理第一线工作的高素质劳动者和中初级专门人才"。

2. 构建终身教育体系,系统培养高素质技能型人才

《国家中长期教育改革和发展规划纲要(2010—2020 年)》指出,"到 2020 年,形成适应经济发展方式转变和产业结构调整要求、体现终身教育理念、中等和高等职业教育协调发展的现代职业教育体系,满足人民群众接受职业教育的需求,满足经济社会对高素质劳动者和技能型人才的需要"。《教育部关于推进中等和高等职业教育协调

发展的指导意见》(教职成〔2011〕9号)提出:"强化学生素质培养,改进教育教学过程。改革以学校和课堂为中心的传统教学方式,重视实践教学、项目教学和团队学习;开设丰富多彩的课程,提高学生学习的积极性和主动性;研究借鉴优秀企业文化,培育具有职业学校特点的校园文化;强化学生诚实守信、爱岗敬业的职业素质教育,加强学生就业创业能力和创新意识培养,促进职业学校学生人人成才。"

3. 以质量提升为核心,推进教育机制创新

《教育部、人力资源社会保障部、财政部关于实施国家中等职业教育改革发展示范学校建设计划的意见》(教职成〔2010〕9号)明确提出:"坚持以邓小平理论和'三个代表'重要思想为指导,以科学发展观为统领,认真贯彻党的教育方针,全面推进素质教育,全面提高学生素质。坚持以服务为宗旨、以就业为导向、以质量为核心,深化教育模式改革,推进教育机制创新,着力提高育人效益,突出学校办学特色。坚持中央引导、地方为主、分区规划、分类指导,强调行业参与、校企合作、学校自主创新、具体实施,确保建设计划的落实,推动中等职业教育科学发展。"《国家教育事业发展第十二个五年规划》中提出:"树立科学的质量观,尊重教育规律和学生身心发展规律,坚持德育为先,能力为重,全面实施素质教育,培养德智体美全面发展的社会主义建设者和接班人。"一系列政策文件从制度层面指引了职业教育素质教育科学发展的方向,赋予职业教育素质教育新的时代内涵,也为其进一步发展打下了坚实的基础。

(五)聚焦发展阶段(2014—2021):职业教育素质教育进一步聚焦职业教育人才培养需求

随着我国职业教育的不断发展,素质教育也进一步聚焦职业教育的人才培养需求。2014年5月2日国务院发布《国务院关于加快发展现代职业教育的决定》,其中明确提出"健全'文化素质+职业技能'、单独招生、综合评价招生和技能拔尖人才免试等考试招生办法,为学生接受不同层次高等职业教育提供多种机会""全面实施素质教育,科学合理设置课程,将职业道德、人文素养教育贯穿培养全过程"。无论是在招生考试还是在人才培养中,职业教育素质教育的重要地位都不断凸显,这同时也对职业教育素质教育的发展提出了进一步的要求,要求聚焦职业教育、职业教育人才及其培养。此后,在《教育部关于深化职业教育教学改革全面提高人才培养质量的若干意见》(教职成〔2015〕6号)、《国务院关于印发国家职业教育改革实施方案的通知》(国发〔2019〕4号)、《教育部等九部门关于印发〈职业教育提质培优行动计划(2020—2023年)〉的通知》(教职成〔2020〕7号)等职业教育相关的政策文件中均有相关表述。这些政策文件主要从教育教学、人才评价等角度说明如何在职业教育中实施素质教育,如"发挥人文学科的独特育人优势,加强公共基础课与专业课间的相互融通和配合,注重学生文化素质、科学素养、综合职业能力和可持续发展能力培养,为学生实现更高质量就业和职业生涯更好发展奠定基础",并要求完善高职分类考试内容和形式,推进"文

化素质＋职业技能"评价方式,引导不同阶段教育合理分流、协调发展,为学生接受高职教育提供多种入学方式。

（六）内涵赋能阶段（2022—　）：进一步明晰职业教育素质教育未来发展方向

2022年5月1日,新修订的《中华人民共和国职业教育法》正式实施,从法律层面明确了"职业教育是与普通教育具有同等重要地位的教育类型,是国民教育体系和人力资源开发的重要组成部分,是培养多样化人才、传承技术技能、促进就业创业的重要途径",并规定了职业教育的内涵:"本法所称职业教育,是指为了培养高素质技术技能人才,使受教育者具备从事某种职业或者实现职业发展所需要的职业道德、科学文化与专业知识、技术技能等职业综合素质和行动能力而实施的教育,包括职业学校教育和职业培训。"随着这一法律的修订,职业教育的内涵更为明晰,职业教育素质教育的发展方向也进一步清晰。职业教育素质教育不仅像普通教育一样培养学生的基本素质,更关注学生职业素养的养成。

基于以上分析,可认为职业教育素质教育是指在职业教育领域实施,以提高职业院校全体学生综合职业素养为核心,以培养学生创新精神、创业能力以及综合实践能力为重点的素质教育。

三、职业教育素质教育的理论基础

可以说,在职业教育领域加强素质教育根源于当代科学技术的飞速发展、社会的转型发展、可持续发展战略的提出和我国教育体制改革的不断纵深发展,具有重要的理论依据。

（一）实现职业人的全面发展是职业教育素质教育的基本依据

长期以来,职业教育在人才培养过程中过分强调为社会培养技术型、实用型劳动力,过分强调社会需求,强调职业教育的经济功能,这就导致了受教育者个体发展的片面性。职业教育强调培养职业人理所当然,但是如果培养单纯的职业人,学生在思维能力、创造能力等方面可能存在较大缺陷,而全面发展理论为培养全面发展的职业人打下了坚实的理论基础。

（1）全面发展教育与职业教育素质教育本质上是一致的。马克思主义关于人的全面发展学说提出了"脑力与体力结合"及以"智育、体育和综合技术教育"为主的全面发展教育。全面发展教育的内涵与要求包括德才兼备、手脑结合、身心和谐、注重发展能力、个体发展与集体发展统一等。[①] 从实质来看,这种教育着眼于人的体力和脑力,即社会成员的构成要素及其品质的发展。因此,这种教育与素质教育是贴合的。况

---

① 燕国材,刘振中.素质教育论[M].南京:江苏教育出版社,1997.

且,随着社会的进步、科技的发展以及教育的不断完善,全面发展教育的因素还会进一步优化、丰富和发展,其时代性、全面性、整体性、发展性、能动性是与素质教育吻合的。

(2)职业教育素质教育是对全面发展教育的具体落实和深化。首先,职业教育素质教育适应中国式现代化和职业人的现代化要求,立足职业人的综合素质的提高,其时代性和社会功效均体现在对素质的要求中,这样就使全面发展教育的目标更加清晰、具体。其次,职业教育素质教育是实现未来真正职业人的全面发展的根本途径。全面、和谐发展是现代社会教育的基本特征,是我国教育整体的发展方向。素质教育贯穿于各级各类教育之中,使各级各类教育全面、和谐地发展。所以,真正意义上的全面发展教育是一种整体的、未来的、高度现代化的人才培养模式,素质教育是其重要组成部分。最后,职业教育素质教育力求实现教育目标、方法和效果的一致性,全面实施职业教育素质教育,充分发挥职业教育的本体功能,使全面发展教育落实到职业人的素质的全面提高上,职业教育的功能才能得以发挥,全面发展教育才能落到实处。所以,职业教育素质教育是促进我国职业教育培养的职业人全面、和谐发展的重要手段。

(二)以人为本是职业教育素质教育的主要参照

人本主义教育理论产生于 20 世纪 50 年代末 60 年代初,通过倡导教育革新运动,冲击了美国的传统教育。人本主义教育理论强调人的潜能的发展和自我实现,主张教育的目标是培养身心健康、具有创造性的人,并使每个学生达到自己力所能及的最佳状态,主张在教育与教学的过程中促进学生个性发展,发挥学生的潜能,培养学生学习的积极性和主动性。

人本主义教育理论的核心内容是真正关注人的终极成长,促进人的自我实现,培养完整的人格。因此,人本主义教育理论始终关注人的整体发展,尤其是人的情感、精神和价值观念的发展。人本主义教育理论认为,在现代社会中受过教育的人应是"学会如何学习、如何适应和如何变化的人"。其代表人物罗杰斯认为,这种"完整的人"是"躯体、心智、情感、精神、心灵力量融汇一体的人,简单地说就是知情合一的人"。

职业教育作为一种培养职业人的教育,其人才培养目标应该是培养能从事自发的活动并对这些活动负责的职业人、能理智地选择和自定方向的职业人、能获得解决问题的知识的职业人、能灵活地和理智地适应新环境的职业人、能自由地和创造性地运用有关经验灵活处理各种问题的职业人、能在各种活动中有效地和别人合作的职业人。职业教育要培养的不是一辈子从事一种职业的人,而是具备能够适应不同职业的基本素质,不断关注自身的成长和自我实现的人。所以,以人为本是职业教育素质教育的必然要求。

（三）职业人的自我建构是职业教育素质教育的又一理论依据

根据建构主义的观点,知识是发展的,是内在构建的,是以社会和文化作为传播中介的。学习者在认知、理解、解释世界的过程中建构自己的知识,在人际互动中通过社会性的协商进行知识的社会建构。教育关注的焦点也从教师的教学转移到学习和学生知识的形成上。知识是学习者在适应环境的过程中主动构建的,既非直接来自主体,又非直接来自客体。知识并不是对现实的准确表征,它只是一种解释、一种假设,它并不是问题的最终答案。学习是意义的生成过程,是每个人自己决定的。每个学习者都以原有的知识背景为基础对新的信息进行编码,建构自己的理解,原有的知识又因为新知识的进入而发生调整和改变。个人要主动地建构知识的意义,这种建构不能由其他人来代替。知识是因个人追求生存、发展的需要的变化不断地形成、演变的。学生不是空着脑袋进入教室的,在日常生活中和以往的知识积累中,他们已经形成了自己的丰富的经验。所以,教学不能无视这些经验,要把学生现有的知识经验当作新知识的生长点,引导学生从原有的知识经验中"生长"出新知识。教师应该是学生建构知识的忠实支持者,教师的角色由传统的向学生传递知识的权威角色转变为学生学习的辅导者,成为学生学习时的高级合作者。教师还是学生积极建构知识的帮助者和引导者。

职业教育素质教育注重通过培养,使职业院校中的准职业人具备创新意识、创新精神和创新实践能力,具备自我评价和分析的能力、自我反思和自我学习的能力,不断适应市场和社会的需求。通过职业教育素质教育的洗礼,走向职场的职业人能够根据职场的环境和要求,基于学校教育对自己的知识、自己的职业、自己的技术、自己的职业素养、自己的职业精神进行建构,进而较快地适应新的环境和新的工作,这也是职业教育素质教育的重要理论依据之一。

第二节　职业教育素质教育的内涵

一、素质的内涵

素质是一个常用的概念。在我国古代,"素"和"质"分别具有独立的含义。"素"的本义是"洁白无瑕"。《吕氏春秋·当染》中记载:"墨子见染素丝者而叹曰:'染于苍则苍,染于黄则黄……五入而以为五色矣。'""质"是本来就有的特征。荀子言:"性者,天之就也;情者,天之质也。"在西方国家,素质一般被理解为教养或素养。最早正式使用"素养"一词的是 1883 年美国马萨诸塞州教育委员会发行的《新英格兰教育》杂志。

自从我国推行素质教育以来,教育界对于素质的概念进行了比较广泛的研究与讨论,但对其含义仍然众说纷纭。据有关学者粗略统计,由于视角不同、理解不一,国内至今出现了 20 多种素质的定义。这些定义都主要是从解剖生理学和心理学角度对素质的经典解释,它们从一定程度上反映了素质的部分含义,但是其缺陷也是显而易见的。

随着人们对遗传、环境、教育、主观能动性在个体成长发展中的作用及相互关系的认识,学术界突破了传统的对素质的定义,更多地采用了综合的视野,应用一种生理、心理和社会文化相统一的素质概念,其也被称为"合金"定义。[①] 其主要观点有两种。一是认为素质是指人们先天的自然性与后天的社会性的一系列基本特点与品质的有机综合,是决定主体活动的功能、状况及质量的内在因素。第二种观点指出,素质即素养,是指人在政治、思想、作风、道德品质、心理和身体以及知识、能力等方面,经过长期学习、实践锻炼所形成的较为稳定的内在个性特征或属性,能对人的各种行为起到长期的、持续的影响甚至决定作用。[②] 本书综合采用以上两种界定,认为素质等同于素养,是个体经过长期学习、实践锻炼所形成的较为稳定的内在个性特征,是决定个体活动的功能、状况及质量的内在因素。

二、素质教育的内涵

基于理解、认识的差异,视角的不同,关于素质教育概念的表述千差万别。具有代表性的定义主要有以下几种。

(一) 主体发展论的定义

主体发展论认为素质教育是在承认教育是人类自身生产实践的前提下,通过教育提高人类自身素质的实践过程。从实质上来说,素质教育就是把传统的工具性教育转变为主体性教育,唤醒人的主体意识,弘扬人的主体精神,促进主体性的发展的教育。它强调必须从学生本体出发来进行教育,要把知识、价值观转化为学生身心结构中内在的东西,其核心是促进学生个性的发展。

(二) 人本主义论的定义

人本主义论认为素质教育在本质上体现了一种人本主义的教育观,主要是从人自身需要的角度,而不是从社会角度来规范教育,是以受教育者为出发点,而不以劳动力为出发点的。因而这种观点把素质看作知识和能力的基础,是个人自身比较稳定的东西。

(三) 双重需要论的定义

双重需要论认为素质教育是依据人的发展和社会发展的实际需要,以全面提高全

① 陈佑清.论"素质教育"概念的规定及其特性[J].南京师大学报(社会科学版),1999(1):72,74,75.
② 匡兴华,吴东坡.关于素质教育几个相关概念的辨析[J].高等教育研究学报,2010(1):13.

体学生的基本素质为根本目的,以尊重学生主体及其主动精神、注重开发人的智慧潜能、注重形成人的健全个性为根本特征的教育。

（四）全面发展论的定义

全面发展论认为素质教育指的是以提高国民素质为根本宗旨,以面向全体学生,培养学生的创新精神和创新能力为重点,使学生在德智体美劳等方面全面、充分、和谐发展的教育。

（五）和谐发展论的定义

和谐发展论认为素质教育是指以全面传授有价值的知识为基础,以促进知识深刻内化为关键,以激活每一位受教育者的个性潜能为核心,以促进所有学生共有和特有的精神品质的形成与不断提高为目标的教育。

以上这些定义的共同点是突出学生在素质教育中的主体性,强调通过素质教育促进学生作为主体的发展,尤其是个性的发展和创新精神的培养。

那么,究竟什么是素质教育? 素质教育的核心内涵是什么? 早在 1999 年 6 月,《中共中央、国务院关于深化教育改革全面推进素质教育的决定》就明确指出:"实施素质教育就是全面贯彻党的教育方针,以提高国民素质为根本宗旨,以培养学生的创新精神和实践能力为重点,造就有理想、有道德、有文化、有纪律的德智体美等全面发展的社会主义建设者和接班人。"2010 年 7 月颁布的《国家中长期教育改革和发展规划纲要》(2010—2020 年)指出:"坚持以人为本、全面实施素质教育是教育改革发展的战略主题,是贯彻党的教育方针的时代要求……重点是面向全体学生、促进学生全面发展,着力提高学生服务国家服务人民的社会责任感、勇于探索的创新精神和善于解决问题的实践能力。"由此可以看出,素质教育的核心要旨就是面向全体学生,促进所有学生全面发展,重点是要培养学生的创新精神,最终目标就是提高整个民族的素质。所以,我们认为,所谓素质教育就是以提高国民素质为目标指向,坚持以人为本的现代教育理念,面向全体学生,使所有学生在既有教育条件下都能得到尽可能好的发展,促进学生创新精神和综合实践能力的培养的教育。

三、职业教育素质教育的内涵

职业教育素质教育是素质教育的一个下位概念,专指在职业教育领域实施的,以提高职业院校全体学生综合职业素养为核心,以培养学生的创新精神、创业能力以及综合实践能力为重点的素质教育。

这里特别需要指出的是,职业教育素质教育与职业素质教育是两个不同的概念,两者既有联系又有区别。职业素质是指从业者在一定生理和心理条件的基础上,通过教育培训、职业实践、自我修炼等途径形成和发展起来的,在职业活动中起决定性作用的内在的、相对稳定的基本品质。显而易见的是,职业素质教育是职业教育素质教育的主要内容,但不是全部内容。职业素质教育是指针对从业者的上述素质要求而进行的旨在提升内在心理品质的教育。由此可见,尽管两者都是教育的下位概念,但两者内涵的不同也是非常明显的。

第三节　职业教育素质教育的特征

一、教育对象的人本性

面向所有学生、承认和尊重学生发展的差异、以学生为本是职业教育人才培养的核心理念。以学生为本理念下的职业教育素质教育强调的是教育必须面向所有受教育者,包括后进生,尊重学生的差异;坚持以实现人的全面发展、持续发展为核心;把教育视为实现个人生存发展与人文关怀的基本环节。职业教育素质教育的人本性具体表现在以下几个方面。

首先,在职业教育素质教育中,应使职业院校中所有的学生——不管他们处于什么样的发展状态——都受到适宜的教育,使他们在现有基础上,在各方面都能都得到比较全面的、充分的发展。这里的全体学生不是抽象的集合概念,它是指接受职业教育的全体学生,更是指一个个有发展差异的学生群体,包括职业院校中面广量大的后进生群体。这是职业教育素质教育与应试教育的重要区别。应试教育是对有差异的学生进行甄别与选拔的教育,因此,应试教育在很大程度上可以说是带有"歧视性"的选拔教育、淘汰教育,以忽视"问题学生"或者发展暂时落后学生的发展为代价。职业教育素质教育是相对公平的、面向大众的教育,它所坚持的是面向全体学生进行"分类教育""分型教育",在教育、教学以及办学过程中,更多地考虑学生发展的意愿以及根据学生性向发展的差别,让其接受不同的专业教育,提供给他们不同的教育"菜单"。在具体的教学管理中,可以实施弹性学制,以个性化的教育教学为指导,力求使教育教学的进度和方法适合个人特点,使学生通过一定阶段的学习完成学业,找到适宜的工作岗位。在人才培养过程中,每个学生都能达到毕业的基本标准,优异人才能从中脱颖而出,"怪才""偏才"等特殊人才也能得到充分的发展。

其次,职业教育素质教育能充分体现学生的主体性,发挥学生学习的主动精神,使学生能够创造性地学习。相对于应试教育围绕升学和高考"指挥棒"的压制性,虽然职业教育素质教育有毕业的基本要求,有"规定要求",但在职业院校中学习的学生一方面其对所学专业和内容更感兴趣,另一方面,学生的学习是在相对自由的环境和氛围中进行的,没有升学压力,因而学生学得更为轻松,有更好的环境与机会供其发挥创造性。

最后,职业教育素质教育在体现学生发展共性的同时,注重因材施教,充分发展每个人的个性。从理论上说,在我国现行教育制度下,职业教育是更加人性化的教育,是让学生的个性更能够得以展现的教育。

二、教育目标的全面性

实现教育的全面性是素质教育的最基本任务,也是素质教育最根本的目标指向。素质教育的全面实施,能使职业院校学生不仅在以职业素质为核心的德智体美劳等方面全面发展,使学生的个性得到充分发展,还能使其潜能得到充分开发。素质教育的一个重要职能就是开发人的潜能,促进人固有的内在元素("天性"),包括认知、心理、意志、性格、思维特性、兴趣、智能、情感、脑功能等各个方面得到有机的、和谐的发展。人的发展不能仅仅依赖对身心潜能的开发,还需要通过教化将社会文化在个体身上"内化",使个体获得遗传素质中所没有的新的积淀、新的本性、新的特质("习性"),这是素质教育的又一重要职能。"天性"与"习性"的全面发展,构成了素质教育的目标指向。[①] "天性"是固有的,"习性"是后天习得的,实施职业教育素质教育能使职业院校学生的"天性"与"习性"得以展现与发展。

三、教育过程的创造性

素质教育注重培养学生的创新意识、创新精神和创新实践能力,鼓励学生进行自主的、创造性的学习。职业教育素质教育与普通教育素质教育不同,其实施要遵循就业导向,实施内容设计要考虑到职业教育的发展特点与需求,实施途径要与职业教育教学规律紧密相连。[②] 工作场所与学校不同,充满了需要解决的实际问题与未知因素,因此,职业教育素质教育的教育过程具有创造性。在职业教育的教学过程以及管理过程中,需要为学生提供创造性的学习与发展方式,营造与工作场景接近的环境与发展的路径。如,在教学设计上关注工匠精神等职业素质元素的全程融入;在教学过程中,可以通过项目教学法、案例教学法、头脑风暴法、情景教学法等教学方法培养学生的创造性思维及精神;在教学评价上更多关注过程性评价,关注学生解决实际问题的能力,而非通过纸笔测验得到的结果。

四、教育结果的发展性

教育不仅仅关注知识和技能的传授,更致力于促进个体的身心发展,包括智力、道德、文化和社会能力的培养,使之成为适应社会需求的有用社会成员。职业教育具有两个主要功能,一是服务于区域经济的发展,二是服务于人的终身发展。因此,职业教育素质教育的结果具有发展性,在素质教育理念指导下开展的教学和管理工作,最终

---

① 孙孔懿.以人为本的郑重承诺:素质教育本质特征再认识[J].江苏教育研究,2006(3):6.
② 孙琳,孙诚,刘义国.职业教育的素质教育实施[J].职业技术教育,2009,30(15):67-69.

能够使每一个学生,包括不适宜就读普通院校的偏科生、后进生在现有基础上有所发展,甚至充分发展,个性得到较全面的展现。职业教育素质教育可以为学生后续的生涯发展奠定基础,让学生升学有渠道、就业有保障,同时兼具升学与就业能力。可以说,就读于职业院校的学生中相当一部分是应试教育的失败者,是被淘汰而无奈就读于职业院校的,但是由于职业教育与应试教育不同的培养目标指向性,大多数职业院校学生在职业院校学习后都能有所发展,并最终获得进步,顺利就业或升学。

五、教育评价的多元性

由于素质教育与普通教育所遵循的教育理念不同、培养目标不同,人们对其教育评价的理解和运用也不同。两者的区别主要表现为评价功能、评价标准和评价主体的多元性。首先,就素质教育的评价功能而言,它所关注的重点在于促进学生全面发展,促进学生的个性发展,促进学生的创新精神、创新实践能力发展。很显然,这与为少数学生服务的选拔性应试教育是有根本性区别的。与此同时,素质教育还是一种面向全体学生的发展性教育。也就是说,职业教育素质教育所关注的不再是少数学习优秀生,而是全体学生,包括全体后进生。其次,相对应试教育或者一般的普通教育而言,职业教育素质教育评价标准具有多元性。这与职业教育素质教育把教育的价值定位在发展功能上密切相关。在职业教育中实施的素质教育,其评价关注的是如何全面提高专业教育的质量,使每一个教育对象都尽可能得到全面的发展。它不再以单一的考试成绩来衡量学生的优劣,更多的是以学生的综合职业素质为核心标准进行评价。这个评价标准是多元性的,是一个包括人文素养、职业素养、创新精神和能力、心理素质等在内的综合评价标准体系。一言以蔽之,职业教育素质教育评价的标准有一个以素质标准为主,素质标准、职责标准和效果标准相结合的多元结构。所谓素质标准是指从评价对象完成各种教育任务时应该具备的条件的角度来确定的评价标准。[①]

---

① 吴迪.多元性:素质教育评价的特征[J].中国教育学刊,2001(4):38-40.

第二章 ▶ 职业教育素质教育的目标

《关于推动现代职业教育高质量发展的意见》提出:"以习近平新时代中国特色社会主义思想为指导,深入贯彻党的十九大和十九届二中、三中、四中、五中全会精神,坚持党的领导,坚持正确办学方向,坚持立德树人,优化类型定位,深入推进育人方式、办学模式、管理体制、保障机制改革,切实增强职业教育适应性,加快构建现代职业教育体系,建设技能型社会,弘扬工匠精神,培养更多高素质技术技能人才、能工巧匠、大国工匠,为全面建设社会主义现代化国家提供有力人才和技能支撑。"根据职业教育高质量发展的指导思想,明晰开展应用型人才培养的职业院校在实施素质教育的过程中应该构建怎样的教育目标,是职业教育素质教育发展的首要任务。

第一节 确定职业教育素质教育目标的原则

一、时代性原则

2022 年 10 月,习近平总书记在中国共产党第二十次全国代表大会上所作的报告中指出:"教育、科技、人才是全面建设社会主义现代化国家的基础性、战略性支撑。必须坚持科技是第一生产力、人才是第一资源、创新是第一动力,深入实施科教兴国战略、人才强国战略、创新驱动发展战略,开辟发展新领域新赛道,不断塑造发展新动能新优势。"2024 年 9 月,习近平总书记在第二次全国教育大会上再次强调,"教育是强国建设、民族复兴之基"。我国现阶段实施职业教育素质教育,必须以实现中华民族伟大复兴和办好人民满意的教育作为着眼点和发力点。

教育目标具有一定的时代性,不同的历史时期对人的素质有不同的要求。社会进入一个新的发展时期后,对人的素质结构就会提出新的要求,这就需要教育目标作出相应的调整,以适应新时期对人才的素质要求。随着时代的发展和经济体制的改革,社会对公民的素质要求越来越高、越来越全面,我国职业教育素质教育经历了由"重技术技能培养"到"重人文素养培育"再到"以职业素养为核心"的目标发展历程。因此,在制定职业教育素质教育的目标时,要遵循时代性原则,科学构建包含社会经济需求、学生素养需求和职业发展需求等多维的,具有综合性、系统性、全面性和创新性的教育目标,以促进职业院校学生素质的全面发展。

（一）职业教育素质教育目标要符合社会经济需求

党的十九大报告指出,中国特色社会主义进入新时代,我国社会主要矛盾已经转化为人民日益增长的美好生活需要和不平衡不充分的发展之间的矛盾。从职业教育的角度来看,我国职业教育的人才供给与社会对技术技能人才的需求之间存在不平衡性,我国的职业教育发展与社会经济发展要求以及人民群众对美好生活的需要之间存在结构性矛盾。社会主义现代化建设不但需要高级科学技术专家,而且迫切需要千百万受过良好职业教育的初、中级技术人员,管理人员,技工和其他受过良好职业培训的城乡劳动者。没有这样一支劳动技术大军,先进的科学技术和先进的设备就不能转化为现实的社会生产力。职业院校正是培养劳动技术大军的摇篮,因此,职业院校在制定职业教育素质教育目标时,要适应社会经济发展对人才数量、质量和结构提出的时代新要求。这就要求职业教育遵循素质教育的实施原则,制定出符合新时代要求的素质教育目标,培养符合时代发展要求的高素质技术技能人才。

（二）职业教育素质教育目标要符合学生素养需求

职业教育素质教育的目标与职业院校学生发展之间存在着密切的关系。新时代职业院校学生的全面发展动力包括职业技能教育与素质教育,两者各有侧重,相互促进、相互支撑,共同构成了一个有机整体。职业院校学生除了要掌握必备的知识与技能,还应该了解信息技术的基本原理,能够熟练地使用各种软件、技术工具和平台进行学习和交流。职业教育素质教育的本质是实现人的发展的教育,职业教育通过素质教育实现学生的全面发展。职业技能教育是实现素质教育的重要手段和途径,素质教育是提升学生职业技能从而促进学生全面发展的根本保障。因此,在新时代,制定职业教育素质教育目标时要兼顾职业技能教育与素质教育,充分发挥素质教育在技能提升中的作用,以实现学生职业技能与素质的共同提升。精准定位职业教育素质教育目标能够使教育更加符合学生的实际需求,有效激发学生的学习兴趣和动力,从而促进学生的全面和可持续发展。

（三）职业教育素质教育目标要符合职业发展需求

随着科技的迅猛发展、社会的不断变革和分工的不断细化,职业的更迭速度也不断加快,在一些传统职业消失的同时,一些新职业也在兴起,不同职业、不同企业对人的素质结构要求也存在差异。数字经济时代的到来使得职业发展面临着新的挑战和机遇,新兴行业要求从业者具备扎实的技术功底和创新思维。注重职业技能培养的职业教育不同于普通教育,在实施素质教育过程中,除了要注重基本的公民素养培养,更要基于不同职业、不同企业文化的基本要求,加强学生的职业能力、职业道德、职业素养和创新精神培养。职业教育素质教育目标应以培养学生的创新精神和实践能力为重点,注意分析新时期的职业要求,并与企业文化有机融合,将职业道德、职业素养和职业精神融入专业知识和技能培养全过程,培养学生成为具有开阔视野、创新精神和竞争力,适应世界竞争潮流的一代新人。

二、全面性原则

全面性原则是指职业教育素质教育目标要着眼于职业院校学生身心素质的全面培养和全面开发,发挥素质教育的规范作用和导向功能。人的素质结构是一个由社会文化素质、心理素质、身体素质及其他若干要素组成的整体,所以,职业教育素质教育目标要全面包含这些要素,既要重视学生基础知识和科学、文化素质等的培养,又要重视对学生品德素质、审美素质、劳动素质及个性心理品质等方面的培养,还要重视学生全面发展的思想道德素质和心理素质培养。因此,作为一种类型教育,职业教育素质教育目标的制定要体现全面性原则,使素质教育成为推动职业院校学生全面、全程、全方位和全员性发展的教育。

（一）职业教育素质教育目标要重视培养学生全面发展的职业知识

知识是人类在社会实践中创造的、为人类所共享的智力成果,它是人们认识世界和改造世界的工具。职业知识包括从事某种职业必须掌握的专业知识和操作技能。专业知识是指一定范围内相对稳定的系统化知识。专业知识包括以下两个方面:一是个体获得职业资格必须具备的基础知识;二是实现职业适应和职业发展所需要的知识。通过接受职业教育素质教育,学生不仅可以了解、熟悉未来职业的生产活动特点、发展状况及其操作规程、生产工艺,而且能学习和掌握较扎实、宽广的本专业和相关专业的基础理论知识,能适应职业变化、更新对人的素质提出的更高要求,具备继续学习的能力。职业知识是职业院校学生全面发展的基础,因此,培养全面发展的学生要求职业院校实施素质教育,在制定教育目标时注重职业知识基础,以提高学生的专业知识水平和专业技能水平,促进学生的全面发展。

（二）职业教育素质教育目标要重视培养学生全面发展的人文素养

爱因斯坦曾说:"用专业知识教育人是不够的。通过专业教育,他可能成为一种有用的机器,但是不能成为一个和谐发展的人。"人才质量体现在人才的专业知识和技能水平上,也体现在人才的基本素质上,其中基本素质对人的一生的影响更长远、更持久。这就要求我们在构建职业教育素质教育目标时考虑专业知识和技能,更考虑人文素质教育。对于职业院校培养的学生来说,高尚的道德品质、正确的人生态度、积极进取的创造精神、明确的社会责任感、人际交往中的宽容与合作精神,都可以作为衡量人才的标准。职业教育素质教育不仅要使学生获得一定的知识、技能,更重要的是要使学生形成健全的个性、素质,使之能适应社会的需要。素质教育重视基础性、全面性和发展性,以培养学生的认知能力为核心,重视关于一般素质和迁移能力的教育。职业教育作为不同于普通教育的一种类型教育,对学生职业能力的要求要高于普通教育。因此,在职业院校实施素质教育,既要关注学生的动手能力,又要关注学生的基础知识水平;既要注重学生共性品质的发展,又要鼓励学生健全个性品质。要重视学生操作能力、学习能力、创新能力、职业道德、审美素质、劳动素质及个性心理品质等全方面的发展。职业教育素质教育目标的全面性更强调帮助学生形成良好的劳动观念、职业技能和职业道德。

（三）职业教育素质教育目标要重视培养学生全面发展的综合素质

学术界关于职业教育素质教育目标问题的争论,概括起来主要有两种具代表性的观点:一是"技能本位"或"就业本位"说,强调职业教育培养的学生要"职业对口"并与就业岗位"零距离",目标主要是养成其职业素质;二是"人格本位"说,强调职业教育应着力培养学生的"职业适应性",目标是提高其综合素质。[①] 我们认为,职业教育的"就业导向"特点并不意味着学生只需要掌握专业技能,而不必重视综合素质的提高。职业教育一方面要使学生习得一技之长,为就业做准备,另一方面要进行人文教育,使学生重新获得自信,重新获得发展的机会,使学生既学会"做事",又学会"做人",成为综合素质高的应用型人才。培养其思想道德素质、心理健康素质等能使职业院校学生全面发展的重要综合素质,是职业院校教育教学工作的重要方面。因此,在制定职业教育素质教育目标时,要突出职业教育的类型特色,以现代德育理论为指导,以职业院校学生的心理特征为基础,以学生思想道德素质和心理健康素质的培养为起点,解决职业院校学生为什么学和怎么学的问题。只有思想道德素质和心理健康素质得到较大提高,学生才能形成正确的世界观、人生观和价值观,才能形成良好的道德品质和心理素质,从而实现全面发展。

三、差异性原则

职业教育培养的人才应具备与其所从事行业相一致的素质。"素质"不是一个单一的概念,而是一个整体,包含一般素质,也包含特定行业或工作岗位所需的特殊素质,是个体在特定工作中表现出来的一种综合能力。职业教育素质教育目标的差异性原则要求职业教育依据不同行业、不同区域、不同职业、不同岗位和学生差异制定不同的教育目标。

（一）职业教育素质教育目标要体现行业差异

俗话说"隔行如隔山",从事不同的行业需要不同的职业知识、技能与素质。随

---

① 尹景玉,齐福荣.高职院校素质教育研究[J].中国高教研究,2005(11):61-62.

着产业结构升级和人才需求变化,传统行业用工需求逐渐减少,而新兴行业所需专业技能人才缺口较大。我国正处于产业结构升级期,技术密集型产业正在取代劳动密集型产业,这就需要职业教育培养大批技能人才。另外,即使是同一个行业中,不同层次、不同类型、不同性质、不同规模的企业之间也存在着较大的差别。因此,作为行业企业人才的供给方,职业院校在制定职业教育素质教育目标时要充分听取行业或企业相关人员的意见,使教育目标和人才规格具有鲜明的行业特色。

(二)职业教育素质教育目标要体现区域差异

我国地大物博,不同地区的经济发展水平和社会发展水平差异较大,同一地区的城市和农村也存在明显的差异。区域经济发展的差异会导致资源和体制机制方面的差异,不同地区的职业教育资源分布不均衡,一线城市和发达地区拥有丰富的职业教育资源,农村地区和欠发达地区则相对缺乏。这导致职业教育能力存在明显的地区差异。区域经济差异也使得部分经济欠发达地区尚未建立起完善的职业教育行业评估和监管机制,导致一些学校和培训机构在师资力量、课程设置、实训基地等方面存在问题,影响了学生的实际能力培养。作为与社会经济发展联系最为紧密的教育类型,职业教育在实施素质教育时,要根据不同地区在经济、文化、技术、政治、社会等方面的发展水平和具体情况,确定职业教育培养人才的素质教育目标,达到"跳一跳够得着"的程度,使得培养的人才能够支撑区域经济社会的发展。

(三)职业教育素质教育目标要体现层次差异

为了全面提高职业教育服务现代化建设和人的全面发展的能力,实现教育现代化,建成学习型社会,使我国进入人力资源强国行列,推进经济结构战略性调整,建立现代产业体系,我国迫切需要进一步提高劳动者素质,调整人才培养结构,增加知识型、应用型、技能型、复合型人才的供给。不同层次的人才需要不同层级的学校培养。职业教育有初、中、高不同层次,其素质教育目标也应存在不同的层次。职业教育素质教育目标的差异性,是其办学层次、专业设置和课程内容等决定的。比如,同一专业的中等职业教育目标与高等职业教育目标存在差异性,相应地,同一专业的中等职业教育和高等职业教育素质教育的目标也应有所不同。

(四)职业教育素质教育目标要体现个体差异

因材施教原则是各级各类学校和教师在教育教学中必须长期贯彻的重要原则,是尊重学生个性差异、体现以人为本思想、培养各级各类合格人才、使学生真正具备创新精神的有效措施。每个学生都是独特的个体,有不同的特点,职业院校学生的个体差异表现在很多方面。根据加德纳的多元智力理论可知,学生的天赋和潜能有很大的差异,兴趣爱好也各不相同。这就要求职业院校在制定素质教育目标时以供给侧思维审视当前的课堂教学,要多关注"学生喜欢不喜欢,愿意不愿意,拥护不拥护,答应不答应",树立"教是为学服务"的理念,让教育回归常识、回归本分、回归初心,根据学生不同的特点、不同的需求,设计职业教育素质教育目标。

四、系统性原则

职业教育素质教育是一个复杂的、多层次的系统工程,要通过整体设计、科学规划和有效实施,将素质教育目标与职业教育人才培养目标有机统一起来,以实现职业教育素质教育目标的系统化。职业教育素质教育目标的系统性原则主要体现在职业能力和素质的整体性和层次性上。

（一）职业教育素质教育目标要坚持职业能力和素质的整体性

职业教育素质教育的根本任务是帮助学生形成健全的人格,良好的道德品质、职业素养、综合能力和创新能力等。因此,在制定目标时既要着眼于人才培养目标的达成,又要从学生发展需要和社会发展需求出发;既要遵循知识与能力,过程与方法,情感、态度与价值观等素质教育目标间的内在逻辑,又要建立起贯穿于职业院校人才培养全过程的职业教育目标体系;既要明确素质教育目标指向职业院校学生可持续发展能力的培养,又要注重对学生实施素质教育的针对性和实效性。要统筹考虑职业教育素质教育目标的整体性,使得职业院校学生通过接受素质教育,不仅能养成符合某一职业领域需求的过硬的专业技能,成为具有技术特长的应用型人才,还能养成方法能力和社会能力等能力,成为具有良好职业道德和职业精神的高素质人才,实现全面发展,从而能够有效应对未来社会整体职业环境不断变化带来的挑战,应对产业调整升级对人才的需求,实现自我职业生涯的可持续发展。

（二）职业教育素质教育目标要坚持职业能力和素质的层次性

健全的职业教育素质教育目标不仅有利于明确职业院校素质教育的方向,确定职业院校素质教育的内容,制定职业院校素质教育的评价体系,还有利于建立职业院校的素质教育制度,选择职业院校素质教育的方法,构建职业院校素质教育的模式。一方面,职业教育人才培养目标的实现是职业教育目标实现的关键,也是人才培养的出发点和归宿。教育目标的实现需要依赖各级各类学校的培养目标,培养目标的达成离不开各课程目标,课程目标的完成需要依靠教学目标,教育目标的层次性要求职业教育素质教育目标必须坚持层次性原则。另一方面,不同层次的职业院校的教育目标具有不同的层次,一般而言,中等职业教育重点培养现代农业、工业、服务业和民族传统工艺振兴需要的一线技术技能人才;高等职业教育重点培养产业转型升级和企业技术创新需要的发展型、复合型和创新型的技术技能人才。因此,在制定职业教育素质教育目标时必须坚持层次性原则,使目标真正符合各级各类学生的需求,提高学生的综合素质,增强其可持续发展能力,使其能够更好地适应社会发展与经济进步的需要。

第二节 确定职业教育素质教育目标的依据

一、党和国家的教育方针

党和国家的教育方针是党和国家有关教育事业发展的总体性指导方针和纲领性政策表述,规定了一个时期党和国家教育事业发展的根本任务、价值取向与目的,具有很强的方向性、针对性和强制性,是各项教育决策、各级各类教育管理以及学校具体教育活动的政策依据。

党和国家的教育方针并不是一成不变的,随着社会经济的发展,党和国家的教育方针也会不断发生变化。党和国家有关教育的文件、法规比较全面、科学地阐述了实施素质教育的思想,指明了各级各类教育实施素质教育的条件和关键因素,为全面推进素质教育提供了政策和法律依据。尤其是进入新时代以来,为推动职业教育高质量发展,提高劳动者素质和技术技能水平,促进就业创业,建设教育强国、人力资源强国和技能型社会,推进社会主义现代化建设,党和国家出台了一系列教育方针政策,明确了职业教育的类型定位,为职业教育素质教育目标的制定提供了总体方向和指导思想。

党的二十大报告指出:"全面加强党的领导,明确中国特色社会主义最本质的特征是中国共产党领导,中国特色社会主义制度的最大优势是中国共产党领导,中国共产党是最高政治领导力量,坚持党中央集中统一领导是最高政治原则,系统完善党的领导制度体系,全党增强'四个意识',自觉在思想上政治上行动上同党中央保持高度一致,不断提高政治判断力、政治领悟力、政治执行力,确保党中央权威和集中统一领导,确保党发挥总揽全局、协调各方的领导核心作用。""培养什么人、怎样培养人、为谁培养人是教育的根本问题。育人的根本在于立德。全面贯彻党的教育方针,落实立德树人根本任务,培养德智体美劳全面发展的社会主义建设者和接班人。""统筹职业教育、高等教育、继续教育协同创新,推进职普融通、产教融合、科教融汇,优化职业教育类型定位。"

国务院印发的《国家职业教育改革实施方案》指出:"坚持以习近平新时代中国特色社会主义思想为指导,把职业教育摆在教育改革创新和经济社会发展中更加突出的位置。牢固树立新发展理念,服务建设现代化经济体系和实现更高质量更充分就业需要,对接科技发展趋势和市场需求,完善职业教育和培训体系,优化学校、专业布局,深化办学体制改革和育人机制改革,以促进就业和适应产业发展需求为导向,鼓励和支持社会各界特别是企业积极支持职业教育,着力培养高素质劳动者和技术技能人才。"该方案明确了"职业教育与普通教育是两种不同教育类型,具有同等重要地位",立场鲜明地提出其类型化发展的总体目标和系列举措。基于职业教育的类型定位,国家开始从整体出发构建现代职业教育体系,与该方案配套的系列政策也在此定位下分别对职业教育改革的关键领域与重点任务进行谋篇布局。可以说,《国家职业教育改革实施方案》为职业教育写下了浓墨重彩的一笔,也为此后各项法律、政策的颁布实施奠定了坚实基础。职业教育类型定位的确立"揭示了当前我国职业教育发展所面临的最为根本的问题,也表达出了近 20 年来我国职业教育领域的共同理想"[①]。

2022 年修订的《中华人民共和国职业教育法》第三条规定"职业教育是与普通教育具有同等重要地位的教育类型";第四条指出"职业教育必须坚持中国共产党的领导,坚持社会主义办学方向,贯彻国家的教育方针,坚持立德树人、德技并修,坚持产教融合、校企合作,坚持面向市场、促进就业,坚持面向实践、强化能力,坚持面向人人、因材施教"。《中华人民共和国职业教育法》正式从法律层面规定了职业教育的类型定位,其余条款的修订也紧扣"教育类型"这一定位进行统筹设计,内容细化、具体,丰富程度明显提升,给予了职业教育类型化发展在法律地位上的认可,也巩固了我国职业教育类型化发展的基础。"实施职业教育应当弘扬社会主义核心价值观,对受教育者进行思想政治教育和职业道德教育,培育劳模精神、劳动精神、工匠精神,传授科学文化与专业知识,培养技术技能,进行职业指导,全面提高受教育者的素质",表明职业教育要以"提高受教育者的素质"作为根本目标,以科学文化与专业知识教育、思想政治教育和职业道德教育等素质教育内容为基本内容,为全面建设社会主义现代化国家提供有力的人才和技能支撑。

因此,构建职业教育素质教育的目标必须全面贯彻党的教育方针,坚持社会主义办学方向,以习近平新时代中国特色社会主义思想为指导,全面贯彻党的二十大精神,认真学习贯彻习近平总书记对职业教育工作的重要指示精神,坚持立德树人,践行"为党育人,为国育才"的使命,广泛开展理想信念教育,培育和践行社会主义核心价值观,立足新发展阶段、贯彻新发展理念、构建新发展格局,坚持"政治建校,依法治校,改革兴校,质量立校,人才强校",大力弘扬劳模精神、劳动精神、工匠精神,为建设技能型社会提供有力的人才支撑。

二、经济社会发展需求

社会经济发展需求是职业教育存在的前提,也是其发展的动力。职业教育只有密切关注经济对人力资源规格的需求,适时地调整教育内容,才能培养出符合社会需求的人才。近年来,随着世界整体科技水平的提高,经济发展对职业教育培养人

---

① 徐国庆.确立职业教育的类型属性是现代职业教育体系建设的根本需要[J].华东师范大学学报(教育科学版),2020(1):1-11.

才的智能结构提出了新的要求,如关于获取和整理信息的能力、集体主义和协作精神、自主学习的能力、接受再教育的能力、创新精神和能力、良好的心理素质、合作精神等的要求。人力资源是第一资源。实现科技进步,实现经济和社会发展,关键都在人。人力资源在我国经济社会发展中具有基础性、战略性的地位。

职业教育肩负着促进国民经济高质量发展、推动产业转型升级、维护社会稳定的社会职责,不断适应产业的更迭以服务经济社会建设是其发展的基本要求。《中共中央关于制定国民经济和社会发展的第十四个五年规划和二○三五年远景目标的建议》对增强职业教育适应性以促进职业教育高质量发展的问题进行了政策部署。在2021年4月召开的全国职业教育大会上,习近平总书记针对职业教育工作作出了重要指示,强调要增强职业教育适应性,加快构建现代职业教育体系,培养更多高素质技术技能人才、能工巧匠、大国工匠。教育必须适应并促进社会发展是教育的外部关系规律,而职业教育作为教育的一种类型,必然遵循这一规律,履行为我国社会主义市场经济建设服务的职责。为此,职业院校要根据经济发展对职业教育需求的变化,预测劳动力需求,确定准确的教育目标,合理的专业、工种结构,进行合理的专业设置和课程设置,从而使社会人力资源实现合理配置,使培养出来的人才适应社会经济发展的需求。

职业教育是与社会经济联系最紧密的教育类型,社会经济的调整与转型直接牵动着职业教育的主弦,不断适应产业发展、切实服务经济建设的需求是职业教育发展的基本要求。作为我国应用型人才培养的重要途径,职业教育要增强人才培养对社会经济发展的适应性,坚持为社会经济发展提供人力资源,根据经济发展对职业教育的需求变化,不断改进人才培养的层次、规格与模式。基于我国社会经济的发展规律,我国职业教育层次结构不断优化,这就要求职业教育素质教育的目标层次随之提升,职业教育表现出依次推进中等职业教育、高等职业教育和本科层次职业教育的发展规律。20世纪80年代到90年代,党中央在党的十一届三中全会后逐渐把工作重心转移到经济建设上来,经济社会的快速发展对能直接服务于"四个现代化"的中等技术人才的需求上升。到了21世纪初,新型工业化的推进和新一轮科技革命的展开,使得我国各行业的人才需求向高素质技术性人才转变,提出了加快发展高等职业教育的要求。党的十八大以来,我国社会经济逐渐转向高质量发展阶段,高附加值的技术密集型产业对技术技能人才的质量要求再次提高,职业教育政策对此也作出了回应,积极探索发展本科层次职业教育。[①]

职业教育人才培养供给侧与市场需求侧对口是劳动者高质量就业的前提,职业教育适应经济社会发展还体现在为行业、企业提供产品研发、技术创新、信息咨询等服

---

① 陈捷,徐倩仪,李祥.增强职业教育适应性:职业教育政策注意力变迁的三维分析及其逻辑阐释:基于1987—2022年《教育部工作要点》的文本分析[J].中国职业技术教育,2023(5):63-73.

务,支持企业技术革新和产业优化升级上。人才是企业发展的核心要素,职业院校是培养技术技能人才的摇篮,应根据产业需求制定更加完善的教学发展规划和教育教学目标,培养出产业所需的大量高素质技术技能人才,推进职业院校学生实现高质量充分就业。职业教育要面向市场,突出市场需求,构建校企命运共同体,打造结构化教学创新团队,与行业龙头企业协同共建产业学院,充分发挥潜力与优势。

三、受教育者全面发展的要求

人的全面发展思想是马克思主义理论的重要组成部分,包括人的劳动能力发展、人的社会关系的全面丰富和人的素质提高三个方面。人的全面发展是与社会全面发展相统一的发展,也是一个从简单到复杂、从低级到高级的具体实践发展过程。马克思认为,教育"是造就全面发展的人的唯一方法",因为"要改变一般人的本性,使他获得一定劳动部门的技能和技巧,成为发达的和专门的劳动力,就要有一定的教育和训练"①。人的全面发展离不开教育,但不是所有的教育都能促进人的全面发展。职业教育是与社会经济发展关系最为密切的教育类型,适应社会经济发展的要求是职业教育的外部适应性,表现为职业教育主动适应国家重大战略与区域产业发展需求;适应受教育者全面发展的要求则是职业教育的内部适应性,表现为职业教育注重个体的全面协调发展。关注人的全面发展,不仅要关注知识、技能的提升,还要关注情感、态度、价值观的养成。关注人的全面发展,要回归教育的育人价值定位。职业教育除了传授知识与技能,更应该关注学生能力、精神与品质的全面发展,也就是培养"完整职业人"。②

在构建现代高素质技能型社会的时代背景下,职业教育已成为面向多样化、多层次和终身化需求的一种类型教育。在多方努力下,接受职业教育不再是一条"断头路",职业教育已经逐渐形成从中职、专科、本科到研究生的通道,职业院校学生可以满足生计需要,也可以满足成才需要。党的二十大报告指出,办好人民满意的教育,全面贯彻党的教育方针,落实立德树人根本任务,培养德智体美劳全面发展的社会主义建设者和接班人,加快建设高质量教育体系,发展素质教育,促进教育公平。坚持德智体美劳全面发展的教育思想是新时代职业教育工作要求的重要体现,也是职业教育工作的根本出发点和落脚点。培养德智体美劳全面发展的社会主义建设者和接班人体现了对人的全面发展的深刻理解和实践探索。德智体美劳全面发展不仅是职业教育素质教育的具体内容,更是职业教育素质教育的目标。

① 马克思,恩格斯.马克思恩格斯全集:第23卷[M].中共中央马克思、列宁、恩格斯、斯大林著作编译局,译.北京:人民出版社,1972.
② 孟景舟.中国职业教育独特的价值与使命[J].职教论坛,2021,37(6):23-28.

职业教育素质教育目标的层级结构

一、基础素养目标

基础素养目标是职业教育素质教育目标的第一层。在素质教育的理念下,职业教育基础素养是培养学生成为具有扎实专业知识、技能和良好职业道德的职业人的重要内容。基础素养目标是职业教育素质教育目标层次的最基础层级,培养学生最基本的知识、技能和品德。基础素养是指劳动者在完成工作过程中,通过对自身素质和能力的自我认识、自我了解,在熟练掌握一定知识和技能的基础上,以积极的态度对待工作任务,从而能够创造性地完成工作任务或承担更高层次任务所需要的基本素质。基础素养目标是适应我国职业教育发展的需要,培养学生职业能力、职业精神、职业习惯和职业情感,使学生掌握适应企业岗位和社会发展要求所需的基础知识和技能,形成良好道德品质、行为习惯和心理素质,促进其全面发展的目标。从各国职业教育发展经验看,将基础素养作为职业教育素质教育目标的组成要素是各国共同的选择。我国是人口大国,也是劳动力资源大国,只有加强职业教育基础素养教育,才能培养出适应企业岗位需求和社会发展要求,具有较高水平的职业素养、职业道德、专业能力、创新能力和可持续发展能力的高素质技术技能型人才。具体而言,职业教育素质教育关注的基础素养主要包括基础知识、基本技能和职业精神。

（一）基础知识

基础知识是某一学科或领域中最为基本的概念、原理、方法等,它能够反映该学科或领域的基本理论、基本技能和基本思维方式。基础知识是学术和职业领域中不可或缺的一部分,是构建更高层次知识和技能的基础,为人们在各个领域取得成功提供支撑。掌握基础知识有助于理解和应用更高层次的概念和技能;学习基础知识可以提升人们的理解和思维能力,有助于解决更复杂的问题;基础知识可以提供解决问题的基本思路和方法,从而有助于人们解决实际问题;掌握基础知识是提高专业素质和职业能力的基础。职业教育素质教育涉及的基础知识主要包括科学文化知识和专业基础知识。科学文化知识是人们在职业活动中必须具备的专业知识,包括自然科学知识、人文科学知识和社会科学知识。专业基础知识是人们从事某种职业所必须掌握的基本技能、技巧和方法。

（二）基本技能

基本技能是支撑各级各类学校学生进一步掌握高深知识、复杂技术或专业知识技术的基础技能。职业教育基本技能是指完成工作所必需的、基本的、通用的知识和技能,是完成工作任务的基础和前提,是人们创造性和可持续发展能力的基础。职业教育应加强对基本技能的训练,提高学生从事职业活动的综合能力。基本技能包括专业技能和通用技能两个方面。专业技能是指从事某一职业所必备的技术,包括专业知识、专业操作方法和基本操作技术等。通用技能是指一个人适应社会生活和职业活动需要的最基本的工作能力,包括交往与沟通能力、人际交往能力、合作能力和创新能力等。

（三）职业精神

职业精神是人们在职业活动中形成的具有较强职业特性的一种道德精神。职业精神是与职业活动紧密联系,具有职业特征的精神与操守。职业精神是在特定的职业实践基础上形成的,反映一定职业的特殊利益和要求,鲜明地体现某一职业特有的精神传统和从业者特定的心理和素质,表明职业的根本利益以及职业责任、职业行为特征的精神。它主要表现在从业者对职业热爱和忠诚,对工作认真负责、勤奋敬业、团结协作、不计名利等方面。职业精神是从事职业活动的人所必须具备的基本素质。职业精神不是天生的,而是在长期的劳动过程中培养和锻炼出来的。职业精神教育是培养学生形成正确工作态度和良好职业道德的重要途径,有利于促进学生树立正确的人生观和价值观。通过加强职业精神教育,可以培养学生爱岗敬业、诚实守信、办事公道、服务群众、奉献社会的基本品质和道德情操,培养学生认真负责、踏实肯干、爱岗敬业、一丝不苟、精益求精、团结协作、开拓创新等良好的职业精神。

二、专业素养目标

专业素养目标是职业教育素质教育目标的第二层。《职业教育提质培优行动计划(2020—2023年)》提出,"完善职业学校评价制度,把职业道德、职业素养、技术技能水平、就业质量和创业能力作为衡量人才培养质量的重要内容"。可见,职业素养已成为衡量职业院校教育教学水平与社会影响力的重要标准。职业核心素养是指人才在职业生涯发展进程中,直接与职业环境和岗位能力对接,关涉到个体的社会适应性、岗位竞争力和职业发展性等方面的品格和关键能力。[1] 职业核心素养是人才适应职业岗位、提高自我认识与岗位认知、发挥主观能动性的重要因素,关乎人才的终身发展。[2] 专业素养是职业素养的一类,是职业教育专业课程与教学目标中的重要内容,也关乎职业教育的基本任务。职业教育专业素养是指在职业教育实践中形成并在专业学习过程中表现出来的符合专业要求、能够适应职业岗位发展的素养,它与相关专业知识、

① 张志军,郭莹.高职学生职业核心素养培育路径探究[J].中国职业技术教育,2017(4):52-56+65.
② 李贺,魏麟懿.职业本科学生职业核心素养培育探索[J].教育与职业,2024(1):108-111.

专业技能和专业素质共同构成了学生职业素养的核心要素。

（一）专业知识

职业教育需要以一定的知识和能力为基础，从知识论的视角看，知识包含了能力。职业教育中所说的知识不同于普通教育的知识，职业教育知识主要是来源于工作实践的技术知识，而技术知识是独立的知识类型。[①]职业教育知识的类型特点是确立职业教育素质教育目标的重要依据，职业教育知识是基础知识以外的专业知识。专业知识是指一定范围内相对稳定的系统化的知识，包括专业领域的专业基础知识、各种专业理论和最新学说等。专业知识包括以下两个方面：一是获得职业资格必须具备的专业基础知识；二是职业适应和职业发展所需要的知识。通过专业知识教育，学生不仅可以熟悉未来职业的生产活动特点、发展状况、操作规程、生产工艺，而且能掌握本专业和相关专业的较扎实、宽广的专业基础理论知识，能适应职业变化更新对人的素质提出的更高要求，具备继续学习的能力。

（二）专业技能

加快建设技能型社会，形成国家重视技能、社会崇尚技能、人人学习技能、人人拥有技能的社会氛围，培养适应区域经济发展需要和满足产业转型升级需要的技术技能人才，是实施制造强国战略、振兴实体经济的迫切需求。技能是提高劳动生产率的坚实基础，建设技能型社会要求技术技能人才具有较高技能水平。在职业院校人才培养中，专业技能与职业素养是一对非常重要的概念。专业技能主要是指与职业院校学生所学专业密切相关的基础技能、拓展技能等。职业素养是同人们的职业活动紧密联系的，是职业人在从事某种职业时所必须具备的综合素质。如果将专业技能称为硬技能，则可以将职业素养称为软技能。培养高素质技术技能人才，需要对专业技能教育与职业素养教育给予同等重视。面向未来，为培养真正意义上的高素质技术技能人才，需要对专业技能教育与职业素养教育进行一体化设计与实施。具体而言，在专业技能教育中，不仅要注重与职业素养相关的行业前沿知识、核心知识的传授，而且要充分利用学校实训平台，营造接近企业环境的真实工作环境，让学生在实训中养成规则意识、团队意识、沟通能力等。[②]

（三）专业素质

科技的日新月异催生了新技术、新产品、新产业、新业态、新模式，对劳动力市场产生深刻影响，对技术技能人才的专业知识、专业能力和专业素质提出了更高要求。技能型社会建设要求技术技能人才的专业素养结构与产业发展需求相适应，技术技能人才除了要掌握扎实的专业知识和专业技能，还要具备将现代信息技术运用于产品

① 徐国庆.确立职业教育的类型属性是现代职业教育体系建设的根本需要[J].华东师范大学（教育科学版），2020（1）：1-11.
② 郝天聪.指向一体化的高质量职业教育人才培养路径探析[J].中国职业技术教育，2022（7）：18-22.

研发、成果转化、高效生产和精细管理等领域的能力和素质,以及坚定的理想信念、高尚的道德情操、工匠精神和创新精神等专业素质。职业教育作为一种类型教育,其专业素质培养目标在职业教育的历史发展中逐渐清晰,经历了从知识与技能培养,到态度、价值观和信念养成,再到实践能力、创新能力和可持续发展能力培养的过程。

职业院校学生的专业素质主要包括职业道德和科学精神。职业道德是社会道德在职业领域的具体体现,是人们在职业活动中必须遵循的行为准则,是人与人之间交往时应遵循的基本原则和规范。职业道德作为一种社会道德规范,是从事某一职业的人们在从事职业活动时必须遵守的行为准则。职业道德是社会道德在职业领域的具体体现,也是个人道德品质和思想情操的表现。职业院校应将职业道德作为素质教育目标的一项重要内容,加强职业道德教育,帮助学生形成良好的道德品质和道德行为习惯,从而为将来成为合格的专业技术人员奠定基础。良好的职业道德包括敬业精神和诚信品质。敬业精神是职业素养的核心内容,是对工作忠诚、负责、奉献、敬业的精神和态度。职业院校学生敬业精神的培养,需要通过课堂教学和实践教学,使学生充分认识到职业岗位所承担的责任,培养学生强烈的事业心和责任感,帮助学生在工作中遵守职业道德规范,认真负责地做好本职工作,在岗位上兢兢业业、脚踏实地,为企业发展贡献力量。诚信品质是职业教育素质教育的基本要素。作为职业人应具有诚实、守信、不欺、不诈的品质,诚信品质是职业道德、敬业精神等素质要素的具体体现。职业教育素质教育的诚信品质教育,主要体现为教育学生诚实守信、恪守承诺、以诚待人。除此之外,职业教育素质教育目标还应包括科学精神。科学精神是专业素养的核心要素,体现了在科学研究活动中形成的一种科学的世界观和方法论,其培养要求学生具有严谨、求实、创新的精神,掌握科学方法,有正确的价值观。

三、创新素养目标

《中共中央、国务院关于深化教育改革全面推进素质教育的决定》中指出,实施素质教育要以"培养学生的创新精神和实践能力为重点"。创新是一个民族的灵魂,是一个国家兴旺发达的不竭动力,是推动经济和社会发展的核心动力。没有创新便不会有科学的进步和社会的发展。党的十八大提出实施创新驱动发展战略,强调科技创新是提高社会生产力和综合国力的战略支撑,必须摆在国家发展全局的核心位置。在现代经济社会中,创新活动被认为是企业利润的源泉、社会进步的动力。职业院校作为应用型人才培养的供给侧,应以培养学生的创新精神和创新能力为重点,把培养学生的批判性思维和创新能力等创新素养作为素质教育的重要目标,将其培养成适应世界竞争潮流的一代新人,使他们视野开阔,有竞争力和创新开拓精神,并有不断获取新知识的强烈意识和能力。

（一）创新精神

创新精神属于科学精神和科学思想范畴,是进行创新活动必须具备的心理特征,是现代人应该具备的素质,主要包括创新意识、创新兴趣、创新胆量、创新决心以及相关的思维活动。创新精神是一种勇于抛弃旧思想、旧事物,创造新思想、新事物的精神。创新精神提倡独立思考,不人云亦云,大胆质疑,不怕犯错误。具备创新精神的员工不仅能提高物质生产要素的利用率,降低成本,还能促进企业组织形式的改善和管理效率的提高。一般而言,具备创新精神的人具备较强的自主学习能力,能够自我驱动,不断追求知识和技能水平的提升。他们对于新技术和新知识持开放态度,愿意接受挑战,勇于尝试,这有助于他们在职业生涯中持续成长,适应不断变化的工作要求。因此,作为企业员工培养、培训的主阵地,职业院校在人才培养中要将培养创新精神作为职业教育素质教育的目标,为企业和社会输送具有创新精神的人才。

（二）创新能力

创新能力是指在学习和工作中,通过自己的实践活动,提出新的见解、新的方法、新的思路,并在实践中有所发现、有所发明、有所创造的能力。创新能力是实践能力基础上的一种综合能力,也是学生综合素质和职业素质的集中体现。具备创新能力是实现创新目标的前提条件,既体现了对学生专业知识和技能掌握情况的评价,又体现了对学生在专业学习过程中进行创新实践能力培养情况的评价。当今社会,技术的发展日新月异,行业的边界日益模糊,只有具备创新能力的人才能够适应社会科技的快速更迭,推动经济社会的发展。具备创新能力的人能够运用创新思维解决复杂问题,能够将新知识和新技术快速应用到实践中,创造出新的价值。因此,职业院校要注重学生创新能力的培养,要将创新能力作为创新素质的重要要素,培养学生具备独立思考的能力,鼓励学生勇于尝试、敢于创新,提出新见解、新方法、新思路,养成批判性思维和创造性思维。

四、发展素养目标

发展素养是指学生应具备的、能够适应终身发展和社会发展需要的必备品格和关键能力。发展素养不仅包括专业技能,还包括适应变化、自我提升和终身学习的能力。教育部印发的《教育部关于全面深化课程改革落实立德树人根本任务的意见》提出学生应具备"适应终身发展和社会发展需要的必备品格和关键能力"。随着科技的飞速发展,社会分工日益细化,职业更新速度加快,这就要求从业者在面对变革时保持开放的心态,勇于接受挑战,善于学习新知识、新技能,具备快速适应新环境、新任务,与他人有效沟通、协作、共同解决问题等方面的能力。同时,随着跨学科、跨领域合作的不断深入,社会需要复合型人才,个人要在激烈的竞争中脱颖而出,就需要在面对复杂问题时,能运用多学科知识分析和解决问题。在建设终身学习社会的背景下,从业者还需要始终保持对新知识、新技能的渴求。职业教育作为国民教育体系的重要组成部分和人力资源开发的重要方式,肩负着培养多样化人才、传承技术技能、促进就业创业的重要职责。在制定职业教育素质教育目标时要将发展素养作为重要目标,培养学生具备支持其持续发展的能力和素质,具备不断适应岗位变化的能力和终身学习能力。

（一）适应能力

适应能力是指个人在职场中不断调整自己的思维、情感和行为,以适应不断变化的工作和环境的能力。这种能力包括自我认知、沟通、协作、解决问题、创新等多个方面。适应能力的高低决定了个人和组织能否在竞争激烈的环境中取得成功。一方面,适应能力是个人职业发展的关键因素。在当今快速变化的职场环境中,具备较强适应能力的人能够更好地应对工作压力、掌握新技能和新知识,从而在职场中获得更多的机会和更高的职位。同时,适应能力强的员工的工作满意度和幸福感更高,更不易出现职业倦怠。另一方面,适应能力强的组织能够更好地应对市场变化,团队的凝聚力和创新能力更强,可持续发展能力更强。因此,作为企业员工输送的重要基地,职业院校在培养人才时,要注重学生适应能力的培养,这就要求在制定职业教育素质教育目标时,将适应能力纳入目标范畴。

（二）终身学习能力

自1965年保罗·朗格朗正式提出"终身教育"这一术语以来,终身教育理念在世界各国广泛传播。终身学习是指社会每个成员为适应社会发展和个体发展的需要开展的,贯穿于人一生的、持续的学习过程。随着人工智能的发展,我国制造业发生了巨大的改变,传统的劳动密集型企业,如纺织厂、机械加工厂等已经纷纷转型升级,更新了生产线,引入了自动化生产设备,整个车间只需要几个人就能正常运转。这对技术技能人才提出了新的要求。因此,职业院校作为培养技术技能人才的摇篮,要及时适应社会发展需求,将终身学习能力作为职业教育素质教育目标,培养学生成为具备终身学习能力的人。

第三章 ▷ 职业教育素质教育的内容

职业教育要培养和 21 世纪我国社会主义现代化建设要求相适应,具有全面素质和综合职业能力,在生产、服务、技术和管理第一线工作的应用型专门人才和高素质劳动者。结合时代要求,职业教育素质教育内容的发展需要完成从培养"人"的教育到培养"某种人"的教育再到培养"完整人"的教育的转变。为此,要根据职业教育培养目标的要求,在保证学生技术技能培养质量的基础上全面实施素质教育,科学合理地设置课程,将职业道德、职业知识、职业能力和创新创业素质等元素贯穿培养全过程,使学生就业有能力、创业有资本。

第一节 职业教育素质教育内容的发展演变

将学生培养成合乎社会发展需要的人才是职业教育的目标之一。党的二十大报告指出要"发展素质教育"。这是党中央继党的十八大、党的十九大报告连续强调素质教育之后再一次明确素质教育要求,充分体现了以习近平同志为核心的党中央对素质教育的高度重视。在社会发展进程中,职业教育素质教育的内容也发生了相应改变,具体而言,就是从把学生培养成"人"到把学生培养成"某种人",再到把学生培养成"完整人"。在新时代背景下,素质教育思想与职业教育实践如何融合,有哪些新特点、新需求值得探讨。

一、培养"人"的教育

(一)"人"的内涵

教育是培养人的社会实践活动。素质教育作为一种社会活动,旨在培养合乎当前社会存在和发展需要的人。其具有以下内涵。

1. 个体观念社会化的人

教育是个体思想观念形塑的过程。个体观念社会化包括对自己的生理状态、心理状态、社会角色和人际关系具有准确认知。职业教育素质教育培养的个体需要通过接收周围事物和社会活动的信息，了解社会文化并将其内化，形成自身完整的思想观念体系，由"自然人"发展成"社会人"。

2. 个体行为社会化的人

个体观念的社会化和行为的社会化是紧密相连的。个体行为社会化包括对社会规范的内化、对社会技能的学习。职业教育素质教育培养的个体需要以社会规范、道德准则等规范自身的行为，掌握必要的生活知识和技能，掌握与他人交往、合作的社会技能，适应社会生活。

3. 个体职业和身份社会化的人

职业和身份是个体生存于社会上的名片。个体的职业和身份社会化主要指社会角色的扮演。职业教育素质教育培养的个体需要明确自身在不同阶段的社会角色，在家庭角色、职业角色、学生角色和公民角色中做好平衡。

（二）职业教育素质教育培养"人"的路径

素质教育是以全面提高人的基本素质为根本目的，尊重人的主体性和主动精神，以人的性格为基础，注重开发人的智慧潜能，注重形成人的健全个性的教育。它的目标不仅仅是帮助学生取得好的成绩，更重要的是培养学生全面发展。在素质教育中，学生的综合素质受到重视。通过接受素质教育，学生可以更好地适应社会发展的需要，具备自我发展和自我实现的能力。

1. 实施道德素质教育

学生的道德素质是指学生的道德品质和行为表现。要把德育工作摆在素质教育的首要位置，不断增强学生的爱国主义、集体主义、社会主义思想。素质教育主要教育学生树立正确的人生观和理想追求，培养为国家、集体及他人奉献的精神，养成遵守纪律、谦让助人的良好品格，以保证在他们走向社会后，成为有文化、有道德、讲文明、懂礼貌的守法公民与合格人才。

2. 实施智力素质教育

学生的智力素质是指学生的认知能力和智力水平。素质教育需要培养学生具备系统的科学文化知识和技能，发展学生的智力和与学习有关的非智力因素。教育要传授做人与做事相结合的理念，全面加强对学生的文化素质教育，要使学生不仅学会认知、学会做事，更要学会生存、学会关心他人、学会共同生活，促进学生科学素质和人文素质的和谐发展。

3. 实施身体素质教育

学生的身体素质是指学生的身体状况和运动水平，是其他一切素质的物质基础。素质教育要加强体育教育，帮助学生认识到身体素质的重要性，认识到身体素质是学习、工作与职业发展的基础，发展学生的体力，增强学生的体质，培养学生的意志力，营造崇尚体育、爱护身体的良好氛围。

4．实施审美素质教育

学生的审美素质是指学生对美的感受和创造能力。素质教育要培养学生的审美观，发展他们鉴赏美、创造美的能力，对优秀文化精髓的汲取能力，使其开阔思维、丰富想象力。另外，要培养学生的人文精神，净化学生的心灵，陶冶学生的情操，培养学生的高尚情操和文明素质。

5．实施劳动素质教育

学生的劳动素质是指学生具备的劳动技能和劳动态度，是素质教育的实践基础。素质教育要培养学生的劳动观念和劳动技能，传授基本的生产技术知识和生产技能，使其成为发展更加全面的人。

6．实施心理素质教育

学生的心理素质是学生性格品质与心理能力的综合体现。素质教育要培养学生的认知能力、心理适应能力与内在动力，使之形成良好的个性、健康的心理，有适当的行为表现。

二、培养"某种人"的教育

（一）"某种人"的内涵

职业院校是培养技术技能型人才的重要场所，职业教育的最终目的是将学生培养成符合社会发展需求的、能够胜任不同职业岗位的"职业人"。其内涵如下。

1．具有专业知识的人

专业知识是个体从事某一职业所必须具备的基础理论和实践知识，是职业教育素质教育培养"职业人"时最基础的要素。

2．具有职业能力的人

职业能力是个体从事某种职业所应具备的多种能力的综合，包括专业能力和学习能力、表达能力、人际交往能力等一般职业能力，以及方法能力、社会能力等关键的职业综合能力。"职业人"具备较强的职业能力，并能够将这些能力应用于职业实践中。

3．具有职业使命感的人

职业使命感是个体对自己所从事职业的深层次认同和责任感，它源自人们对职业的热情、承诺以及对工作的价值追求。职业教育素质教育所培养的是在职业活动中具有目的感和意义感、能够实现人生价值的"职业人"。

（二）职业教育素质教育培养"某种人"的路径

1．在教育中突出技术技能

职业教育素质教育要突出技术技能，根据劳动力市场对人才的需求特点有针对性地进行职业教育和培训,培养的学生要实现"职业对口"、与就业岗位"零距离"。职业教育将技术技能培养作为教育的主要目的,强调其能力行为是以技能为基础的,突出就业导向,让学生能够运用他们在学校中养成的能力来处理复杂的职业任务。因此,职业教育素质教育要使学生习得技能,为就业做准备。职业院校要注重理论与实践的结合,加强学生动手能力和实际操作能力的培养,将专业理论的讲解与实际动手操作结合起来,做到理论联系实际。

2. 重视职业能力的培养

职业教育教学的专业性,人才培养过程的实践性、就业导向性决定了在职业教育中必须以培养学生的关键职业能力为目标指向,整个课程体系的构建、教学过程的设计与实施等都必须突出职业能力的培养,着眼于以职业能力为核心的综合素质的建构与完善,促进学生职业能力的全面发展。

3. 融入素质教育理念

在职业教育中倡导和渗透素质教育的理念,是对专业技能教育质量的强化。职业教育素质教育所培养的人才不再是简单的"技术人",而是更具生命力、发展力和创造力,个性更加丰满的人。因此,应将素质教育的理念融入到专业技能教育中,加强对学生职业道德规范、职业操守、职业态度等的培养,帮助其形成正确的职业价值观。

三、培养"完整人"的教育

(一)"完整人"的内涵及特征

职业教育素质教育不单是职业技能教育,教育目标也不只是让学生获得职业资格和顺利就业,其最终目的是促进职业院校学生包括职业知识、职业能力、职业价值观在内的综合素质的全面提高,将学生培养成全面发展的"完整人"。在培养"完整人"阶段,素质教育不仅需要关注个体的职业素质,更需要重视其全面发展。"完整人"的内涵如下。

1. 个体素质完善的人

个体素质包含了思想道德素质、综合能力、个性特质、心理素质以及专业等多方面、多层次的内容。职业教育素质教育培养的是个体素质完善、个性发展完全的"完整人"。

2. 可持续发展的人

职业教育素质教育所培养的"完整人"应具备终身发展的意识和能力,能随着社会的发展不断更新自身知识和技能,完成职业生涯可持续发展。

3. 有创造力的人

创造力是个体发展的不竭动力,"完整人"应具备良好的创造性思维习惯、创新意识和创新能力。

（二）职业教育素质教育培养"完整人"的路径

1. 注重学生的全面发展

职业教育素质教育以人的全面发展为目标指向,为学生的全面发展提供充分的支持和可能的路径。相关研究表明,职业院校的毕业生要实现高质量就业,不仅需要具有良好的专业素养,更需要具有优良的综合素质。职业教育在素质教育中,要通过科学化的课程体系、多样化的实践活动和人文化的培养环境,培养学生积极的心态、扎实的专业知识、广博的人文素养、合理的技能结构、良好的职业道德等,促进学生综合素质的发展。

2. 注重学生的个性化发展

职业教育素质教育中最重要的是尊重和重视每个个体的发展,让学生成为敢于创新和挑战的鲜活的个体。相较普通教育素质教育,职业教育素质教育更有条件回应学生个性发展的需求,有助于发展学生的个体差异性,发挥学生的主体性,赋予学生专业选择的自由性,为学生个性的自由发展创造条件。

3. 注重学生终身学习意识的培养

职业院校要关注学生职业发展的可持续性,在终身学习理念下积极调整人才培养模式,开发满足职业院校学生终身学习需求的教育内容。职业教育素质教育应融入终身教育观、职业发展观等理念,为人才成长与职业发展提供必要的基础与平台,并为其后续发展提供方法、理论借鉴,使其借助习得的方法体系,不断养成职业发展需要的职业素质。

4. 注重学生的创新性发展

职业教育需要培养创造性人才,满足由"中国制造"到"中国创造"的发展要求。因此,职业教育素质教育要注重对学生创新意识、创新精神、创新行为、创新能力的培养,把创新性培养内化为一种切实可行的学习实践活动,通过引导学生学习如何发现、吸收新信息和提出新问题,培养对未来社会的应变能力和创造能力。

第二节　确定职业教育素质教育内容的方法

方法是解决问题的条件和手段,决定着活动的效率和成果的质量。在确定职业教育素质教育的内容时,可以采用归纳法、调查法、比较法等多种方法,使确定的教育内容更具针对性、准确性。

一、归纳法

（一）归纳法的内涵

归纳法是确定职业教育素质教育内容的一种基本的、常用的方法,其核心要义在于通过对一系列具体事实的观察和总结,概括出其中的共性和规律,进而形成一般性的结论,这是一种从个别到一般的推理方法。在使用归纳法确定职业教育素质教育的内容时,需要对素质教育中有关职业教育的内容等进行总结,从而推断出更广泛的规律,进而确定职业教育素质教育的内容。

（二）归纳法的特征

1. 具体性

归纳法是从具体事实出发,对具体现象进行观察的方法。已有的职业教育素质教育内容是客观存在的,属于既定的事实,通过比较这些具体的内容及实施成效可以得出结论。因此,运用归纳法确定的职业教育素质教育的内容通常是具体和明确的。

2. 概括性

归纳法的目的是从具体事实中提炼出一般性的原理或规律,具有概括性。利用归纳法得出结论需要基于对大量具体事实的观察和总结。因此,利用归纳法确定职业教育素质教育内容时,需要对已有的素质教育内容进行科学分析和合理概括,使其适用于一般情况。

3. 经验性

归纳法依赖于对大量具体事实的描述和总结,因此具有明显的经验性。利用归纳法确定职业教育素质教育的内容,需要进行大量教育经验、事实材料的积累和分析,进而得出可靠的结论。

（三）归纳法的优缺点

1. 优点

（1）易操作。归纳法通过观察和总结来形成一般性的结论,不需要复杂的逻辑推理和数学计算,其推理过程相对简单明了,易于理解和操作。

（2）科学性强。归纳法能够通过对一系列事实数据或现象的归纳和总结,揭示其中的规律,对于科学研究和理论构建具有重要意义,有助于人们更好地认识和理解世界。

（3）效率高。归纳法是从大量个案中找出共通点的方法,因此在面对需要作出总结性、概括性结论的问题时,采用归纳法可以节省时间和资源。

2. 缺点

（1）无法解释全貌。归纳法受其本质的局限,一般是从众多微观层面事物出发,总结提炼一般事物具备的普遍联系和规律,因而有时难以全面解释客观世界现象,得出的结论只是近似的。

（2）结果难以验证。归纳法的研究结论只能用过去发生的事实来证明,在实际应用中无法通过更多的实例来验证归纳结果的正确性和普遍性。

（四）归纳法的实施过程和要求

1. 收集信息

归纳法的第一步是收集与主题相关的信息。通过阅读与职业教育素质教育内容相关的文献资料，包括国家下发的有关职业教育素质教育的文件以及专家、学者关于职业教育素质教育主题的研究成果，进入现实场域进行实际调研等方式，收集大量职业教育素质教育相关内容，如文献资料中关于职业教育素质教育的内容、行业对于员工的素质要求以及学生对职业教育素质教育的期望。收集信息时要确保信息的广泛性、多样性和真实性，以便全面分析问题。

2. 整理信息

在收集到足够的信息后，需要对其进行整理，以便进行后续的分析。在整理职业教育素质教育相关内容资料时，要按照一定的逻辑或者分类进行整合，如按照理论与实践逻辑、素质的分类逻辑，去除重复和无关的信息，以便更好地确定所需的内容，得出相关的结论。

3. 分析信息

整理完信息后，就要进行深入分析。分析职业教育素质教育的内容时，需要根据分类逻辑综合考虑，以便更好地理解职业教育素质教育内容的内在联系和规律。如根据调研的不同行业要求，得出酒店管理、市场营销专业强调服务意识、团队合作素质，计算机应用技术、艺术设计专业强调逻辑思维和持续学习能力等结论。另外，研究者要保持客观的态度，避免主观因素对确定职业教育素质教育内容的影响。

4. 表述结果

对归纳的结果进行清晰的表述，提取多方位整理、分析资料得出的对于职业教育素质教育内容的共性要求，如"持续学习能力""团队合作意识"等。表述职业教育素质教育的内容时，要确保表述的准确性和清晰性，按照一定的逻辑框架和条理顺序，避免出现重复表述、语言组织混乱等情况。

二、调查法

（一）调查法的内涵

调查法是教育研究中最常用的方法之一，是一种描述性研究方法，通过综合运用观察、访谈、问卷、个案研究等科学方法，对教育现象进行有计划、有目的、系统性的观察和信息收集，并对通过调查收集到的大量资料进行分析、综合、比较、归纳，形成规律性的知识。确定职业教育素质教育的内容时，可以通过一系列调查方法直接获得一手信息，进行分析并得出结论。按调查形式分，调查法包括访谈调查法、问卷调查法、个案调查法等；按调查场域分，调查法包括网络调查法、实地调查法、电话调查法等。

（二）调查法的特征

1. 实证性

运用调查法获得的结论具有实证性。在确定职业教育素质教育内容时，要从实际出发，对研究对象进行大量的观察、调研和实践，获取客观、第一手的数据和事实信息，并以严密的理论逻辑验证。

2. 全面性

在运用调查法时，需要收集尽可能多的数据和信息，因此，调查法具有全面性。调查职业教育素质教育的内容时应当全面涵盖研究对象，全面了解研究对象的特征，最终确定合理且准确的教育内容。

3. 多样性

调查法的类型较多，在运用中具有灵活多样的特点。研究者可以根据实际情况，综合使用问卷调查法和访谈调查法等方式确定职业教育素质教育的内容。

（三）调查法的优缺点

1. 优点

（1）适用范围广。调查法可以应用于各个领域，适用于各种调查对象，不受调查对象社会身份、文化程度等的限制。

（2）便于统计分析。调查法收集到的数据通常可以利用统计软件进行定量或质性分析，整理、统计和比较较为方便。

（3）经济省时。相较于实验法、观察法等，调查法能在短时间内收集大量数据，且成本相对较低。

2. 缺点

（1）存在主观性。调查法结果的质量很大程度上取决于调查对象的素质和合作态度。由于各种原因，调查对象可能会提供虚假或错误的信息，影响调查结果。

（2）样本不一定具有代表性。调查法的结果会受到样本选择的影响，如果样本选择不当，或者样本量过小，那么得出的结论可能存在偏差。

（3）存在隐私和伦理问题。在收集个人信息或敏感信息时，调查法可能涉及隐私和伦理问题，这需要在研究过程中进行充分的考虑和处理。

（四）调查法的实施过程和要求

1. 明确目的

在进行调查前，首先需要明确调查的目的。对职业教育素质教育内容进行调查前，应当确定调查的范围、对象和方式，确保调查具有针对性和效性。如明确本次调查需要了解职业教育素质教育的内容，就应选择行业专家，职业院校教师、在校学生、已就业学生等群体。

2. 设计方案

调查方案设计是调查法实施的关键环节,直接决定了调查的质量和效果。在设计关于职业教育素质教育内容的调查时,需要考虑调查方式的适用性、调查工具的可靠性、调查对象的代表性等,考虑如何设计问卷和访谈提纲,是设计开放性问题还是选择性问题,通过在线方式还是纸质问卷方式,选择企业高层管理者还是一线员工进行调查等。在调查中要尽量减少误差,确保调查结果的客观性、真实性。

3. 准确实施

设计完调查方案后,如何实施尤为重要。职业教育素质教育内容的调查实施必须严格按照方案执行,准确、客观、翔实地记录调查内容,通过广泛的问卷调查和深入访谈,了解行业和教育界对职业教育素质教育内容的具体需求和期望。同时,应当注重调查中的沟通技巧,对调查中的突发情况进行巧妙处理。

4. 统计分析

在收集到调查数据后,需要进行统计分析。采取科学的统计方法和工具,对已获得的职业教育素质教育内容进行整理、分类、归纳和解释,如对问卷调查结果进行描述性分析、统计性检验,明确内在联系和规律,为确定教育内容提供有力支撑。

5. 持续改进

在完成统计分析后,要及时反馈调查结果,并采取相应的优化措施。在实施职业教育素质教育内容调查的过程中,应该根据调查实际情况和反馈结果进行调整和完善,持续优化调查的方式方法,提高调查的质量和效果。

三、比较法

(一)比较法的内涵

比较法通过对不同事物、不同现象进行比较分析,揭示普遍规律和特征,进而得出结论。在确定职业教育素质教育的内容时,需要分析不同教育内容的共同点和差异,为进一步的科学分类和内容确定提供依据。

(二)比较法的特征

1. 对比性

比较法的核心在于对不同的事物进行对比分析,寻找它们之间的相似之处和差异。通过综合对比素质教育中有关职业教育的内容,提高职业教育素质教育内容的适用性。

2. 系统性

比较法需要对所比较的事物进行系统分析和归纳,探究其内在联系和规律。运用比较法探究职业教育素质教育的内容有助于更好地挖掘职业教育和素质教育的关联和本质规律,发现新现象,提高教育内容的客观性和准确性。

（三）比较法的优缺点

1. 优点

（1）促进深化理解。比较不同的事物可以为研究者提供全面的视角,使其更加深入地理解它们的特点、性质,以及它们之间的联系和区别,以便作出最佳的选择。

（2）节省时间和成本。比较法侧重于寻找被比较事物间的差异,这有助于简化评价流程,节省资源。

2. 缺点

（1）存在可比性问题。比较法的前提是比较对象之间具有一定的可比性。然而,在实际研究中很难找到完全相同的比较对象,这可能导致比较结果不准确或存在偏差。

（2）受主观因素的影响。评估标准的一致性对于保证评估的准确性和公正性至关重要。即使研究者在使用比较法时努力保持客观,但个人的经验和偏好仍可能对评估产生一定的影响。

（3）难以处理复杂关系。当研究对象之间的关系非常复杂时,简单地应用比较法可能难以揭示它们之间的内在联系和规律。

（四）比较法的实施过程和要求

1. 确定比较对象

实施比较法之前,首先需要明确比较的对象。在确定职业教育素质教育的内容时,其比较对象可以是不同的职业教育内容、不同的素质教育内容等,这决定了后续研究的方向。

2. 确定比较范围

明确比较对象后就要确定比较的范围。运用比较法确定职业教育素质教育的内容时,应当综合考虑比较的时间范围、空间范围和内容范围,如制造业、IT(信息技术)行业、服务业的职业教育素质教育需求,美国、德国、日本在实施职业教育素质教育时的内容及方式,我国城市地区和农村地区的不同教育需求等,确保比较的准确性。

3. 收集信息

确定比较对象和范围之后,应收集相关的信息。收集职业教育素质教育内容信息的方式包括收集文献资料、课堂观察、问卷调查等,通过不同方式的对比来综合、客观、可靠地确定教育内容。

4. 分析比较

收集到相关信息后,需要选择恰当的方式进行比较。定性分析和定量分析是比较职业教育素质教育内容的主要方式,充分比较质性研究信息和量化研究信息,综合考虑各种因素的影响,最终得出恰当的结论。

第三节　新时代职业教育素质教育的核心内容

　　当今世界的竞争归根到底是综合国力的竞争,实质是知识总量、人才素质和科技实力的竞争。职业院校作为技术技能型人才培养的摇篮,特定的培养目标决定了其素质教育内容的特殊性。

　　职业教育素质教育的目标是职业院校素质教育活动的出发点和归宿,在确定其内容方面起着决定性的作用。职业教育素质教育的目标分为基础素养目标(基础知识、基本技能、职业精神)、专业素养目标(专业知识、专业技能、专业素质)、创新素养目标(创新精神、创新能力)和发展素养目标(适应能力、终身学习能力),层层递进、逐级深入。在职业教育素质教育目标的框架引领下,可以综合运用归纳法、调查法和比较法来深入挖掘职业教育素质教育的内容。一方面,广泛搜集关于职业教育素质教育内容的文本资料,包括不同国家职业教育素质教育的实施内容、不同阶段职业教育素质教育的特点,从职业教育角度出发,最终归纳出职业道德素养、职业知识素养、职业能力素养和创新创业素养等维度。另一方面,深入行业企业、职业院校内部,利用调查法探究行业对员工素质的要求、学校在职业教育素质教育实施过程中存在的问题以及学生对职业教育素质教育的期望等,对文本资料进行呼应和补充,以期更好地通过职业教育素质教育培养人才。

　　基于职业教育素质教育的目标和现实,追溯职业教育素质教育内容的演变和实施路径,从最初培育德智体美劳全面发展的"人",到培养具有专业知识、职业能力和职业使命感的"某种人",再到培养具有完善素质、持续发展能力和创造力的"完整人",其呈现出职业教育素质教育促进个体全面发展的必然特征,是时代变迁所需,也契合职业教育素质教育目标中对基础素养、专业素养、创新素养和发展素养的要求。综合以上分析,我们认为在新时代的背景下,职业教育素质教育的核心内容应该包括职业道德素养、职业知识素养、职业能力素养和创新创业素养四个部分。

一、职业道德素养

　　职业道德,是指"从事一定职业的人在职业生活中应遵循的具有职业特征的道德要求和行为准则,涵盖了从业人员与服务对象、职业与职工、职业与职业之间的关系"[1],是职业素质的首要方面。

　　职业道德素养包括爱岗敬业、诚实守信、办事公道、服务群众、奉献社会五个方面。

---

① 思想道德修养与法律基础编写组.思想道德修养与法律基础[M].北京:高等教育出版社,2015.

一是爱岗敬业。爱岗敬业反映的是从业人员热爱自己的工作岗位,尊重自己所从事的职业的道德操守,表现为从业人员勤奋努力、精益求精、尽职尽责的职业行为。这是社会主义职业道德的最基本的要求。二是诚实守信。诚实守信不仅是做人的准则,而且是对从业者的道德要求,即从业者在职业活动中应该诚实劳动、合法经营、信守承诺、讲求信誉。三是办事公道。办事公道要求从业人员在职业活动中做到公平、公正、公道,不谋私利,不徇私情,不以权害公,不以私害民,不假公济私。四是服务群众。服务群众就是在职业活动中一切从群众的利益出发,为群众着想,为群众办事,为群众提供高质量的服务。五是奉献社会。奉献社会要求从业人员在自己的工作岗位上树立奉献社会的职业理想,通过兢兢业业地工作,自觉为社会和他人作贡献,尽到自己的责任。

新时代的职业道德素养应结合时代发展的特点以及职业教育的特点,与时俱进,及时更新和发展其内涵。习近平总书记指出:"在长期实践中,我们培育形成了爱岗敬业、争创一流、艰苦奋斗、勇于创新、淡泊名利、甘于奉献的劳模精神,崇尚劳动、热爱劳动、辛勤劳动、诚实劳动的劳动精神,执着专注、精益求精、一丝不苟、追求卓越的工匠精神。"新时代的职业教育素质教育正需要培养学生的劳模精神、劳动精神和工匠精神。

（一）劳模精神

劳模是各行各业中热爱劳动、辛勤劳动、创造性劳动的优秀代表。职业教育素质教育的目标之一就是培养学生通过劳动创造价值。在中国特色社会主义建设道路上涌现出越来越多的劳模,使劳模精神内涵更加丰富且特征鲜明。劳模精神的具体内涵是爱岗敬业、争创一流、艰苦奋斗、勇于创新、淡泊名利、甘于奉献,包含了理想信念、价值追求和精神指向。[①]

1. 爱岗敬业、争创一流

"爱岗敬业、争创一流"指的是职业品格,包括岗位意识和进取精神。爱岗敬业融合统一,爱岗是敬业的基石,敬业是爱岗的升华。争创一流是指在卓越目标的引领下奋发向上。例如在党和国家事业需要的时候,大庆"铁人"王进喜立下"宁肯少活二十年,拼命也要拿下大油田"的铮铮誓言;产业工人许振超先后9次打破集装箱装卸世界纪录,创下令世界惊叹的"振超效率"。

2. 艰苦奋斗、勇于创新

"艰苦奋斗、勇于创新"指的是优良作风,包括奋斗意识和创新精神。艰苦奋斗的内在核心是不怕困难、不断进取,勇于创新是指不拘一格、不断突破。例如徐工集团高级工程师孙丽和团队成员大力攻关,实现了我国在超大吨位履带式起重机研发制造领

---

① 彭维锋.新时代劳模精神、劳动精神、工匠精神的理论内涵与实践导向[J].江西社会科学,2021,41(5):208-217+256.

域的突破;来自中航西飞的全国劳模薛莹和同事们致力于改进垂直尾翼的操作方法和工艺流程,获得国际航空制造合作公司的高度认可。

3. 淡泊名利、甘于奉献

"淡泊名利、甘于奉献"指的是人格境界,包括名利意识和奉献精神。淡泊名利是以超脱世俗、豁达乐观的态度看待生活和工作,甘于奉献是把集体利益置于个人利益之上,以奉献升华自我。例如浙江省劳模叶志成在电网建设一线岗位上一干就是35年,彰显的是劳模先进心甘情愿、默默坚守、全心投入、不追求声名和个人私利的精神。

（二）劳动精神

劳动是推动人类社会进步的根本力量。劳动精神源远流长,是中华民族优秀传统文化的延续传承,是劳动者对人类发展和社会进步的理性认识和感性实践的精神结晶,也是个体主体性和本质力量的彰显。劳动精神的具体内涵是崇尚劳动、热爱劳动、辛勤劳动、诚实劳动,包含了劳动价值观、劳动态度、劳动过程、劳动品德四个方面的丰富内涵。

1. 崇尚劳动

崇尚劳动是树立正确的劳动价值观,充分认识到劳动最光荣、劳动最崇高、劳动最伟大、劳动最美丽,劳动创造物质财富和精神财富,劳动创造美好生活,劳动不分贵贱,尊重普通劳动者。通俗地讲,只有崇尚劳动,劳动者才会渴望劳动,才会"想干"。中国传统社会以农业生产为主,日出而作、日落而息是广大劳动人民的真实生活写照。颜元认为劳动是君子处世之道,要求"君子之处世也,甘恶衣粗食,甘难苦劳动";曾国藩强调劳动对人生的根本意义,认为"少劳而老逸犹可,少甘而老苦则难矣"。这些都体现了崇尚劳动的精神内涵。

2. 热爱劳动

热爱劳动是培养正确的劳动态度,促进劳动者自觉劳动、积极劳动、主动劳动。"以辛勤劳动为荣,以好逸恶劳为耻"是贯穿终身教育的理念,教导个体通过劳动和创造播种希望、收获果实,也通过劳动和创造磨炼意志。

3. 辛勤劳动

辛勤劳动是对劳动过程及其强度的充分肯定,表明要充分遵循劳动的客观规律以及要达到合理的劳动强度。体力劳动要付出辛劳和汗水,脑力劳动要付出智慧和心血,通俗地讲就是要"苦干"。中国古代先贤提出的"功崇惟志,业广惟勤""民生在勤,勤则不匮""一勤天下无难事"等名言警句,都旨在强调辛勤劳动之于干事创业的重要性。

4. 诚实劳动

诚实劳动是对劳动者品德的客观规定,表明劳动要踏踏实实、求真务实、真抓实干、实事求是,通俗地讲就是"实干"。习近平总书记指出:"人世间的美好梦想,只有通过诚实劳动才能实现;发展中的各种难题,只有通过诚实劳动才能破解;生命里的一切辉煌,只有通过诚实劳动才能铸就。"

（三）工匠精神

新时代的工匠精神是一种追求卓越、注重细节、承担责任的职业精神,代表了一种对工作和生活的态度和追求、对自身能力和品质的追求,是追求完美和品质的精神力量。职业院校作为培养技术技能型人才的教育场所,应将工匠精神融入到素质教育中。工匠精神的内涵是执着专注、精益求精、一丝不苟、追求卓越,包含了精神态度、品质追求、自我要求、理想目标四个方面的丰富内涵。

1. 执着专注

执着专注是精神状态,是时间上的坚持、精神上的聚焦。执着关注体现了对自己的工作和劳动高度的价值认同,视之为人生价值的实现过程。例如航空修理人员杨景德,从青涩到耄耋,从未离开过航空修理岗位;晒纸车间里的"铁人"毛胜利专注晒纸近40年,续写宣纸传奇。

2. 精益求精

精益求精是品质追求,追求质量上的完美、技术上的极致。这种精品意识体现在打造自己的作品时,有一种完美主义的"偏执",为此不惜花费大量时间和精力。例如中国新一代运载火箭总装第一人崔蕴始终坚持践行"干工作就得做到极致,有多大劲使多大劲"的信念;"绝世刀工"龙小平将每一件产品都当成自己的孩子来孕育。

3. 一丝不苟

一丝不苟是自我要求,是细节上的坚守、态度上的严谨。一丝不苟精神要求在工作时愈认真愈熟练,愈熟练愈认真。例如"深海钳工"管延安负责港珠澳大桥岛隧道工程沉管舾装安装工作,他对自己的要求近乎苛刻,安装前反复练习,安装中高度专注,安装后再三检查,手中拧过60多万颗螺丝,创下了5年零失误的深海奇迹。

4. 追求卓越

追求卓越是理想信念,是理想上的远大、目标上的高远。追求卓越,就要不断创新,把技艺提升到更高层次。例如赵郁从一名普通装调工成长为中国汽车工业的杰出人物,源自其"当工人就要把自己锻造成一块好钢"的追求;姜涛从一名普通电焊工人成长为技能大师,源自其"既然选择了做一名工人,就要做一名好工人"的追求。

职业教育素质教育的主要任务是帮助学生树立正确的职业观念,养成良好的职业习惯,养成高尚的职业情操,为他们就业上岗、服务社会打下良好的职业品质基础。因此,职业院校要加强对学生职业道德素质的培养,在爱岗敬业、诚实守信、办事公道、服务群众、奉献社会的基础上,重视对学生劳模精神、劳动精神和工匠精神的培养。

二、职业知识素养

职业知识是指一定范围内相对稳定的系统化知识,具有具身性、工作场所相关性和高阶性等特点。随着知识型社会、技能型社会的构建和数字时代的来临,劳动力市场对于知识型产业工人的需求提升,技术工人需要的不再是系统的科学知识或单一的职业知识,而是"与实际工作过程有着紧密联系的带有'经验'和'主观'性质的知识和能力"[①]。职业教育是一种培养学生复杂化、综合化能力的教育,职业知识素养在其中发挥的作用越来越重要。具体而言,职业知识包括以下三个方面:第一,获得职业资格必须具备的专业基础知识;第二,推动个体生涯发展的职业发展知识;第三,为提高自身综合素质而应具备的科学文化知识。职业知识素养并不是一成不变的,需要根据社会和职业的发展迭代、创新,不断充实与完善。

(一) 专业基础知识

专业基础知识是职业领域内的核心内容,包括专业理论知识、工作过程知识等,为个体在该领域的发展提供稳固的基石。

1. 专业理论知识

专业理论知识是展开相关专业学习必备的知识,是系统化、理性化的知识体系,主要包含"是什么"和"为什么"等陈述性知识。此类知识作为客观实在稳定不变,主要通过职业院校课程设置中的专业基础课程传授。在职业教育素质教育中,专业理论知识的传授具有重要作用,有助于学生思考专业与职业的科学内涵,深入了解专业理论知识的意蕴。

2. 工作过程知识

职业教育需要指向真实的职业世界。工作过程知识是与工作任务密切相关的知识,以实践需求为导向,将具体的工作任务与知识、技术、技能联系起来。职业教育素质教育一方面要提供经验层面的技能知识,回答"怎样做"的问题;另一方面需要提供策略层面的技能知识,回答在工作过程中"怎样做更好"的问题。在职业教育素质教育中培养学生的工作过程知识,有助于学生在具体工作情境下掌握相关技能并处理工作问题,实现专业成长。

(二) 职业发展知识

职业发展是个体在工作生涯中所经历的过程。随着社会的发展和竞争的加剧,职业发展知识的作用越来越突出。在职业教育素质教育中,职业发展知识包括职业规划知识和数字化知识。

---

① 赵志群.职业教育与培训学习新概念[M].北京:科学出版社,2003.

1．职业规划知识

职业规划是个体取得职业成功的关键,包括自我认知、职业市场调研、职业目标设定、发展计划制订、职业网络建设等相关知识。自我认知是对自身的兴趣、价值观、优劣势进行全面评估与认知,职业市场调研是指对目标职业和行业的需求和趋势进行系统分析,关注前沿发展动态和劳动力供需情况。根据自我认知和市场调研确定明确的职业目标和发展计划,进而为实现职业目标作出具体的规划和行动安排,以适应职业环境的变化和个人成长的需要。职业教育素质教育应关注未来的职业世界,加强学生职业意识、职业规划的培养,使其在快速变化的职业环境中实现职业发展。

2．数字化知识

数字技术的发展改变着日常生活的方方面面。数字化就是将信息转换成数字格式,将原来手动处理的信息交由计算机处理的过程。在大数据、人工智能、物联网等技术快速变革的数字化转型时期,在职业教育素质教育中融入数字化知识是时代所需。其一方面应包括数字化意识。数字化意识是个体在真实世界中对大量信息的选择、理解与判断所催生的意识,从数据出发,掌握规律、分析形势、形成决策、解决问题,这是实现数字化生存所必需的核心能力。另一方面,其应包括数字化运用能力。培养职业院校学生获取信息、分析数据、使用新技术、高效应用数字化技能的数字素养,使之具备跨学科、多元化的数字素养,帮助学生利用新技术来应对数字时代的现实问题。

（三）科学文化知识

学术界曾对"什么知识最有价值"这一问题展开讨论,斯宾塞认为"科学知识最有价值",教育的目的是"为未来完满的生活做准备"。当今社会,科学文化知识的时代内涵已然发生变化,但在学生成长、综合素质发展等方面仍具有重要价值,是职业教育素质教育中不可或缺的一部分。具体而言,科学文化知识包括科学知识和人文知识。

1．科学知识

科学知识是当代人在社会生活中参与科学活动的基本条件,主要包括科学方法,科学理论,科学思维,科学智慧,科技研究、科技发明和科技应用能力等。职业院校培养的学生应掌握的科学知识大致分为文化基础知识、专业知识和技能知识三类,这就要求职业院校在进行素质教育时,以全面提升学生的科学知识为总体目标,以加强学生的科学研究理论学习为基础,以提高学生的实际科技能力和水平为核心,以培养学生的优秀科学道德品质为重点,为职业院校学生开展科学研究和科技发明打下坚实的知识、技能和品质基础。

2．人文知识

人文知识是个人外在精神风貌和内在精神气质的综合表现,也是现代人文明程度的综合体现。虽然职业院校培养的是从事生产、服务、管理第一线工作的实用性人才,但是从长远来看,学生不是单纯的"专业人""职业人",更应当是具有人文内涵的"社会人"。因此,职业院校在强化能力中心地位的同时,应全面加强对学生的文化素质教育,使学生不仅学会认知、学会做事,更学会生存、学会关心他人、学会共同生活,促进学生科学文化知识、综合素质的全面发展,回归"技能培养与素质教育融合并重"的人才培养目标,通过加强人文教育,帮助他们树立正确的世界观、人生观、价值观,掌握合作、公关、组织、协调的能力与技巧,为学生以后的再学习、再发展提供广阔的空间。

通过接受职业知识素养教育,学生不仅可以了解、熟悉未来职业的生产活动特点、发展状况、操作规程、生产工艺,而且能学习本专业和相关专业的较扎实、宽广的专业基础知识,掌握促进个人职业发展的职业发展知识和数字化知识,以及推动人的全面发展的科学文化知识。如此,学生就能够适应职业变化、更新对人的素质提出的更高要求,具备继续学习的能力。

三、职业能力素养

职业能力素养即"职业性潜质",是潜藏在个体身上的一种能动力,是个体从事其职业的多种综合能力的体现,除了从事某种职业所需要具备的专业技能,还包括终身学习能力、信息化能力、团队合作能力等多方面。具体而言,可以将这些能力分为三个维度:一是专业能力,二是方法能力,三是社会能力。

(一)专业能力

专业能力是与某种职业相关的技能。专业能力主要通过专业课程的学习培养,职业教育素质教育更侧重培养学生理论与实践相结合的能力。职业院校的学生应是技术技能型人才,因此,职业教育要注重从理论向实践的倾斜,加强学生动手能力和实际操作能力的培养,做到理论联系实际、紧密联系学生。同时,在素质教育中要适当拓宽专业适应范围,让学生有更大的职业选择余地,在探索和改造职业世界中发展专业能力。

(二)方法能力

通用能力是职业院校学生应具备的、最具有普适性的职业胜任能力,在当下及今后最重要的是终身学习能力和信息化能力。

1.终身学习能力

《学会生存——教育世界的今天和明天》报告将终身教育理论的发展推向高潮,职业教育应当重视职业院校学生的终身教育和能力培养问题。职业院校的素质教育应关注对学生终身学习能力的培养。终身学习能力主要是指学生持续掌握知识和技术、不断更新学习方法以及在学习过程中进行实践应用的能力。随着我们进入学习型社会,职业院校的学生应更多地采取自我负责与自我调节的学习方式,做到能学习、会学习,为自己职业能力的迁移打下良好的基础,为终身学习和可持续发展奠定基础。职业教育素质教育要培养学生终身学习和学以致用的理念,使之学而思、思而行,在学习与实践中不断反馈、充实、提高,完善和发展自我。

2. 信息化能力

信息化能力是判断、检索、组织、获取、分析和运用信息的能力。具有信息化能力的学生能够高效地获取信息,批判地、适当地评价信息,准确地和创造性地使用信息。对信息化能力的要求是科学技术高速发展的结果,尤其在当前数字化时代,职业院校的素质教育应注重学生数据收集与整理、数据分析与挖掘能力的培养,让学生全面认知数字技术并在学习和生活中加以运用,如利用 AI(人工智能)制作影像、利用大模型学习等,使职业院校学生在职业生涯中能随时应用信息化能力来提高自己的专业能力和职业适应性。

(三)社会能力

职业院校的学生即将步入社会工作,职业教育素质教育要有意识地培养学生的社会能力,注重对学生人际关系知识、社会交往等方面的教育,增强其交际能力和适应能力,主要包括团队合作能力、人际交往能力和社会适应能力。

1. 团队合作能力

团队合作能力是指建立在团队的基础之上,发挥团队精神、互帮互助以实现团队最大工作效率的能力,包括沟通协调、分工协作、问题解决、团队凝聚和领导、执行等多方面的能力。在学习和工作环境中,团队合作能力不可或缺。职业院校的素质教育应注重培养学生团队协作的意识,通过设置共同目标、开展小组分工等形式,潜移默化地提升学生的团队合作能力。

2. 人际交往能力

人际交往能力是指组织、协调职业活动中个人与生产、个人与他人、个人与群组之间关系的能力,在学生学习和工作中意义重大。人际交往能力包括个体的协作意识、团队精神和群组行为等方面。素质教育要为职业院校学生创设和谐的人际关系,使之掌握交往的技巧,具备较强的人际交往能力。

3. 社会适应能力

社会适应包括岗位适应、生活适应、制度适应、环境适应、心理平衡等。社会是多姿多彩的,也是纷繁复杂的,学校与社会、教育与现实之间存在着较大的距离。职业院校的素质教育必须帮助学生树立正确的择业观,适应从学习生涯到工作生涯的转变,保持平和、乐观的心态。

实施素质教育是职业院校自身生存和发展的需要,是推动社会经济发展的需要,是满足培养对象要求的需要。在职业能力的培养中,素质教育的目标是培养出既具有较强的专业技能的"职业人",又具有较强的综合素质的"完整人",帮助他们应对职业适应、职业转换和职业发展。

四、创新创业素养

创新创业素养包括创新创业意识、创新创业知识、创新创业能力。

（一）创新创业意识

创新创业意识是指在创新创业实践活动中起动力作用的个性心理倾向，包括需要、动机、兴趣、思想、信念和世界观等心理因素，如坚定的信念、积极的态度、敢于冒险的精神。强烈的创新创业意识能激发个人的创新创业激情，使之产生创新创业动机，进而投身到创新创业行动中，是开展创新创业活动的精神支持和推动力。

（二）创新创业知识

创新创业知识主要包括扎实的专业知识和丰富的非专业知识。相关的商业知识有商品交换、商品需求、商品流通等方面的知识，以在经济活动进程中实现价值的增值。另外，其还包括一定的管理知识，如人事管理、财务管理、市场营销等方面的知识，以及相关的法律知识，如经济合同签订、税务、知识产权保护等方面的知识，以使企业在法律许可的范围内健康地发展壮大。

（三）创新创业能力

创新创业能力是指创新创业最需要的专业知识和技术能力，是人们在创新创业活动中表现出来的一种新颖、独特的分析和解决问题的能力。这是一种高层次的经营管理能力，它是将知识、技能、规范、操作方式等融合在一起的能力系统，影响到创新创业活动的每一个环节。

职业教育素质教育需要将对学生创新创业意识、创新创业知识和创新创业能力的培养相结合，以便为职业院校学生的职业发展和全面提升提供持久的动力支持。

第四章 职业教育素质教育的实施

第一节 职业教育素质教育的实施主体

一、职业院校

（一）职业院校的层次与特点

职业院校是开展职业教育的专门组织机构。我国现代职业教育层次体系从低到高依次大致包括中职学校、高职院校、职业本科院校。中职学校以培养普通技能型人才为目标，包括公办和民办的普通中等专业学校、成人中等专业学校、职业高中、技工院校等；高职院校以培养高素质技术型人才为目标，主要包括高等职业院校和高等专科学校；职业本科院校由高职院校升格而成，以培养本科层次应用型人才为目标。在这一体系中，中职学校和高职院校为主体。

职业院校有着自身的鲜明特点，主要体现在两个方面。一方面，职业院校注重受教育者职业技能的培育。职业院校培养生产、服务、技术和管理所需要的高素质技术技能型人才，强化对学生职业技能的培育，具有职业导向的特点。学生通过职业院校培养获得相应的职业资格，养成良好的职业道德、职业意识、职业习惯。职业院校的教学计划、教学方法、教学过程、教学组织等都与职业需要、职业活动紧密联系。另一方面，职业院校注重学生社会性的养成。职教先贤黄炎培认为，职业教育"从其本质来说，就是社会性；从其作用说，就是社会化"。职业院校与其他普通院校相比，更注重与企业、社会发展之间的互动关系，是社会劳动力再生产的核心。职业院校的发展目标、规模、结构和速度的变化，既受社会需求的推动，又受社会需求的约束。职业院校在办学过程中需要广泛吸引社会力量参与，需要行业企业的大力支持。

（二）职业院校在职业教育素质教育中的作用

职业院校作为职业教育的主要阵地，在提升学生综合素质与职业素养方面具有独特的优势，承担着培养造就各类技术技能型人才的责任。因此，职业院校理所当然地成为素质教育的重要主体。培养学生的综合素质和职业素养是职业教育素质教育的核心。职业院校的职业素质教育主要围绕着职业道德素养、职业知识素养、职业能力素养、职业意识和创新创业素养等方面展开,对学生的全面发展起到了积极的推动作用。

(1)职业院校在职业道德素养培养方面发挥着关键作用。职业道德是职业人必备的基本素质,也是职业院校着力培养的重点。通过接受职业道德教育,学生能够树立正确的职业价值观,明确职业道德规范,培养道德情操和提高道德修养。职业道德教育使学生不仅具备职业操守,诚实守信,而且能够正确认识职业行为的规范要求,坚守职业道德底线,增强职业责任感和使命感。

(2)职业院校在提升学生的职业知识和职业能力素养方面起着至关重要的作用。作为职业人才的摇篮,职业院校的目标是培养学生具备从事所学专业工作所需的职业知识、实践能力和专业技能。职业院校将专业理论学习与实践操作相结合,提供实习实训的机会与场所,帮助学生在真实的工作场景中将知识灵活贯通、学以致用,提升专业技能与职业竞争力。此外,实践教学也提升了学生的沟通能力、团队协作能力和创新能力等综合素质。职业技能教育的落地实施能够满足社会对专业技术人才的需求,也使学生具备了职业发展能力。

(3)职业院校在培养学生的职业意识和创新创业素养方面起着不可忽视的作用。职业意识是指对自身职业发展目标、岗位职责与角色的认识和理解。职业院校通过专业课程设置、实习实训等教学环节,培养学生对所学专业的认同感和自豪感,并明确其职业方向和规划。通过接受职业意识教育,学生能够更好地了解社会职业环境,提高职业选择和发展能力,增强适应职业发展变化的能力,从而更好地适应职业要求。创新创业教育为学生的职业发展提供了持久的动力支持,职业教育素养教育需要将对学生创新创业意识、创新创业思维和创新创业能力以及创新创业心理品质四者的培养相结合,以塑造学生良好的创新创业素养。

(4)职业院校在职业素质教育中的作用还体现在提供全方位的培养机会和平台上。职业院校拥有完善的设施和资源,能够为学生提供多种多样的培养机会,包括学生社团、科技创新项目、实践实习等。这些机会和平台能够促进学生的综合素质提升,丰富学生的学习经历,培养学生的创新意识和实践能力,从而更好地满足其职业发展的需求。

二、企业

(一)企业的内涵与分类

企业是指依据相关的法律法规、意愿、契约、信用原则组建的自主经营、自负盈亏、独立享受权利和承担义务的经济组织。企业的设立旨在创造财富、营利以及为社会提供产品或服务。企业也可以被理解为拥有固定的场所以及比较稳定的经营组织,并且依照法律进行登记注册的经营机构。按照产权结构划分,企业可以分为国有企业、私营企业、合资企业与外资企业等;按照行业领域划分,企业可以分为制造业企业、服务业企业、销售与贸易企业等;按照企业规模划分,企业可以分为大型企业、中型企业、小型企业与微型企业。

(二)企业在职业教育素质教育中的作用

企业是职业知识、职业技能和职业素养的实际应用场所,它在职业素质教育中扮演着至关重要的角色。对于职业教育素质教育来说,实践是最有效的教学方式。企业是学生接触职业环境、培养职业素养、提升职业能力的重要载体,它使学生有机会在真实的工作环境中学习和成长,为学生提供更加全面和深入的学习体验,潜移默化地引导他们养成职业精神,提升自身的职业技能和素质。企业在职业教育素质教育中的作用具体体现在以下几个方面。

1. 培养学生的职业精神

企业作为职业发展的真实舞台,能够帮助学生更好地了解职业环境和岗位要求,增强对自己所学专业的认同感和热爱。通过在企业中实习或工作,学生可以接触到真实的职业挑战和职业发展机会,培养自己的职业精神,提高对职业方向的把握能力。

2. 提供实践机会

企业作为实践基地,可以为学生提供真实的实践场景,让学生在具体的职业环境中进行实践操作和实际应用,从而将所学知识转化为实践能力。在企业中,学生不仅能了解工作岗位的实际情况,还能培养解决实际问题的能力,进一步提升专业技能和职业素养。企业也可以通过校企合作、产教融合项目,结合学生的专业特长和职业发展需求,提供实践平台和实践项目,让学生在实践中不断提升自己的能力和素质。

3. 促进职业发展

企业在职业教育素质教育中的作用还体现在促进学生的职业发展上。企业作为职业发展的重要环节,能够提供职业发展的机会和渠道。学生通过参与企业工作,能够不断地学习和成长,在工作中锻炼和提升自己的职业能力。同时,企业作为职业发展的支持者和合作伙伴,能够给学生提供职业指导和意见,提供职业网络和资源,帮助学生找到发展方向。同时,企业还可以为学生提供培训和岗位晋升机会,帮助学生实现个人职业发展的目标。

三、政府

(一)政府的内涵与层级

政府是国家公共行政权力的象征体、承载体和行为体,同时也是国家公共利益的维护者,是依据地域划分原则构建的政治统治和社会管理实体,其运作基础在于国家的强制力,承担着社会公共事务的管理职责以及国家权力的行使任务。政府有不同层级,包括中央政府和地方政府。在我国政治权力体系中,中央政府处于权力架构的顶端层级,对地方政府拥有管理权;地方政府则是地方行政机关,负责执行中央政府出台的政策和法律法规,并管理本地区的公共事务。我国政府由上至下共分为多个级别,各级政府职责同构。《中华人民共和国宪法》第三十条规定:"中华人民共和国的行政区域划分如下:(一)全国分为省、自治区、直辖市;(二)省、自治区分为自治州、县、自治县、市;(三)县、自治县分为乡、民族乡、镇。"针对各级政府在职业教育体系中的职能定位,《中华人民共和国职业教育法》已作出明确规定,职业教育实行政府统筹、分级管理、地方为主、行业指导、校企合作、社会参与。国务院建立职业教育工作协调机制,统筹协调全国职业教育工作。地方政府结合地方资源优势,保持大步调一致、因地制宜。加强省级人民政府的统筹职能,并使其依据法律对设区的市、县级人民政府的职业教育职责进行整合与优化,实现区域内职业教育发展的统筹规划。

（二）政府在职业教育素质教育中的作用

1. 进行政策制定和执行

政府通过制定和执行相关政策,确保教育内容与职业需求相匹配,鼓励企业参与职业教育,加强职业教育与社会各界的合作与互动,为职业教育素质教育提供指导和支持。这些政策可能涉及教育内容、教育方式、教育资源等多个方面,以确保职业教育素质教育的质量和效果,为培养更多高素质的劳动者作出更大的贡献。

2. 给予经费投入

政府是职业教育素质教育经费的主要来源之一。政府通过投入财政资金,为职业教育提供必要的办学条件和设施,支持学校开展素质教育,提高教育质量,并提高职业教育的可及性和公平性。政府的经费投入是实现职业教育素质教育目标的重要保障,也是推动社会经济发展和进步的关键因素之一。通过不断加大经费投入,政府可以促进职业教育的发展,培养更多具备高素质职业技能和综合能力的人才。

3. 进行监管和评估

在职业教育素质教育的实施过程中,政府的监管和评估作用至关重要。为了确保职业教育素质教育质量和效果的可持续性,政府通常会制定一系列详细的标准和规范,这些标准不仅涵盖了素质教育内容、方法,还包括师资力量、设施设备等多个方面。政府根据这些标准与规范对职业教育素质教育进行全面评估和监督,以确保其符合国家要求。同时,政府还会监督职业教育素质教育的成果,推动职业院校与机构积极进行自我评估,确保职业教育素质教育的质量不断提升。

总之,政府是职业教育素质教育实施中的重要主体之一,在职业教育素质教育中发挥着重要作用。通过制定政策、投入经费、监管评估等方式,政府可以为职业教育素质教育提供有力支持和保障,促进学生的全面发展和社会的进步。

四、行业组织

(一)行业组织的内涵与分类

行业组织不仅是集聚产业资源、统筹行业管理的社团或联盟,更是具有深厚内涵和独有特性的社会团体。它代表着一个行业的共同利益,汇聚了众多志同道合的行业成员,为行业的繁荣与进步提供了坚实的支撑。行业组织作为社会各界沟通的枢纽,能够增强各方成员间的联系。行业组织的基本类型主要有行业协会或商会、产业联盟委员会等。

(1)行业协会或商会是行业组织的核心类型,具有高度的自主性和自治性。它不仅为行业成员提供信息交流的平台,还经常举办各类活动,如研讨会、展览,帮助行业成员了解行业的最新动态。此外,行业协会还负责制定行业标准,确保行业的健康发展。

(2)产业联盟委员会。与行业协会相比,产业联盟委员会更加注重产业的整体协作。它不仅将企业聚集在一起,还经常与政府、研究机构等合作,共同推动某一产业的发展。产业联盟委员会为成员提供了大量的资源共享机会,帮助其降低成本,提高运营效率。

总体而言,行业组织就是依照行业分类在自愿基础上形成的社会性的利益共同体,旨在为行业的可持续发展发挥中坚力量。

(二)行业组织在职业教育素质教育中的作用

我国职业教育素质教育的深入发展离不开行业组织发挥的作用。行业组织会以直接或间接的方式参与到素质教育中,因此,我们必须深刻认识到行业组织在职业教育素质教育中扮演的重要角色。

(1)职业教育素质教育方向的引导者。行业组织对特定行业有深入的了解,能够准确把握行业的趋势、需求和要求,可以为职业教育素质教育的开展提供指导和建议,确保教育内容与行业需求相匹配。行业组织通过深度参与产教融合,可以作为学校和企业之间的桥梁,促进双方的合作。通过行业组织,学校可以找到合适的实习基地或合作伙伴,企业也可以找到符合需求的毕业生。行业组织通过产教融合推动素质教育,为职业教育素质教育提供各种人力、物质资源支持。

(2)职业培训的提供者。在职业培训方面,行业组织扮演着重要角色,推动素质教育的发展。行业组织提供的培训课程不仅覆盖了广大的职业领域,还注重实际操作和案例分析。通过参与这些培训课程,学生能够获得更加全面和实用的职业知识和技能,为未来的职业生涯发展打下坚实的基础。此外,举办技能竞赛是行业组织在职业教育素质教育中发挥作用的一种重要方式。通过参加技能竞赛,学生有机会展示自己的专业才华和技能水平,同时也能与其他同学进行交流。这些培训和竞赛也有助于提升学生的就业竞争力,使其更好地适应市场需求和行业发展。

(3)人才培养的评价者。职业教育素质教育旨在培养社会所需的高质量技术技能型人才,其人才素养培育离不开多元化的人才评价。"行业组织作为第三方实体,能够提供具有权威性的评判与认证,确保人才评估结果的客观性、合理性与科学性,有助于推动人才评估机制的多样化发展。"①除此之外,行业组织还能够助力各职业院校完善专业建设、课程设置,进行师资力量培育等,整合各类优质资源,促进教育资源的流动、共享,推进职业教育实现产教协同创新,提升职业教育素质教育教学的整体水平。总而言之,行业组织在职业教育素质教育中发挥着指引方向、提供竞赛和培训机会、参与人才评价等积极作用。

五、班主任

《教育部、人力资源社会保障部关于加强中等职业学校班主任工作的意见》中指出:"中等职业学校班主任是中职学生管理工作的主要实施者,是中职学生思想道德教育的骨干力量,是中职学生健康成长的引领者。中等职业学校班主任工作是重要的育人工作,在学校实施教书育人、管理育人、服务育人,沟通学校、家庭和用人单位等方面发挥着重要的作用。加强中等职业学校班主任工作,对于贯彻落实党的教育方针,提高中职学生管理和德育工作水平,促进中等职业教育科学发展,具有十分重要的意义。"班主任作为班级的组织者、管理者、指导者,学生在校的第一责任人,在班级组织建设管理和学生培养中承担着多种职能。深化"三全育人"改革,加强班风、学风、校风建设,提高学生管理和德育工作水平,以及提升职业教育素质教育的质量,都离不开班主任这一不可或缺的角色。

班主任在职业教育素质教育实施过程中发挥着主体性、基础性、全程性、全面性、关键性作用,因而素质教育对职业院校班主任的素质具有特殊要求,具体表现在如下几个方面。

(一)强化角色意识,提高身心素养

素质教育对学生的素质培养提出了新的要求,同时也对教师的素质提出了新的要求。在素质教育中,职业院校班主任应强化角色意识,从职业教育素质教育的核心素养出发审视自己,在乐于奉献的同时追求自身的发展,特别是要提高自身的身心素养,以健康的体魄、阳光的心理引领学生的成长。

1. 班主任应具有良好的道德品质

坚持以德立身,模范践行社会主义核心价值观;严守规矩,遵守《新时代中小学教师职业行为十项准则》《新时代高等学校教师职业行为十项准则》等有关规定;全面贯彻党的教育方针,坚持以德立学、以德立教,敬业爱生、师德高尚;勇于担当,作风优良,

---

① 滕伟.产教融合视域下行业组织参与职业教育的路径探析[J].机械职业教育,2020(11):1-4.

具有奉献精神和服务意识;热爱班主任工作,具有良好的团队合作精神。

2. 班主任应具有良好的身体素质

身体素质通常指的是人体肌肉活动的基本能力,是人体各器官、系统的机能在肌肉工作中的综合反映,一般包括力量、速度、耐力、灵敏度、柔韧性等。身体素质潜在地影响着人们的生活、学习和工作。班主任应加强体育锻炼,增强身体素质,只有拥有健康的体魄,才能以充沛的精力投入班级管理,才能使班集体充满活力,同时也能为学生提高身体素质树立榜样。

3. 班主任应具有良好的心理素质

心理健康是指班主任内部心理状态的平衡及内部心理活动与外部环境的协调。职业院校班主任的工作繁杂而琐碎,处在各种矛盾的中心,需要协调学校与学生、学校与家长、任课老师与学生、家长与学生之间的关系,因此,职业院校的班主任更应善于进行心理的自我维护,学会有效地调适心理,保持心理健康。具有良好的心理素质的班主任也必然会在班级管理中展现强大的人格魅力,产生"其身正,不令而行;其身不正,虽令不从"的管理效果。不少职业院校学生自控力较差,存在或多或少的心理问题,需要班主任依靠自己良好的心理素质去不断地影响、教育学生,以积极乐观、豁达宽容的心理感染学生,以帮助学生形成健康的心理、完善的人格。

(二)更新知识结构,提高专业素养

随着数字时代的到来,学生获得知识的途径越来越多,特别是职业院校的学生已具备较强的自学能力,借助网络等现代媒体可以接触到更多的信息,知识更新的速度大大加快,这就对班主任的知识结构提出了更高的要求。班主任除了要有精深的专业知识、技能和广博的其他领域的知识,还应不断地通过自我学习更新自身的知识结构,提高专业素养。一方面,班主任应通过广泛的阅读提高自身的文化素养,更新知识储备;另一方面,班主任应了解时代前沿信息,包括企业发展新样态、专业技术新知识、教育教学新理念等。时代在变化,知识在更新,学生的思想也会随着时代发展,只有随时了解社会前沿信息,才能满足职业院校学生对班主任的要求与角色期待,才能让学生更加"亲其师而信其道",更好地实施职业教育素质教育。

(三)改变教育理念,树立服务意识

素质教育是以人为本的教育。"素质教育明确地把教育和人的生命发展联系起来,从而最大限度地实现了教育向人的本体的回归。"[①]因此,素质教育要求班主任从学生本位的角度实施班级管理,树立为学生服务的意识,实现从管理者到服务者的角色转变,把班级管理作为服务工作来开展。

班级管理中的服务并不仅限于班主任对学生生活上的关心和帮助,更强调一切工

① 郭思乐.素质教育的生命发展意义[J].教育研究,2002(3):9-13.

作都要服务于学生的学习、服务于学生的生活、服务于学生的成长。班主任应主动想学生之所想,为学生的全面发展尽可能地创造条件。班主任不再是"保姆""警察",而是学生成长的指导者、帮助者和支持者。班主任应树立正确的服务意识,以指导学生规范自身言行为手段,尊重学生在班级管理中的主体地位,以服务于学生的全面发展为宗旨,建立民主、科学的班级管理模式,确立现代的、民主的新型师生关系,从而激发学生的潜力,调动学生的积极性、主动性和创造性,帮助和引导学生去管理人生,为创新型学生的成长服务。

第二节 职业教育素质教育的实施载体

一、通识教育课程

(一)通识教育课程的内涵

通识教育课程核心在于培养学生的全面知识和综合素质,使其适应现代多元化社会的需求。它不仅注重专业知识的学习,而且强调学生的综合素质和批判性思维的培养。"通识教育的目标是培养具有健全人格和自我发展潜力的职业人,有助于提升学生的职业核心素养和职业迁移能力。"[1]通识教育课程具有基础性和工具性双重功能定位,对于塑造学生综合素质具有关键性作用,学生的能力、智力、个性、品质等也能在课程学习中得到显著提升。因此,通识教育课程旨在提升学生的综合素质,重点培育其职业实践能力,并致力于实现完善学生知识结构、能力结构和人格结构的三位一体目标。

(二)通识教育课程的特点

1. 涉及多学科领域

通识教育课程内容丰富多彩,通常涉及多学科领域,如人文科学、社会科学、自然科学和艺术,旨在提供广泛的知识背景,为学生提供跨学科的学习机会,帮助学生突破专业知识的局限性,拓宽他们的视野。

2. 重视综合能力培养

通识教育课程注重培养学生解决问题的能力、沟通能力以及团队合作精神。通识教育课程重视个人的全面发展,不仅包括专业技能的提升,还包括道德、文化素质、艺术素质和社会责任等方面的培养。

3. 批判性思维培养

通识教育课程不仅传授知识,还强调培养学生的批判性思维。学会批判性思考的

---

① 葛鑫伟.高职院校通识教育改革的困境及实践路径研究[J].苏州市职业大学学报,2023,34(4):67-71.

学生不是被动接受知识,更要主动对所学知识进行深入思考和质疑。

4. 强调学生主动参与

"通识教育课程鼓励学生主动参与课堂讨论和项目,促进自主学习和合作学习。根据学生自身的学习意愿,学习优势和兴趣爱好,跳脱于当前专业教育体系,面向更多领域进行专业知识的学习和积累。"[①]

5. 培养终身学习能力

通识教育课程鼓励学生培养终身学习的习惯和能力,让他们能够适应快速变化的社会和职业环境。

（三）通识教育课程在职业教育素质教育中的作用

随着经济全球化和社会多元化的发展,社会对于具备全面素质的专业技术人才的需求日益增加。通识教育课程在职业教育素质教育中的作用是多方面的,具有深远的影响。

1. 通识教育课程能帮助学生超越专业知识的界限,掌握更广泛的基础知识

与单一的专业技能培训不同,通识教育涵盖人文、社会、自然等多方面的知识,能够帮助学生建立起全面的知识体系。通过学习多样化课程,学生在思考问题时能够更加深入和全面,提高解决复杂问题的能力。通识教育课程注重人的全面发展,有助于培养全面发展的人才。当今社会,企业越来越青睐那些不仅具备专业技能,而且拥有广泛知识背景和良好人文素养的人才。通识教育课程在职业教育素质教育中起着至关重要的作用,不仅可以拓宽学生的知识视野,还可以培养他们的综合能力和人文素养,使之适应快速变化的社会和职业环境。

2. 通识教育课程有助于提升学生的综合素养

通识教育课程不仅仅是知识的传授,更强调价值观的塑造,旨在帮助学生树立科学合理的世界观、人生观、价值观,培养学生的社会责任感和公民意识,致力于将社会主义核心价值观渗透到各个学科的教学中,确保其在课程教学、实习实践和社会服务的各个阶段得到深入贯彻,培养学生成为恪守法律规章、诚信可靠、爱岗敬业、具备职业抱负与创新意识的合格职业人。这些素养对于学生未来的职业发展和社会生活具有重要的意义。

3. 通识教育课程有助于培养学生的独立思考能力和批判性思维

通识教育课程通常会涉及一些具有挑战性的话题和问题,鼓励学生积极参与讨论,表达自己的观点,这有助于学生发展独立思考的能力和批判性思维。这些能力对于学生未来在职场中进行创新和解决问题至关重要。同时,通识教育课程还通过团队合作和跨学科交流,能提升学生的沟通能力和社会适应能力。此外,其也会涉及一些社会问题的研究,有助于学生对社会进行更深入的理解,提升他们的社会适应能力。

---

① 罗芳香.新时代通识教育的特点及实施路径[J].普洱学院学报,2022,38(3):103-105.

二、专业理论课程

（一）专业理论课程的内涵与目标

专业理论课程是为了培养学生的专业素养和理论基础而设置的一系列课程,旨在传授学生所在专业领域的基础理论、专业知识、基本原理和核心概念。通过专业理论课程的学习,学生可以全面、系统地掌握专业学科的基本框架和思维方法,为后续的实践操作和职业发展打下坚实的基础。专业理论课程培养目标通常包含三个方面。一是基础课程与核心理论的教学。这是专业学习的基石,包括专业基础学科知识、核心理论和概念,能帮助学生建立知识框架。二是理论与实践相结合。专业课程理论不局限于纯粹的理论讲授,更强调理论知识的实际应用,旨在将理论知识与实际应用结合,让学生能够解决领域内的问题。三是学科交叉与综合能力培养。现代社会问题的复杂性要求学生具备跨学科的综合能力。因此专业课程理论教学往往注重跨学科知识的融会贯通,培养学生的综合分析和解决问题的能力。

（二）专业理论课程的特点

1. 专业性

专业理论课程针对特定的学科或领域,提供深入的专业知识,使学生理解和掌握该领域的核心概念和原理。其内容紧密联系该领域的实践,具有较强的专业性,涵盖了该专业领域必须掌握的基础知识和高级理论。

2. 系统性

专业理论课程通常以系统的方式组织,涵盖一个领域的各个方面,从基础概念到高级理论都有所涉及。学生需要按照一定的顺序学习,以建立起完整的专业知识体系。

3. 实践性

专业理论课程虽然以传授知识为主,但也强调对理论知识的实际应用,通过案例分析、实验、实习等环节,帮助学生将理论知识运用到实践中去。

4. 综合性

现代社会的问题往往涉及多个领域,专业理论课程也强调跨学科的知识和综合能力,以适应这种学科交叉融合的趋势。

（三）专业理论课程在职业教育素质教育中的作用

在立德树人的背景下,职业教育素质教育注重学生文化科学素养、综合职业素质和可持续发展素质的培养,基于学生未来从事职业岗位工作所必需的素质,重点培养其专业性素质,并拓展培养其职业发展性素质。在实施过程中,专业理论课程扮演着至关重要的角色。职业素质与专业理论课程的内在逻辑建立在两者间的必然性关系之上。专业理论课程以与职业或职业岗位工作紧密相关的职业理论为主要内容,让学生在具有鲜明职业特征的课程学习中体验职业素养。专业理论课程能够使学生具备职业发展与迁移所必需的专业技术领域的知识、能力与素质,使学生获得就业谋生所必需的岗位技术素质,更好地适应和成功应对不断变化的职业环境,满足产业升级和社会发展对素质高、能力强的复合型人才的要求。

从构成要素角度来看,专业理论课程在职业教育素质教育中可以基础专业课、专业选修课等形式呈现。以专业选修课为例,素质教育要在尊重学生主体性的前提下,最大限度激发出学生的积极性,在这个过程中,必须发挥专业选修课的支撑性作用。专业选修课是专业横向和纵向拓展类的课程,在拓宽学生专业视野和专业口径、促进学生专业发展等方面发挥了积极作用。专业选修课体现了因材施教的特点。专业选修课既要使学生具备应对行业多职位转换与职位工作内容变化所需的职业素养,又要使学生具备对知识进行主动加工、迁移、内化的学习素养。因此,专业选修课是学生形成特定领域职业素养的主要途径。通过学习专业选修课,学生可以深入理解和体会与本专业相关的职业精神、职业意识、职业品质,为未来的职业发展打下坚实基础。

总而言之,专业理论课程作为职业院校课程体系中不可或缺的一部分,通过对学生开展专业理论方面的教学,在完善学生专业知识结构、培养学生专业创新思维、提高学生专业理念等方面发挥了显著作用。

三、专业实践课程

专业实践课程是培养学生职业素养的重要途径和手段。职业素养有一个由低到高、由单项到综合的不断提升、动态发展的过程。因此,职业教育有必要构建与职业素养相适应、循序渐进、螺旋上升的专业实践课程体系,使职业素养教育在学生在校学习期间保持不断线状态。

（一）专业实践课程的内涵

《教育部关于职业院校专业人才培养方案制订与实施工作的指导意见》明确指出:课程设置要与培养目标相适应,课程内容要紧密联系生产劳动实际和社会实践,突出应用性和实践性,注重学生职业能力和职业精神的培养。专业实践课程是专业理论课程之外课程的总称。职业教育的专业实践课程是指围绕专业人才培养目标,在制订教学计划时,通过实践课程设置和各个实践教学环节的配置而建立起来的与职业教育知识、技能形成规律相辅相成的课程。就中职学校的专业实践课程来说,其一般是指与公共基础课程、专业技能课程有关的实验教学、实训教学、岗位实习等实践教学活动。专业实践课程作为职业教育课程的重要组成部分,注重按照各个专业的培养目标对学生实施专业的技能训练,注重在各个实践环节中培养学生的综合素质,从而把学生培养成高素质的技术技能型人才。一般来说,职业院校的"实验、实习和实训是基于专业

64　职业教育素质教育论

知识、职业岗位能力和职业素质结构要求而设置的不同的实践教学环节"①。职业院校的专业实践课程有必要以职业素养培养为核心,以工作过程系统化为导向,使不同类型的实践教学形式按时间、内容等有机结合、交叉渗透,并形成有效的实践教学子系统。

(二)专业实践课程的特点

专业实践课程是职业教育教学过程的重要组成部分,它通过"设定具体目标,使学生将所掌握的理论应用到实际工作中,激发学生的主动学习热情,并在此过程中实现对理论知识更深层次的理解"②。它具有以下几个方面的特点。

1. 实践性

专业实践课程的核心是实践,学生在课程中通过亲身参与实践活动,直接获取经验和技能,强调的是动手能力和实践操作能力。例如,在机械工程实践课程中,学生亲手操作机床,制作机械零件,直接实践机械工程知识。

2. 综合性

专业实践课程的学习往往需要综合运用多种知识和技能,要求学生具备较为全面的综合素质。例如,在生物实践课程中,学生需要综合运用生物学、化学、物理学等多学科知识,进行实验设计和操作。

3. 开放性

专业实践课程通常在开放的环境中进行,如实验室、工厂、农田,学生需要面对真实的环境和问题,进行开放式的探索和实践。例如,在环境科学实践课程中,学生深入自然环境进行实地考察和测量,对环境问题进行开放式的分析和探讨。

4. 自主性

专业实践课程的目的在于提高学生的工作技能,而工作技能的提高离不开学生亲自动手的实践过程。因此,专业实践课必须结合特定的培养目标,充分发挥学生的主观能动性,让学生真正愿意参与实践,以此培养学生发现问题和解决问题,以及自主探究和创新的能力。

(三)专业实践课程在素质教育中的作用

1. 促进学校教育与企业文化有效衔接

企业文化内涵涉及领导与员工在生产经营中逐渐形成的具有企业特色的价值观念、行为规范以及其外在表现,企业的每一位成员都应以此为行为准则。其表现形式涉及企业精神、企业形象、企业制度以及企业成员的行为准则等多个层面,其核心是以服务对象(顾客)为焦点的关于产品竞争、创新、质量、效益的文化。卓越的企业文化有

① 应金萍.论高职实践教学体系的构建及作用[J].职教论坛,2005(6):39-41.
② 林蔚然,徐伟国,陈凯,等.实践课程在线教学改革探索:以智能追光光伏发电装置实践单元为例[J].实验技术与管理,2022,39(4):178-180+185.

助于构建员工一致认同的价值取向和行为准则,使员工进行自我约束和自我激励,在企业内部形成强大的凝聚力、号召力,降低企业运营成本,提升企业管理绩效,增强企业创新能力,从而成为企业核心竞争力的源泉。职业教育与普通教育相比,除了对学生在德智体美劳等方面进行教育,还要教学生掌握本专业的操作技能,形成将来更好地为企业服务的理念。专业实践课程是学生深化专业认知、巩固专业知识、强化专业技能的重要实践环节,也是学生了解企业生产现状、把握行业发展趋势、了解企业管理制度、熟悉企业管理模式、接受企业文化熏陶、形成企业认同的重要渠道,是连接学校与企业的重要媒介,是学校教育与企业文化有机衔接和融合的有效途径。

2. 提高学生的岗位操作能力

职业院校培养的学生面对的大多是企业岗位,学生毕业后就会走上各个行业的一线工作岗位,实现"快"与"好"的适应和胜任是职业院校人才培养的目标。职业院校在理论教学中,虽然可以将岗位所需的各项能力进行解构再重构,但是始终缺乏真实的实践性基础。要了解和胜任岗位,最好的办法是直接上岗锻炼和再认知。要提高操作能力,最好的途径是向同岗位的技术能手和巧手学习。这些在理论教学中所缺失的内容,在专业实践课程中都得到了很好的弥补。

3. 培养学生良好的职业道德素养

在当代社会,企业和市场在选拔人才时,不再单纯关注求职者的学历证明和资格证书,而是更重视其职业素养,包括个人的基本素质,专业职业技能,职业精神,专业敬业、恪尽职守的职业态度,严格严谨、细致周到的职业操守,互帮互助、团队协作的集体主义精神。部分职业院校的学生时间观念不强,缺乏责任心,工作自由散漫、不严谨、不细致,做事虎头蛇尾,个人意识较强,集体观念、组织纪律性较差,缺乏团结协作意识,人际交往、沟通、协调、配合能力亟待提高,这些都是他们融入企业的绊脚石,并会影响他们今后的长远发展。专业实践课程能够使学生在实践中培养正确的职业观念、职业意识,养成良好的职业行为习惯和职业道德品质。

4. 使学生从"学界"比较顺利地进入"职业界"

现实中,许多毕业生刚走上职业岗位就因为不适应企业的工作环境而被淘汰,究其原因,并非其专业工作能力不够,而是不能很快地适应与学校管理制度不同的企业管理条例与同事关系,以致无法快速融入企业,满足企业对于职业人的要求。学校管理制度与企业管理制度差异较大,如何从学生身份转换到职业人身份,需要他们在企业的工作实践中慢慢领悟,形成对企业管理内在逻辑的认识。学校中人际关系的处理与企业中人际关系的处理也有着很大差异。要想实现学生从"学界"到"职业界"的顺利过渡,使其实现"零距离"就业,深入企业、真刀真枪的"全真"专业实践课程不可或缺。

四、创新创业课程

2019 年,教育部和财政部联合印发《教育部、财政部关于实施中国特色高水平高职学校和专业建设计划的意见》指出,要改革发展任务,加强学生认知能力和创新能力的发展,致力于培养符合产业需求、技术精湛的高素质技术技能人才。职业院校作为培养高素质技术技能人才的基地,必须高质量推进创新创业教育的实施。

（一）创新创业课程的价值

"创新教育是以培养学生创新精神和创新能力为基本价值取向的教育。而创业教育是开发提高学生创业基本素质,培育创业意识,形成创业初步能力的教育。"①创新强调的是原创性和开拓性,而创业强调的是通过实际行动获取正当利益。因此,在"创新创业"这一概念中,创新是创业的基础和前提,创业是创新的体现和延伸。职业院校开设创新创业课程对于完善学生的素质起着重要的作用。2023 年江苏省发布的《省教育厅关于做好 2023 年职业院校学生创新创业培育计划项目申报工作的通知》中指出:"深化创新创业教育改革,培养创新文化、营造创新氛围、推动创新实践、促进创业就业。广泛开展创新创业实践活动,培养职业院校学生的创新精神、创业意识和创新创业能力。"在职业教育的实施过程中,创新创业课程是实现教育目标的关键一环,其"旨在培养学生的创新精神和创业能力,使他们能够适应社会经济发展的需要"②。创新创业课程是系统培养学生创新创业知识和技能的重要途径。学校可以设置相关的课程,如创新思维训练、创业计划书撰写等,帮助学生了解创业的全过程,同时培养他们的创新思维和创业能力。例如,江苏一批高等职业院校以"创新引领创业、创业促进创新"为引领,构建了跨学科、跨专业的"双创"人才培养链,坚持校企合作、工学结合,将创新创业链、人才培养链深度融合,多维协同,全面提升了"双创"教育能力。此外,院校将各级各类赛事与"双创"教育相结合,形成了"以赛促学、以赛促教、以赛促创"的育人新生态,激发了学生在创新创业领域的积极实践。

（二）创新创业课程的特点

1. 创新性

创新性是创新创业课程的根本特点。它强调突破传统思维模式,寻求新的问题解决方案和视角。创新性要求课程设计者摆脱传统单一的知识传递模式,鼓励学生挑战现有的框架和观念,培养其独立思考和解决问题的能力。如在商业策略课程中,教师不仅仅教授传统的市场分析方法和竞争策略,而且鼓励学生从非传统角度思考,利用社交媒体平台进行品牌推广或开发新的商业模式。

2. 创造性

创造性强调学生的主动性和想象力,教师应鼓励他们提出独特的、原创性的想法,通过提供开放性的教学环境和多元化的教学资源,激发学生创造性的想法。例如,在产品设计这门课程中,教师应采取多种教学手段和方式,鼓励学生发挥想象力,设计出

---

① 宋砚清,孙卫东.高职高专创业教育研究[M].南京:东南大学出版社,2015.
② 吴沈娟.基于"双创与五育融合"的高职创新创业教育研究[J].现代职业教育,2024(1):33-36.

与众不同的产品,而不是满足于现有的问题解决方案。同时,可以通过角色扮演、情境模拟等方式,引导学生发现潜在的用户需求和市场机会。

3. 实践性

实践性强调创新创业课程的实用性和应用价值。学生不仅需要一定的创新创业意识,更要能将理论知识应用到实际情境中。例如,在市场营销课程中,除了学习理论知识,学生还需要进行实际的市场调查、制订营销计划并实施。此外,在企业建立实习实训基地、构建企业导师制度等校企合作手段能够为学生提供实习、实训的机会,让他们在真实的工作情境中将所学知识付诸实践。同时,课程设计者还需要关注行业的最新动态和发展趋势,以便将最新的知识和技能传授给学生。

(三)创新创业课程在职业教育素质教育中的作用

麦可思研究院发布的《2019 年中国大学生就业报告》显示,2018 届高职高专毕业生自主创业的比例(3.6%)是本科毕业生(1.8%)的 2 倍。这表明高职学生存在"愿意创业"的倾向性,这为以创新创业精神为核心的职业素质教育提供了良好的主观条件。职业院校的职业素质教育应当实现从以"遵循规范"为核心的传统职业素质教育向以创新创业精神为核心的新时代职业素质教育的转变。因此,开展创新创业课程对推动职业教育素质教育的发展尤其重要。

创新创业课程是实现以创新创业精神为核心的职业教育素质教育目标的重要载体。一方面,课程致力于塑造学生的创新创业意识,即在复杂多变的时代背景下,培养学生的创新能力、应变能力和敏锐的市场洞察力,以探索新的市场,寻求新的利润增长点,并创造新的企业、岗位和业务。在培养创新创业意识的过程中,学生需要具备独立思考和解决问题的能力,能够在不断变化的环境中调整自己的行动方向。他们需要具备对市场的敏感性和洞察力,能够快速捕捉到市场和消费者需求的变化,从而及时调整自己的产品或服务,以满足市场需求。同时,他们还需要具备创新思维和创新能力,能够从不同的角度看问题,寻找新的解决方案,创造新的价值。另一方面,课程注重培养学生的创新创业意识,使其在岗位上通过创新和改进方式提高工作效率。在创新创业课程开展中,鼓励学生主动、自发地组建团队,进行各种形式的调研和试验,在一次次思维火花的碰撞中产生新颖而独特的想法。当然,在这个过程中肯定也会有失败,甚至会碰到超出他们解决能力范围的问题,这就要求他们通过查阅大量文献资料、询问老师、亲自动手来解决实际问题。在团队合作中,每个人发挥各自优势,取长补短,共同探讨解决问题的方案。这个过程不但能发挥学生主动发现问题、解决问题的能力,而且能培养其沟通、协作的能力,这些能力都是职业素质中不可或缺的一部分。

总而言之,创新创业教育与素质教育在人才培养目标上具有高度一致性,将创新创业教育课程融入素质教育之中,是对素质教育内涵的拓展与延伸。通过创新创业课程的学习,学生不仅可以养成必要的职业技能和职业素养,还能培养适应未来职场变化需要的创新思维、创业精神和冒险精神。这些素质对于个人职业发展至关重要,也是社会经济发展所需要的人才所必需的。因此,应该重视创新创业课程在职业教育素质教育中的作用,并积极推动其发展。

五、班主任工作

班主任是职业院校教师队伍的重要组成部分,是对学生实施职业教育素质教育的骨干力量,是学生健康成长的指导者和引路人。职业院校的班主任不仅要扮演和普通学校班主任一样的角色,如班级的组织者、管理者,学生的成长榜样、知心朋友、精神关怀者,爱的传播者,道德素养的示范者等角色,还要结合职业教育的特色扮演特殊的角色。由于职业教育素质教育的特殊性,职业院校班主任需要围绕职业素养教育、专业素质提升、阳光心态塑造等方面在班级管理过程中完善角色意识,提升学生的职业素养,主要通过扮演以下角色,开展职业院校学生素质的培育工作。

1. 环境变化的分析者

从普通中学到职业院校,学生学习与生活的环境发生了很大的变化。当他们离开熟悉的环境,从中考或高考的束缚中解放出来时,原有的目标、习惯和同学之间形成的相对平衡的人际交往状态都不复存在,这往往导致职业院校学生入学后处于一种迷失状态。班主任应具备对学生从入学前到入学后的自然环境、社会环境、生活学习环境和自我环境进行评估的能力。班主任要通过查阅学生档案材料和与学生谈话,尽可能多地搜集学生入学前所处的环境信息,分析预测学生面对或将会面对的困难,在此基础上通过开展班级管理工作,使学生少走弯路,正确评估并解决遇到的问题,为学生的健康发展提供保障。在职业教育素质教育背景下,班主任是对职业院校学生进行职业生涯规划和就业指导的重要力量,而要做好这两项工作,班主任就必须善于发现、获取和处理信息,具有见微知著的能力及对信息渐变的把握能力,能够通过搜集大量职业发展与就业的信息来分析判断社会环境的变化,评估职业的发展趋势和就业形势的变化,得出科学的判断结果,以此来指导学生进行正确的职业生涯规划和向学生提供就业指导信息。

2. 职业素质提升的督促者

职业院校学生面对职业时或多或少会产生一种迷茫感,职业认知不足、职业意识淡薄、存在从业畏惧心理以及懒惰思想等都会使他们迷失职业目标和方向,从而影响整个班级的学风。这就需要班主任通过谈话、主题班会、班级日常管理、心理健康教育、职业生涯规划指导等活动引导他们正确地认识所选的专业以及将来要从事的职业,明确自身专业成长需要养成的职业素质,从职业兴趣、职业能力、职业心理素质等多方面引导学生确立学习目标,以目标引领的方式进行职业教育素质教育,从而实现班级管理的目标。班主任必须具备职业情境的创设能力,能在班级管理过程中根据学生的专业需求创设各种不同的职业情境,给学生以职业意识的熏陶,在活动中提升学生的职业素质。一方面,班主任可以与学生进行日常的互动交流,了解学生的职业素质水平,有针对性地指导与督促;另一方面,班主任可以通过组织各种与学生职业素质相关的班级活动,如技能竞赛、辩论赛,对学生进行职业素质的引导与熏陶,增强学生的职业意识。此外,班主任也可以积极鼓励和引导学生参加职业生涯规划大赛,对学生进行职业生涯规划指导和就业指导,培养学生良好的就业观,增强学生的职业技能。

3. 终身学习的引领者

新时代教育发展的目标是培养德智体美劳全面发展的社会主义建设者和接班人。职业教育的人才培养目标是培养更多高素质技术技能人才,支撑、服务国家发展战略和经济社会建设。因此,职业教育素质教育的实施需要班主任成为学生终身学习的引领者,使学生学会学习、学会生存、学会创新,使学生逐步形成终身学习的理念,并不断提高终身学习的能力。职业院校班主任的职责不仅是班级事务的管理,而且是学生学习的管理,如何在班级管理中渗透终身学习的理念,引领学生养成自主学习的习惯,培养学生终身学习的能力,是每一个班主任都应思索的问题。特别是职业院校的学生大多是"心不甘、情不愿"进入学校的,对职业院校与所学专业也知之甚少,学习压力的减轻与对专业前途的迷茫使他们对课堂的兴趣不大。作为职业院校班主任,必须基于这个事实,制订培养学生终身学习习惯与能力的方案,使学生具有自主学习和终身学习的理念和能力,确立学习的信心,明确学习不只是为了毕业,更是为了能够紧跟时代脚步,与时俱进,创造更美好的人生。

4. 健康心理的支持者

对于职业院校的学生来说,班主任仍然是他们最愿意亲近的教师。正因为如此,班主任成为职业院校学生心理教育的主力军、学生形成健康心理的支持者。在这一过程中,班主任首先要与学生建立信任关系,在此基础上对学生展开心理教育,使其逐步增强自身的心理调节能力,形成良好的心理素质。首先,班主任要具备消除职业院校学生的自卑心理、重建其自信的心理辅导能力。职业院校学生大多对自己的评价不高,有很强的自卑心理。因此,班主任应在班级管理中进行学生的团体心理辅导和个体心理辅导,引导学生自我悦纳,多发现自身优点,让学生能够接纳自己、欣赏自己,体会自我的独特性,在这一基础上,帮助学生体验价值感、幸福感、成就感与满足感,冷静地看待得失。另外,要让学生学会进行自我反思,关注自己的成长,形成良好的自我意识,并且积极地进行自我提升。其次,职业院校班主任应具备引导学生形成良好职业心理的能力。职业心理包括择业心理、就业心理、失业心理等。积极的职业心理能使职业院校学生形成积极的学习态度,以乐观向上的精神面貌投入到学习中。

5. 职业指导的组织者

职业指导是职业院校班主任不同于普通学校班主任的特殊的工作职责。职业院校班主任应做好职业指导的组织者,了解班级所属专业的人才培养方案,依据培养目标、专业特点和学业要求,有针对性地帮助学生认识自我,了解社会,走近专业和职业,传承奋斗精神,增强职业意识,树立正确的职业理想和职业观、就业观、创业观,培养良好的职业道德、职业素养和职业行为习惯,提升职业生涯规划能力,指导学生根据社会需要和自身特点选择生涯发展方向,顺利实现就业、创业或升学。职业院校班主任对学生的职业指导可以从职业理想、职业生涯规划、就业指导等方面进行。班主任对学生的就业指导有特殊作用。首先,班主任与学生接触较多,可以通过各种班级活动、谈话、讨论等进行职业教育和就业指导,帮助学生分析就业形势,使学生对就业动向有比较清晰的了解,及时调整自己的就业方向与就业心理,增强就业的自信心。其次,班主任是接触学生最多、对学生最了解的老师,相对而言,学生对班主任的信任度也比较高,有一定的依赖性。班主任可以切实根据就业动向分析学生的优缺点,对学生个人的情况与就业岗位的匹配度进行比较准确的评估,从而科学、有效地指导学生就业,大大提高学生的就业成功率。最后,班主任可以利用往届生的资源,更好地了解市场用人信息,并利用往届生的社会资源和自身的人脉,为毕业生和用人单位提供人力资源信息,穿针引线,帮助学生就业。基于以上原因,职业院校班主任必然要做好学生的就业指导,促进职业教育素质教育培养目标的实现。

第三节 职业教育素质教育的实施路径

职业教育素质教育的实施路径多种多样,课堂教学、校园职业文化熏陶、学生社团活动、创新创业大赛、主题社会实践、班级日常管理等都是职业院校素质教育实施的主要路径。每种路径对于实施素质教育都有一定的作用,都对职业院校学生的某方面素质有着重要影响。

一、课堂教学

职业院校课堂教学大体上分为公共基础课教学和专业技能课教学,任务主要是促进学生基本素质和专业理论素养的形成,培养学生良好的思想品德和人文素养,提高学生适应社会的能力,对学生的可持续发展起到积极作用。

(一)公共基础课教学

职业教育公共基础课包括德育课、文化课、体育与健康课、艺术课及其他公共选修课程。公共基础课旨在帮助学生树立正确的世界观、人生观、价值观,同时提高他们的思想政治素质、职业道德水平和科学文化素养。这一教育过程可以为学生掌握专业知识和技能打下坚实的基础,帮助他们适应职业发展的需求,并激发他们终身学习的热情。

1. 关于公共基础课地位的争议

当前,对于公共基础课的设置存在两种截然不同的看法:一方坚信此类课程对于学生的未来发展具有重大影响,并主张根据学科体系进行精准的课程设置;另一方则认为,学生在中学阶段已打下坚实基础,公共基础课略显多余。然而,随着职业教育教学改革的深入推进,这两种观念的不足日益凸显,对公共基础课进行重新审视和定位显得尤为重要。在论辩中,一种立场坚定地主张对公共基础课的学科本位给予重视,却往往过分强调理论体系的完整性与逻辑性,而忽略了课程内容与现实需求的匹配度及实用性。这可能会导致公共基础课失去学生,进而使其存在的必要性遭到怀疑。相对地,另一种观点倾向于取消或大幅减少这类课程,这样的做法虽然提升了专业技能的培养,却也造成了学生在文化素养和普适性技能上的不足,从而导致学生在人才市场的竞争中处于不利地位。因此,需要找寻一个平衡点,确保学生专业知识与普适性技能的双重提升,以适应社会的多元需求。

在观点间的碰撞与激辩之后,公众对于公共基础课的看法逐渐趋向理智。目前,广大学者普遍接受了一种折中的看法,即在肯定公共基础课积极作用的基础上,提出对现有课程体系、教育模式进行改革,以实现其与专业课程的有机融合。有学者强调,公共基础课不仅能提升学生的综合素养和职业技能,还能培育其持续发展的潜力。要注意的是,"对高职的公共基础课既要重视,但又不可强调过头,要适度"①。也有学者主张对公共基础课进行深度改革,以适应职业岗位的实际需求。他们建议课程设计摒弃传统的以学科为导向的完整知识体系,转而追求学科知识的实用性,为学生的专业学习打下坚实基础。在教学内容上,强调以就业为导向,以能力培养为核心,整合和优化课程结构,强调课程的应用性与实践性,以适应社会对高素质技术技能人才的需求。

因此,公共基础课程的设置并非争议所在,关键在于如何有效地开展与实施。这些课程应当贯彻"必需、够用"的教学理念,与专业教育紧密结合。正如我国科学家钱伟长所言,教育的目标首先是培育全面发展的人,他们首先应具备爱国主义精神、辩证唯物主义思维、文化艺术涵养、高尚道德和美好心灵,其次才是专业技能的掌握。只有高度重视公共基础课的教学质量,职业教育的发展才能真正与社会发展同步,展现出无限的发展潜力。

2. 公共基础课在素质教育中的作用

(1)发挥"补偿教育"的作用。由于受社会、家庭、自身等多种因素的影响,职业院校的学生更容易在中学阶段的学习过程中出现知识、能力、情感等方面不同程度的缺失。部分公共基础课,尤其是文化基础课对职业院校学生而言具有"补偿教育"的性质,涉及基本文化素养、公民素养、基础文明等方面。

---

① 李东风,葛力力.对高职公共基础课既要重视又要适度:兼与张新德老师商榷[J].职教论坛,2006(10):30-32.

（2）培育学生具备优秀的道德品质和人文精神。职业教育阶段是职业院校学生世界观、人生观、价值观形成的关键时期,教师应致力于塑造学生健全的道德观念和深厚的人文底蕴。精心设计的公共基础课能使学生拥有作为合格的职业人所必需的素质,这样的教育也能够使他们做到爱岗敬业、吃苦耐劳、团结友善,继而使他们的人生层次得到提升,同时也为他们未来的发展打下坚实基础。

（3）提高学生适应社会的能力。公共基础课的内容与现实生活、社会实践活动息息相关。为了培育学生适应社会发展的能力,需要将课程与社会生活实践紧密结合,强调技能的培养。以数学教学为例,在向学生传授基础数学知识的同时,更应引导他们掌握从各类信息源中提取数据、解读数据的能力;教授基础的数学思维方法,如比较、分类、排序等;锻炼他们在逻辑推理及问题解决方面的技能。据调查,国企、外企等大型企业会对求职者进行基础理论知识与专业技能两方面的考查,在专业技能水平相同的情况下,具备坚实文化知识基础的求职者会展现出更大的竞争力与发展潜力。

（4）为学生掌握专业知识和技能打好基础。公共基础课不仅是探索自然科学与社会科学的入门关卡,更是掌握各类学科知识的核心环节。尽管职业教育以就业为导向,注重学生技能的培养,但是文化基础知识的学习也不可或缺,职业院校学生作为未来的技能型人才,不仅要知其然,更要知其所以然。这恰恰也是职业教育与职业培训间的分水岭。事实证明,对公共基础课不予重视的学校,学生的科学文化素质普遍较低,这种缺失在很大程度上制约了他们对高级专业知识的吸收和职业技能的精通,这种短视的教育态度实不可取。

（5）为学生可持续发展提供必要条件。数智化时代,社会产业结构持续优化,技术迭代速度加快,职业的复合性与智能化特征日益显著,岗位工作的需求也处于不断变化之中,面对这样的形势,公共基础课的学习显得尤为关键。终身学习型社会中,职业教育是一个重要节点,职业院校应在教学中为学生未来的深造和持续学习预留充足的成长空间,而在这一过程中,公共基础课扮演着不可或缺的角色。

（二）专业技能课教学

在当前就业竞争越来越激烈、就业形势越来越严峻的大环境下,用人单位对毕业生的就业能力要求越来越高。职业教育就是要培养具有较强动手能力、专业技能过硬的技术技能型人才。因此,职业院校的学生尤其要重视专业能力、职业素质的培养,在日常的学习、生活中自觉地加强专业技能的学习,不断提升自己的就业能力和水平。

1. 专业技能课的内涵

职业学校培养的是高素质技术技能型人才,对学生进行专业知识、专业理论的教育和专业技能的培养是职业院校教育教学最主要的任务。而对于学生而言,扎实的专业知识和精湛的专业技能是他们在职场中稳步发展的基石,同时也是拓宽个人成长道路、提升竞争力、实现自我价值的关键所在。职业院校在人才培养过程中,将专业技能的传授视为教育的核心环节,这不仅深化了学生的理论认知,更提升了他们的专业素质和职业素养。专业技能课是指将专业知识、理论运用于实际中,旨在培养学生专业实践能力,提升学生专业技术水平、专业综合素质和职业素养的专门教学活动。它是学生在校学习期间进行专业技能训练的最主要途径,由学校根据人才培养方案、教学计划,有计划、有步骤、有组织地在课堂教学中实施。学生的技能训练在教师的直接指导下进行,在此过程中学生对专业理论、专业知识的认知不断深化,专业实际操作能力得到切实提高,良好的职业行为习惯逐渐养成。

2．专业技能课的特点

(1)专业性。专业技能课往往围绕某一个专业或职业的某一项技术要点、某一种能力要求组织教学项目、设计教学形式,在内容指向上集中、明确,强调专业知识的掌握、专业理论的运用、专业技术的训练、专业能力的培养,专业属性明确,是学生专业素质提升最主要的途径。

(2)实践性。专业技能课教学与单纯的理论教学不一样,它在方式上以实践操作为主,强调"做中学,学中做",在实际的动手操作中,使学生激发专业兴趣、调整专业心态、掌握专业方法、提高专业技能、形成专业习惯、提高专业素养。

(3)综合性。专业技能课教学是一个综合调动学生眼、耳、手、脑协同工作的过程,学生的职业认知、情感、态度、观念等在实际的动手操作中都会发生变化,学生的学习能力、沟通能力、与他人合作协同的意识和能力将进一步提升。因此,专业技能课教学的过程不是单纯的技能习得和提升的过程,而是学生的职业认知进一步深化、职业情感进一步强化、职业态度进一步端正、职业观念进一步增强、职业习惯进一步养成、职业道德进一步提升、各方面能力得到全面锻炼的过程。

3．专业技能课在实施素质教育中的作用

(1)专业技能课教学是提升学生职业能力的必由之路。在职场中,职业能力涵盖了从事特定职业所必需的各项技能。专业能力包括专业知识和操作技巧,也就是所谓的显性能力;方法能力和社会能力则是隐性技能,前者涉及学习与工作中的策略运用,后者强调的是人际交往和团队合作的能力。这些通用技能或称关键能力,虽然不是特定行业的专属,却为职业人的全面发展奠定了基础。学生通过专业技能训练掌握和提升从事某项职业的基本操作技能,在此过程中,将从课堂上、书本中学到的专业知识、专业理论运用于实践中,手脑并用,将间接经验转化为直接经验,一方面有助于深化对所学知识、理论的认知、理解和记忆;另一方面经过"认知—实践"的过程形成"再认识",更好、更快地学习,获取更高阶段、更大范围的专业知识和技能。同时,在专业技能课教学中,由于学生面对的是真实而具体的工作环境、工作项目、工作任务、工作要求,必须独立或与同伴分工协作完成工作,在此过程中,学生运用所学知识解决实际问题的能力、自主探究的能力、创造性地开展工作的能力、与他人沟通与合作的能力将得到极大提升。

（2）专业技能课教学是学生良好专业素养形成的主要途径。专业素养就是指个人在从事与专业相关的职业活动过程中所表现出来的综合品质。它不仅包括可以通过各种学历证书、职业资格证书等体现的显性素养，如职业知识、行为和技能，还包括职业理想、职业观念、职业道德、职业纪律和职业态度等隐性素养，它们对整个专业素养的形成具有基础性的影响。在专业技能课教学的过程中，学生将对专业产生明确的感性认识，进一步增进对专业的了解，充分认识专业在社会经济发展中的作用和价值，形成正确的专业学习动机，树立科学的职业理想，提升专业学习的兴趣和热情，形成正确的职业观。同时，在进行专业技能教学的过程中，教师必然要对学生进行从业所必须具备的道德、操作和行为规范与准则等方面的熏陶和教育，这无疑对学生职业道德的养成、职业纪律的形成具有重要意义。此外，专业技能课教学以一定职业为导向，把学生学习的专业知识、劳动技能和将来所要从事的职业紧密联系起来，挖掘学生自身潜在的求知热情和创造才能，有助于培养学生的个性、兴趣、特长，不断提升学生素质，促进学生综合专业能力和创新能力的提升。

（3）专业技能课能够提升学生就业和再就业时的竞争力。目前，我国劳动力市场总体上供过于求，就业竞争的压力越来越大。但是，隐藏在这种供过于求表象后面的是我国就业人口结构性缺失的问题。随着经济社会的发展、产业结构的调整，一方面，用人单位对高素质技能型人才的需求越来越大；另一方面，由于以往人才培养的体制，许多职业院校培养出来的学生在知识结构、技能水平、素质素养等方面不能满足用人单位对人才的要求。就业竞争的核心和焦点就是技能的竞争、素质的竞争。具有良好职业技能和综合职业素质的个体必然在就业和再就业竞争中具备较大的优势，能获得更好的工作岗位、工作待遇。因此，强化专业技能课教学，不断增长其职业知识，提高其职业素质，对于增强学生在劳动力市场中的竞争力具有重要的意义。

（4）专业技能课有助于增强学生的岗位适应能力。随着科技的进步，人类已经进入一个快节奏、高效率的时代。与此相应，很多用人单位在人才招聘中也采取了更加理性和实用的态度，能力比学历更重要已经逐渐成为共识。其中，岗位适应能力是用人单位在招聘中非常重视的考核指标。岗位适应能力如何培养？毫无疑问，仅靠思想灌输和书本学习是不行的，它只有在学生的专业实践中才能得到真正的磨炼和提升。对学生进行专业技能教学就是学生专业实践最主要的形式和途径。在专业技能课教学中，学生作为"准职业人"，开始独立完成工作任务，或者与小组成员分工合作完成工作任务。在完成任务的过程中，他们必须实现从书本知识到实践知识的认知飞跃、从"纸上谈兵"到"真刀实枪"的技能飞跃、从单纯的学生到"准职业人"的心理飞跃，学生在职业认知、职业意识、职业行为规范、职业实际运用能力、应变能力、发挥主观能动性创造性解决问题、职业道德、意志品质等方面都得到全方位的培养和提升，这就为学生将来真正走上工作岗位后尽快转换角色、融入职场打下了良好的基础。可以说,专业技能课是学生从学校走向工作岗位的桥梁,缩短了入职后的磨合期,提升了学生的岗位适应能力。

二、校园职业文化熏陶

为了实现学生的健康成长和可持续发展,职业院校有必要积极构建与完善具有职业院校特色的校园职业文化。校园职业文化熏陶能帮助学生坚定职业信念、增强职业认知、规范行为习惯、提高就业能力,为将来走向工作岗位打下坚实的基础。

（一）校园文化、职业文化与校园职业文化的内涵

1. 校园文化

文化是一个内涵相当丰富的多维范畴,可以从不同角度、不同层面界定和研究。据统计,当今世界关于文化的定义已有 260 多种。由于文化定义繁杂,不同的文化观必然影响着人们对什么是校园文化这一问题的理解。根据学者研究,比较有代表性的观点大致有如下几种。[①]

一是氛围或传统说。该观点认为校园文化是学生在长期的学习和生活中共同营造的一种独特的精神环境,它是学校在历史发展过程中积累的文化财富。二是意识形态说。该观点认为校园文化是学生在特定环境下创造的一种社会文化现象,它代表了校园的意识形态总和。三是物质与精神总和说。该观点认为校园文化是学校特色物质和精神财富的集合体,尤其体现在育人实践之中。四是文化要素复合说。该观点认为校园文化是由全体师生在日常工作和生活中共同创造、以多种形态存在的复合整体。五是指令说。该观点将校园文化视为一套指导师生行为的文化规范。六是启蒙说。该观点认为校园文化具有对亚文化群体进行精神启蒙的作用,引领他们走向现代文明。七是精英说。该观点主张校园文化由一群精英人士构建,深深植根于民族与传统之中,同时又深受都市文化的影响,它领先于一般大众文化,形成了一种独特且相对自主的文化现象。八是活动说。这一观点提出,校园文化是学生校园生活方式的总貌,是一种寓教育于活动中的文化形态。除此之外,还有诸多观点,如精神体系论、文化潮流论以及艺术教育与艺术活动论等,从不同角度诠释了校园文化的多元内涵。

我们认为,校园文化是指学校在发展过程中所创造和积淀的物质财富和精神财富的总和,反映学校的教育理念、精神特质、价值导向以及师生行为准则。

2. 职业文化

在各类生产实践之中,文化得以显现,它可以是具体、有形的物质,也可以是抽象的精神、行为以及制度。职业文化是在生产活动的细分中出现的,因为"职业"是抽象

---

① 王邦虎.校园文化论[M].北京:人民教育出版社,2000.

名词,职业文化不以物质形态出现,而是以精神、行为和制度形态出现。不同学者都对职业文化的内涵作了界定,即在长期的职业活动中逐渐形成的价值观念、行为方式和制度规范,以及相应的习俗、风气和礼仪等。《职业文化的内涵解读》一文指出,"职业文化"这一概念具有广义与狭义之别。"狭义的理解通常局限于特定职业领域,例如教师或医务人员的专属职业文化,此类解读更能凸显特定行业的文化特性。广义的职业文化指在多种现代性职业中形成的具有普适意义的职业文化。"①我们认为,职业文化是在职业变化和发展中逐渐形成的思想观念和行为规范,以及相应的礼仪、习惯、习俗等隐性的精神影响力。每个行业的文化底蕴都传承着其历史传统,它们在时代的洪流中不断进化,与社会同步前进,推动了职业领域的蓬勃发展。

3. 校园职业文化

职业教育与企业的深度融合源于其本质属性和根本宗旨。为了在职场中觅得恰当的职位,职业院校的学生必须掌握与职业相关的知识与技能,为将来投身工作打下坚实基础。职业院校的职业文化是在校企合作的前提下,融合了职业理论、规范、技术、精神、思维和价值观的多元综合体。

职业院校的校园职业文化分为两个层面:初级层面关注基本的人文素质,如职业生涯规划、职业道德和纪律;高级层面侧重于专业文化的深度,包括专业价值观、认识论和职业追求。职业院校的校园职业文化具有以下特征。

(1) 职业性。职业文化作为一种特殊的文化形态,深度体现了职业发展的内在需求,旨在推动人与职业之间达到和谐。为此,职业院校需着力打造校园职业文化,以培养学生的职业认知,规范其行为,提升其职业品质,为其未来的就业之路奠定坚实基础。

(2) 专业性。多样化的专业领域形成了众多独特的职业文化圈层。在各个专业分支中,从业者塑造了特有的职业理念、职业精神、岗位规范。这种专业性的分化呼吁职业院校在培养人才时,依据专业特性来培育相应的文化氛围。

(3) 教育性。校园职业文化如同春雨,润物无声,深深植根于学生的内心世界,塑造着他们的思维模式、价值追求和行为习惯,自然具有教育性特征。学生在校园职业文化的熏陶下,不仅能在学习上获得动力,更能在人生道路上积聚能量,为其未来的职业生涯奠定坚实基础。

(4) 实践性。校园职业文化的一个功能就是提供给学生展示潜力、实力、能力的实践场所和现实舞台,是学生发挥创新意识、创新能力的最优选择。这种注重实践的文化精神极大地激发了学生群体的主动性和创造性,成为推动校园职业文化发展不可忽视的内生力量,而其在实践过程中的能动性又使得学生的人格魅力得以强化。

---

① 董显辉.职业文化的内涵解读[J].职教通讯,2011(15):5-9.

（5）动态性。校园是整个社会大系统的一个子系统，校园的一切发展都与社会的发展密切相连。校园职业文化需要紧跟时代的步伐，只有先进的校园职业文化才能为学生的发展创造良好的机遇。

（二）校园职业文化在素质教育中的地位与作用

1. 校园职业文化在素质教育中的地位

在快速发展下，社会对人才的素质要求日益严苛。职业教育作为与社会经济密切相连的教育形式，肩负着培养高素质劳动者的重任。校园职业文化的核心职能在于教化、培育和塑造人才。它为职业院校的学生提供了职业生涯发展的精神支柱，包括职业信仰和职业行为方式，这些是成为合格职业人不可或缺的要素。通过校园职业文化的浸润，学生能够树立正确的职业价值观和职业道德，同时提升职业能力，为社会发展贡献自己的力量。

2. 校园职业文化在素质教育中的作用

（1）坚定职业信念。职业文化的核心旨在实现人与职业的和谐共生。校园职业文化教育满足了学生的多元化需求，为其未来职业生涯打造了坚实的基石。如专业文化的教育使学生形成正确的职业观念与职业认同感；职业指导帮助他们理解自我与职业的紧密联系，激励他们在职业道路上充分发挥潜能，实现自我价值。经过校园职业文化的熏陶，职业院校的学生可以更加坚定自己的职业信念。

（2）增强职业认知。职业文化体现了职业的精髓，它是在一定认知能力支配下的人们从事职业活动的产物，又是形成新的认知、促进职业发展的手段。人们通过接受职业文化的浸润不断积累经验，改进与完善思维方式，提升职业认知能力。在校园职业文化氛围中，学生们对所从事职业的理解逐步增强，为应对将来的职业挑战做好了充分准备。

（3）规范行为习惯。为了在职场中建立和谐的人际关系并创造理想的工作氛围，一套完善的职业规范不可或缺。规章制度、价值观念以及行为准则等职业规范，在职业文化体系中扮演着约束和塑造个人职业行为的角色，确保了职业活动的有序和高效。校园职业文化中具有实训性质的文化能促进学生有效规范自身行为，自觉养成良好的行为习惯。

（4）提高就业能力。许多职业院校的学生尽管拥有专业技能，却因不适应企业管理和缺乏人际沟通技巧而在职场中遭遇挫折。如今，企业更看重的是求职者的组织协调能力和团队合作精神，而不再局限于技能。校园职业文化的熏陶能让学生在在校学习期间了解企业的用人要求，帮助学生客观地认识自己，提高学生主动适应企业的能力，以实现"零距离"就业。

（三）以校园职业文化提升素质教育水平的实施路径

校园职业文化建设是提升学生综合素质、培养高素质技术技能人才的重要途径。

职业院校应坚持"以生为本"的育人理念,以社会主义核心价值观为指导,全面提升学生在德智体美劳等方面的素养,促进学生的个性化发展与职业精神的培养。通过构建多元化校园职业文化体系,职业院校可以让学生形成深刻的职业认知,帮助他们形成良好的职业习惯。

1. 强化工匠精神的培养

工匠精神是技术型人才必备的核心素质,是校园职业文化建设的重要内容。将工匠精神融入校园职业文化,不仅有利于学生树立爱岗敬业、精益求精的职业态度,还能培养他们日后在工作中时刻保持严谨细致的工作作风,这种精神的熏陶能为其未来的职业生涯发展奠定坚实的文化基础。为实现这一目标,职业院校可以通过以下几种方式贯彻工匠精神。一是文化展示与互动。在校园公共空间展示"工匠名人"雕塑、画像以及优秀作品,使学生与工匠精神"零距离"接触,通过生动的文化展示,增强学生的文化认同感,从而使其将这种精神内化于心、外化于行。二是开展主题活动或竞赛。围绕工匠精神举办"技术技能大赛""职业道德演讲比赛"等活动,加深学生对工匠精神的理解。三是课程教学的融合。教师可以将工匠精神融入专业课程教学,引导学生以认真严谨的态度对待工作学习,并让学生通过树立工匠精神提升个人综合素质,培养良好的职业习惯。而学生"只有将本专业学透、学精,才能打造出卓越的产品,才能使自己有机会成为大国工匠"①。

2. 将企业文化和职业精神有机融合

职业院校要通过深入推进产教融合、校企合作,强化企业文化和职业精神在教学中的融合。企业文化是影响学生职业行为和价值观形成的关键因素。因此,职业院校要发挥多元育人优势,与行业企业双向互动,将企业的核心文化要素及价值观念融入教学活动,营造良好的文化育人环境,同时通过产教融合构建学校与企业的"育人联合体",让学生在在校期间就接触企业文化,为进入职场做好充分准备。

3. 合理利用本地特色资源

职业院校要充分利用学校所在地区独特的红色资源、历史文化、工匠名人以及非物质文化遗产等资源,将其纳入学校的教学活动,打造特色化的校园职业文化氛围。这不仅能增强学生的文化认同感,还能帮助他们理解和传承地方工艺。

三、学生社团活动

学生社团是学校生活中的"第二课堂",可以通过组织丰富的活动充实学生的课外生活,扩展其知识面,使其多元文化需求得到满足,成为全面提高学生素质的重要途径。丰富多彩的社团活动丰富了校园文化内涵,为学生发展、学校发展注入了动力,对

---

① 杨珍,姚本先,谢宇. 积极心理学视角下职业院校工匠精神培育路径研究 [J]. 黑龙江高教研究,2023,41 (11): 120-126.

深化教育改革、全面提升教育质量、提高人才培养水平具有积极作用。

（一）学生社团与社团活动

1. 学生社团的内涵及发展

学生社团是学生基于共同兴趣和愿望自发组建的，遵循自身章程进行活动的群众性组织。学生社团在国外的发展具有相当长的历史，改革开放之后，我国的学生社团也逐渐发展起来。最近十多年，随着我国经济社会的发展和学校教育教学改革的深入，学生们的学习、生活方式较以往发生了很大的变化，学生社团迅速繁荣，成为具有较大影响力和号召力的群众组织。学生社团在校园文化建设中扮演着重要角色，它覆盖面广、辐射能力强、发展迅速，对丰富学生课余生活、繁荣校园文化、提高学生综合素质、培养高素质创造型人才发挥着重要的作用。

2. 学生社团的类型

我国学生社团大致可分为理想信仰型、学术科技型、专业技能型、文化娱乐型、体育健身型、实践服务型六类。

理想信仰型社团是以成员相同的理想、信念、志向为基础而建立起来的社团，如党章学习小组和马克思主义研究会。

学术科技型社团致力于满足成员对科技和研究的渴望，共同追求科技进步，如电脑网络协会、化学分析协会、航模协会、科技创新协会。

专业技能型是以满足成员对技能学习和训练的需要为基础，以提升成员专业技能水平为目的而建立起来的社团，如烹饪工艺协会、面点制作协会、模拟导游协会、人物形象设计协会、英语课本剧社团、计算机设计协会、会计电算化社团。这些社团与专业学习联系密切，在职业院校中体现得更为明显。

文化娱乐社团是以满足成员的精神生活需要而建立的非专业化的文化、艺术等方面的社团，如诗歌协会、古筝社团、摄影协会、舞蹈社团。

体育健身型社团是以满足成员的运动需要而建立的与各种体育运动、健身相关的社团，如篮球协会、乒乓球协会、台球协会、武术协会。

实践服务型社团是以开展社会实践活动，进行勤工助学或提供社会服务为主要内容而建立的社团，如法律协会、青年志愿者协会。

3. 学生社团活动的特点

学生社团的生命力在于其所开展的各种社团活动。近年来，丰富多彩、各具特色的社团活动已经成为职业院校校园生活中一道亮丽的风景线。具体来说，社团活动的主要特点如下。

（1）活动参与的自愿性。学生社团是在学校管理部门的许可下，以共同的观念、兴趣、爱好、追求、目标为基础而自发组成的，成员自愿参加活动的学生组织。

（2）活动目标的整合性。社团成员具有共同的兴趣、爱好，志同道合，能从交往和共处中受益。所以社团凝聚力强,大家都能为实现共同的社团目标努力。

（3）活动内容的广泛性。学生社团成员之间是以共同的志趣、爱好为纽带的,学生兴趣、爱好、专业、目标的多样性决定了学生社团活动内容的广泛性,天文、地理、文学、艺术、专业、科技、体育、卫生等都有可能涉及。

（4）活动形式的多样性。由于社团是相对松散的学生组织,成员在选择活动形式时有较大的自由,活动可以是学术研究、座谈交流、讲座报告、创作表演、小组竞赛、汇报展示、实践服务、义务咨询等各种形式,生动活泼,深受欢迎。

（5）成员的广泛性。学生社团不同于学生会,在学业成绩、行为习惯、管理能力等方面没有很高的要求,入社门槛比较低,不同年级、不同专业、不同性别、不同水平的学生都可以参加,是学生中群众基础最广的组织。

（二）学生社团活动在素质教育中的作用

1. 学生社团活动能够展现学生个性、特长,促进学生多样化发展

学生社团是以共同的兴趣、爱好为基础组织起来的,学生社团活动的个性化、多样化和活泼性为学生的课余活动提供了较大的选择空间。学生根据自己的兴趣、爱好、特长自主地选择加入社团,社团依据其性质和成员的共同意愿组织开展各种活动。学生社团对于职业院校学生来讲尤为重要,因为他们普遍对理论知识的学习兴趣不大,但对于唱歌、跳舞、运动、动手操作等活动有兴趣,且表现不俗。在传统观念和教育评价体系的影响下,这些学生往往被认为不爱学习、不务正业,需要不断教育、改造,导致学生的个性、特长长期得不到发展,社会评价和自我评价都比较低。进入社团后,他们会发现一片全新的精神乐土,丰富多彩的社团活动为他们培养兴趣、展示特长、张扬个性提供了广阔而自由的平台,促进了他们的多样化发展。

2. 学生社团活动能够增强学生的自尊、自信,促进学生身心健康发展

社团不像学生会那样有较高的门槛和严格的管理规定,让人望而却步,也不需要像参加各种技能比赛一样,要争个排名先后,让人紧张、痛苦。学生可以是某一项技艺的擅长者,也可以是某一项技艺的爱好者;可以成为某项活动的策划者,也可以担任组织者,或者仅仅作为参与者。这里没有论资排辈,没有考核排名。只要愿意,每一个学生都可以成为某个社团的一员。从这个意义上讲,学生社团是相对平等、宽松、包容的组织。通过社团活动,学生们或者发现了自己身上的闪光点,或者找到了和他人的共同语言,或者发现了自己存在的价值,或者得到了他人的认可。轻松愉快的心情、自由而有尊严的活动、成员间的共同志趣和相互的价值认同舒展了学生的心灵,培植了学生的自尊、自信,促进了学生身心的健康发展。

3. 学生社团活动能够培养学生的组织管理、沟通协调能力,促进学生的社会化

学生社团虽然其内部结构较为松散,但也有其基本的制度、章程,社团的规章制度、组织程序都是由其成员共同制定并共同参与管理、照章执行的。社团在开展活动

时,从策划、组织到具体落实,其中许多问题的解决都需要社团成员在自由、民主、合作的氛围中沟通协作、相互配合。同时,社团作为一种社会团体组织,其本身就具有一定的社会化特性。在社团内部,它汇集了来自各个年级、各个专业、各个地区的学生;在社团外部,同校社团以及跨校社团之间的交流日益频繁,社团活动与企业、社会等的接触、互动也越来越密切、深入,有助于加深学生对学校的了解,增强学生对专业的认识、对兴趣的培养、对社会的解读,培养学生的交际、沟通能力,增强其社会适应性。

4. 学生社团活动能够强化学生的人文素养和职业能力,促进学生综合素质的提升

学生社团百花齐放,社团活动百家争鸣。不同的社团对于学生身心发展的作用既各有侧重,又互有交叉。但总体来说,不同学生社团在强化学生人文素质和职业能力两方面的共同作用是有目共睹的。文学社团、话剧社团、诗歌协会、书法协会、摄影协会、舞蹈社团、礼仪社团、太极社团等文化、艺术、体育类的社团,不论是它们开展的小型活动,如沙龙、研讨、展示,还是面向广大学生及社会开展的普及性活动,如讲座、表演、巡展,其立足点均在于培养学生具备道德伦理素养、哲学素养、艺术素养、历史素养等人文素养,提高思想境界和审美情趣,增强社会责任感和历史责任感。动漫设计、模拟导游、烹饪工艺、创业、网络设计、会计电算化、航模、志愿服务等方面的社团与学生的专业学习、技能培训密切相连,学生在社团活动中相互切磋、互帮互助,实现了与课堂教学的相互补充、有效衔接,有助于学生专业素养、实践能力、创新意识、创业能力的提升,能全面提升学生的综合素质和竞争力。

5. 学生社团活动有助于优秀校园文化的培养,形成和谐向上的校园氛围

校园文化是学校发展的核心内驱力。优秀的校园文化能形成一个隐形的"磁场",在无形中塑造师生的品格、形成共同的愿景、激发向上的力量、凝聚集体的智慧、和谐师生之间的关系。校园文化的形成与校园文化活动密不可分,而校园文化活动最直接、最活跃、最有效的载体就是社团。不同的社团活动会形成不同的社团文化,不同的社团文化造就了多彩的校园文化。社团作为校园文化的独特载体,通过长期的积累、沉淀,使校园文化具有深厚的底蕴,生生不息、传承不衰,成为推动学校发展的核心内驱力,促进和谐向上校园氛围的形成。

(三)以学生社团活动提升素质教育水平的实施路径

1. 明确社团活动发展方向与价值理念

职业院校要将学生社团工作纳入学校整体规划,并将社团工作细化,纳入学校的日常工作计划,根据国家对素质教育的要求,结合学校专业建设的特色,设计一套能够提升学生综合素养的社团活动方案。学校应为社团活动提供必要的资源和帮助,确保活动的顺利开展。同时,在对社团的价值指导方面,要进行大方向上的把控,努力在学生的素质教育、能力培养、个性发展上下功夫,放权给社团,同时定期对其成果进行评

估、鼓励、支持学生社团的自我管理与发展,使社团活动获得良好的效果。

2. 加强社团管理体系建设与激励机制优化

职业院校在顶层设计上,应构建一个由党委领导、团委主导、院系协同管理的管理体系,将学生社团的管理工作整合到学校的治理架构中进行统一规划。在宏观层面上,学校应当确保对社团发展方向的指导和监督,通过顶层制度设计,制定和优化学生社团的组织规则,特别是涉及社团的申建、审批、退出机制的相关规则。同时,学校也可以借鉴"学分银行"的建立机制,构建社团活动参与与学分互通的体系,将学生社团活动参与情况与实践学分挂钩,计入综合素质评价进行考核,逐步打通第一、第二课堂,学生的参与积极性也能大幅提升。此外,构建科学合理的社团激励机制,提升社团管理水平,增强社团成员的归属感和责任感,提高社团活动的质量和效果。因此,社团组织者需要明确社团成员的岗位职责,规范工作流程,并建立有效的奖励、约束制度,增强学生自我教育、自我管理、自我服务、自我约束的能力,把素质教育融入社团活动中,促进学生社团的规范化发展。除了以授予荣誉称号、颁发奖状等方式给予激励、表彰,还应"通过经费支持、场地设施等优先选择权给予物质激励;通过提供公益活动和社会实践机会、创新创业项目对接、与社会基金合作等方式提供机会激励"①。

3. 构建专业化指导团队,积极与社会力量对接

指导教师对于社团发展起关键作用,因此职业院校应建立起一支专业化的社团指导团队。每个社团配备不少于两名指导教师,一名负责社团的运营与核心团队的管理,另一名在素质教育理念的指引下,对学生进行职业核心能力与素养的培训。为了确保指导教师具备较高的教学和指导水平,学校应定期组织教师接受素质教育与职业技术能力培训,从而培养出能够适应社会需求、具有创新精神和实践能力、全面发展的高素质技能人才。社团活动不应仅限于校内实践,还可以拓展校外资源,借助产教融合平台,促进创新创业类社团积极与企业及社区互动、合作,提供更广泛的实践机会。此外,社团应当充分利用产学研合作的创新平台、实践基地、孵化园区等资源开展自主研究并以高质量的研究成果参与创新创业大赛,提升学生的实际操作能力和创新能力。

4. 设计特色化社团活动,助力学生个性化发展

社团活动要立足学校专业特色,设计针对性强的活动形式,以便更好地提升学生的专业技能和职业素养。例如,电子信息专业的学生可以加入网络安全社团,专注于网络安全知识学习、攻防演练和安全漏洞挖掘,或是参与编程社团,进行编程语言学习、软件开发项目实践。这种特色化的社团活动不仅能增强学生的专业能力,还能帮助学生积累实践经验,提升综合职业素养。同时,社团活动设计要关注学生个性化发

---

① 杨梅,张金福.应用型本科高校学生社团的现实困境及治理创新研究[J].职业技术教育,2020,41(23):16-22.

展需求。在商业管理类院校中,可以建立市场调研社团,鼓励学生通过团队合作进行市场调研,挖掘社会资源,培养学生的市场分析能力、协作精神和战略制定能力。社团活动不仅能促进团队合作,还为学生发展和展示提供了空间,帮助他们发掘个人潜能,实现个性化成长。

四、创新创业大赛

(一)创新创业大赛的内涵

在探讨创业创新大赛的本质时,斯特尔鲍默精辟地指出,"创新创业大赛是由组织或个人安排进行的有时限的竞赛,以此来吸引公众或特定的目标群体,利用目标群体的专业知识与技能来为某个待解决或待优化的问题提出相应的解决方案"①。创新创业大赛是服务与交流的平台,通过创新创业大赛这一平台,可以吸引不同的创业团队与投资机构参与其中,在政策支持下充分发挥该平台的人才、服务、融资交流机制作用,在政府、投资人与创业团队的良性互动下,促进创新创业活动的开展。目前,国内的各项创新创业大赛旨在深化学校创新创业教育改革,强化大赛创新创业教育实践平台作用,坚持以赛促教、以赛促学、以赛促创,培养学生成为"大众创业、万众创新"的主力军,并通过不断推动赛事成果转化,助力新兴业态的蓬勃发展,为经济品质的提升和产业转型升级提供强劲动力。同时,创新激发创业活力,创业浪潮又推动就业市场发展,这一良性循环有效促进了毕业生就业与创业质量的提高。

(二)创新创业大赛的特点

1. 作品实用性逐步增强

创新创业大赛的作品逐渐从初步的设想转向解决实际问题的创新性产品。随着参赛队伍的增多和参赛人员的专业性提高,大赛的作品也逐步呈现出更强的实用性。参赛者在大赛中常常需要对市场需求进行深入研究,寻找切实解决问题的创新点,以满足用户的实际需求。同时,参赛者也要不断进行技术和商业模式的优化,以提升作品的可落地性和实用性。这使得创新创业大赛的作品不再是纸上谈兵的理念或概念,而是能够真正解决实际问题并具备商业可行性的创新性产品。

2. 大赛受众广,参与人数多

如中国国际大学生创新大赛(原名中国国际"互联网+"大学生创新创业大赛)自2015年开始举办,参与人数众多,有较强的社会影响力。2024年10月,中国国际大学生创新大赛(2024)全国总决赛在上海举行。本次大赛共有来自153个国家和地区、5406所学校的514万个项目参赛,得到了国内外各类学校的积极响应,也吸引了专科生、本科生、研究生等不同层次学生的广泛参与。创新创业大赛的作品汇集了各行各

---

① 吴爱华,侯永峰,郝杰,等.以"互联网+"双创大赛为载体,深化高校创新创业教育改革[J].中国大学教学,2017(1):23-27.

业的创新成果,分享了不同领域的专业知识与经验,作品范围广,参与人员范围广,充分体现了当代青年强大的创新精神与创业能力,符合职业院校激活学生创新思维、提升学生素质的要求。

3. 以赛促创、以赛促教、以赛促学的局面初步形成

创新创业大赛处在从高等教育、职业教育到基础教育的全链条、全覆盖的教育体系中,致力于培养德才兼备的杰出人才,不仅探索了素质教育的新方法,还展现了我国创新创业教育改革的阶段性成果,有力推动了教育改革的全面深化。此外,大赛还搭建了全新的成果转化平台,实现了产学研用的紧密结合。这一举措有效促进了学校的智慧技能、项目资源与社会经济发展需求的紧密对接,进一步加强了学校与科技界、产业界、投资界的深度合作,服务于产业转型升级与经济高质量发展。创新创业大赛不仅能激发创新创业热情,培育创新创业人才,还能为我国经济社会发展贡献力量。

(三)创新创业大赛在素质教育中的作用

以中国国际大学生创新大赛为例,其主体赛事包括高教主赛道、"青年红色筑梦之旅"赛道、职教赛道、产业命题赛道和萌芽赛道五条赛道。不同于其他赛道,职教赛道紧紧围绕职业教育的特点创设。赛道设计突出技术创新、工艺创新与商业运营模式创新。项目创新具有职教特色,项目设计凸显信息化特点,项目评价具有商业特征。创新创业大赛平台的建立有利于推动职业院校师生在技能比拼中开展创新创业,实现创新创业教育与素质教育的协同发展。

创新创业大赛对我国职业教育素质教育改革与发展的影响是深远和持久的,还助力了对创新型人才培养模式的探索,促进职业教育素质教育与创新创业教育相融合。一方面,其培养了学生创新创业的基本素质。创新创业大赛作为一个广阔的平台,使得职业院校的学生在模拟的市场环境中锻炼将创意转化为商业实践的能力,在真实情景中培养项目管理、组织协调及风险防控等核心素质,并对商业运作的每一个关键节点都有深入的理解,为将来投身创新创业浪潮奠定了坚实的基础。另一方面,创新创业大赛极大地提升了学生的职业素质。比赛项目面向职业与实际工作岗位,项目来源体现产教融合与校企合作,鼓励师生利用自身专业知识与技能上的优势,不断创新工艺并解决实际的技术问题,充分展现产教融合下的技术创新与工匠精神,从而实现学生职业素质的不断发展。

此外,创新创业大赛注重学生的实际操作和实践能力的培养。在比赛过程中,学生需要进行项目策划、团队协作、技术创新等一系列实践活动,这极大地推动了学生沟通能力、团队协作能力、领导能力等综合素质的发展。大赛致力于解决现实生活中的实际问题,要求学生利用自身的创新思维与解决问题的能力来找到创新性的解决方案。这有助于发展学生的批判性与创新性思维,培养其解决问题的能力,从而不断提升他们在未来职业生涯与创业过程中的竞争力。

总的来说,创新创业大赛提供实践机会,培养学生的实践能力、团队合作能力和领导能力,将专业知识、技能与实际应用结合,培养有助于学生全面发展的职业素质,推动职业教育素质教育的发展。

（四）以创新创业大赛提升素质教育水平的实施路径

在当前行业发展的背景下,职业院校应积极开展创新创业大赛,并以此为契机深入探讨新兴业态与模式,紧贴产业升级和技术革新的前沿。大赛不仅能推动师生在实践中探寻解决企业技术难题的路径,更传递了创新创业的核心理念、知识、精神及方法,能有效培养学生的创业精神和实际操作能力。同时,大赛的评价体系为参赛者提供了宝贵的反馈,助力他们学会在真实的市场环境与运营中,以市场需求和企业发展为导向,规划和推进创新项目,为其踏上创业之路搭建起实质性的跳板。通过模拟实施真实项目,创新创业教育的实践性得以提升,学生的创新思维得到有效激发,创新意识不断深化,创新创业能力也随之提升。

跨学科教育与创新创业教育相辅相成。技术的发展与创新是多学科、多专业交叉融合的结果,职业院校应该构建跨学科的综合性教育模式,实现不同学科之间的知识融汇,培养学生的创造性思维、灵活应变能力、协同合作精神和领导才能,帮助其形成良好的职业素养,以应对全球市场中的挑战。在这种培养模式下,学生的实践能力与创造性思维显著增强,终身学习的热情愈发强烈,并为将来成为高素质创新人才打下坚实的基础。创新教育成果表明,竞赛项目大都汇聚了多个专业领域的尖端技术,体现了跨学科融合的重要性。因此,职业教育亟须突破传统专业设置的局限性,构建跨学科、跨领域的综合性专业集群。针对有创业兴趣的学生,开设"专创融合"和"素质拓展"课程模块;针对建立初创企业的学生,开设专业化课程模块,为不同层次阶段的学生定制个性化方案。以徐州工业职业技术学院为例,"该院与当地龙头企业联手,共建'全国高校实践育人创新创业基地'和'江苏省智能制造大学生创新创业实践教育中心',并采用'校内中心＋校外实践基地'的实体化运作机制以促进资源共融,将创新创业教育与学生课程培养体系双向互融,形成'专业教育＋双创教育'深度融合的创新创业教育生态。在中国国际'互联网＋'大学生创新创业大赛、'挑战杯''正大杯'市场调研大赛的参与过程中,以赛促教、以赛促创,并在 2022 年中国国际'互联网＋'大学生创新创业大赛中夺得桂冠"①。

教师队伍建设与创新创业社团活动相互促进。创新创业大赛中指导教师的专业素养和能力对创新创业项目的执行具有显著的指导作用。职业院校要组织一支分工明确、责任清晰、技术精进的教师队伍,包括学校的专业课教师和有参赛经验的指导教师,同时外聘企业的技术指导教师对师生进行培训,依托这支融合专业教师与兼职教师的指导教师队伍,致力于提升"双创"教育的教学质量,为学生精准提供个性化的辅

---

① 本书编委会. 江苏高等职业教育质量年度报告(2023)[R].2023.

导与支持。同时,该教师团队可在校内创新创业型社团中挂职指导,帮助社团组织形式多样的创新创业活动,拓宽学生视野,增进其对国内外创新创业前沿理念和实践方法的洞察,全面提升其创新创业能力。例如,"江苏商贸职业学院建构线上＋线下、选修＋必修的创新创业课程体系,设置 5 门课程,组织 20 余名专任教师实施教学,学校依据学生成长规律分学年推送课程、学生按需选课;每周开展校创新创业社团活动,深化对创新创业的认知;同时,学校加强同市人社部门的联系,定期开展 SYB 培训,注重培养学生创新与创业的能力"①。

创新创业大赛是提升学生职业素养的有效工具。大赛通过尽可能重现真实情境,检验学生在创新创业方面的知识储备与技能实操水平,让学生能够在短期内迅速提升综合素质与职业技能。职业院校应常态化开展校、院两级学科竞赛,其内部选拔采用院级选拔赛、校赛两级赛制,遴选优秀学生团队与杰出作品,并将其纳入专门的校园竞赛训练营,开展集中强化训练,助力他们在省级与国家级创新创业大赛中绽放光彩。同时,为了提升师生参与积极性,学校可以出台激励政策,将竞赛成果与教师职称职级、学生奖学金、评优评先等挂钩,激发其参与热情,进一步提升其综合素质和实践能力。

五、主题社会实践

(一) 主题社会实践的内涵

社会实践与职业教育素质教育之间存在着密切关联,这一教育手段的真正意义在于通过指导学生亲身参与社会活动,促进学生在认知、情感和行为三个层面的全方位发展。职业院校的主题社会实践不仅强调学科知识的传递,更注重培养学生的实际动手操作能力。学生在主题社会实践中能够将抽象的理论知识转化为具体的实践技能,从而提高他们在所在职业领域的核心竞争力。同时,主题社会实践也是培养学生团队协作和社会责任感的有效途径。学生在与他人协作解决社会问题的过程中,能够培养较好的团队合作精神,并且树立积极向上的社会价值观和责任感。主题社会实践以学生所要选择的未来职业为焦点,通过组织有计划的实践活动,帮助学生深入了解和探究相关职业领域的理论知识,并且做好工作技能方面的准备。这种贴近实际的社会经验获取能有针对性地培养岗位需要的职业素质,使学生在未来发展规划上更具职业导向性。在活动设计流程上,主题社会实践有选择性地关注相关主题,借助不同的方式激发学生的兴趣,引导他们深入研究和实践。深度参与主题社会实践可以使学生更全面地了解相关行业,培养与该主题相关的专业技能和素养,更好地适应未来职业领域的需求。主题社会实践的实施过程包含问题提出、调研、实践和总结四个关键环节,这些环节有机地连接在一起,形成了一个完整而系统的实践流程。这种过程能够有效地

---

① 本书编委会. 江苏高等职业教育质量年度报告(2023)[R].2023.

确保学生在实践中养成全面的职业素质。

（二）主题社会实践的特点

主题社会实践的独特之处在于突出个性，通过为学生提供深度主题探究的机会，引导他们在实践中展现自主选择和积极参与的态度。这个过程培养了学生在独立性与协作性之间取得平衡的能力，为他们未来的职业发展打下坚实基础。个性化设计的主题社会实践除了注重学生在专业领域的发展，更关注他们与个体特质相契合的专业技能的发展。精心设计的实践项目使学生能够根据兴趣参与其中，实践不再是单纯地执行任务，而是在兴趣和目标的双重引导下主动展开探索。实践活动不仅满足了学科知识的需求，更激发了学生对个人职业发展方向的深刻思考，在此基础上为学生提供了深度学习的机会，同时为其未来的职业定位提供了更为清晰和个性化的方向。这种独特的实践模式不仅加强了学生的专业素养，还培养了他们在复杂的职场环境中脱颖而出的能力，推动了学生的全面发展。

开展主题社会实践活动并不仅仅是为了完成任务，主要强调让学生通过必要的实践来解决实际问题。在明确的问题导向的社会实践中，学生在解决实际问题的过程中获得深层次的学习体验。这种设计要求学生在实践中深入思考和应用知识，培养更为扎实的实际操作能力。问题导向的社会实践要求学生提出富有创造性的解决方案，能够有效体现学生应对实际挑战时的创新能力。学生不再被动接受知识，而是通过主动思考、提出问题，并通过现有的实践活动积极解决问题。在此过程中培养的独立思考能力能为学生提供更全面的学习体验，同时也为他们更好地应对未来职业中的各种复杂挑战打下坚实基础。因此，问题导向的社会实践是一种推动学生全面发展、提高学生实际操作水平、激发学生创新潜力、培养学生独立思考的重要途径。

主题社会实践并不是单一学科的活动，而是将诸多学科知识和技能整合于特定主题下。这一综合性的实践形式能够帮助学生更全面地认识和提升自己，并且培养跨学科学习的基本素养。跨学科性的社会实践激发了学生对知识的整合和创新能力，不再将知识局限于特定学科范畴，而是通过涉足多个学科，使学生更好地将不同领域的知识相互关联，培养出更具创新性的问题解决能力。由此可见，综合性的社会实践设计能够更好地满足职业领域的多样化要求。特定主题可能涉及多个学科领域，通过综合性的实践活动，学生可以更全面地了解和应对复杂的职业环境。只有通过培养学生具备跨学科思维的综合素质，才能帮助学生更全面地理解和应对复杂的职业现实，使学生在未来更具有职业竞争力。

（三）主题社会实践在素质教育中的作用

主题社会实践在素质教育中的重要作用体现在多个方面。

1. 能够培养学生的创新素养

主题社会实践往往涉及具体问题和挑战，要求学生在实际操作中提出创新性方案。这种锻炼有助于激发学生的创造思维和解决问题的能力,使其在职业生涯中更具创新性。在实际操作过程中,学生通过系统而深入地调研、查阅文献、采访专业人士等方式,深入了解与主题相关的实际情况,从而培养创新能力。

2. 为学生提供了丰富的社会资源

在特定主题的实践中,学生不仅能够建立与同学、教师之间的联系,形成积极有效的互动,还有机会与相关领域的专业人士进行深入合作。这种广泛的社会联系为学生提供了更多的学科资源和行业信息,使他们能够深入了解职业领域的最新动态。通过与专业人士的互动,学生能够获取实际职业经验,为他们更好地融入职业领域、拓宽职业视野提供了宝贵机会。社会资源的积极获取能帮助学生更高效地培养专业素养。

3. 在提升学生的自我管理和组织能力方面扮演着关键角色

在规划和参与实践活动时,学生需要有效地组织时间和协调各项任务,培养自我管理的能力。这一实践过程能培养学生在实际操作中有效分配资源、制订计划的能力,对于学生未来进入职场后应对复杂多变的工作环境具有积极的影响。学生逐步形成的自我管理和组织能力不仅能提高个体工作效率,还有助于团队协作与领导能力的发展,为其职业生涯的长期发展提供了坚实的基础。

（四）以主题社会实践提升素质教育水平的实施路径

职业教育的主题实践活动作为提升学生综合素质的重要途径,逐渐被各类学校广泛应用。鼓励学生亲身体验各种活动,能够有效弥补传统课堂教学的缺失,提升学生的专业技能水平,强化其团队意识、创新能力与社会责任感。特别是在新时代的高素质技术技能人才的培养目标下,主题社会实践为学生提供了一个将理论转化为实际能力的有效平台。

设计主题社会实践应遵循"问题提出—调研—实践—总结"的顺序。这一过程是学生学习与成长的过程,也是学校教育体系中实践性教学的体现。姜大源提出,"实施行动导向的教学,需致力于开发以过程为核心的课程体系,构建真实可行的行动学习场景,实现教师角色的创新转变,推行个性化的教学策略以及建立一体化的专业教学环境",这一理论为主题社会实践的设计提供了理论基础。

职业院校应致力于构建一个"以学生为中心、以就业为导向"的研究平台,各学科专业人员开展基于本行业相关内容的研究性学习,指导学生进行深入研究和实践,掌握行业现状、前沿知识与技术等信息,进而在小组合作交流中增强对本行业的认识。在实施层面,学校与各学院要做好顶层设计,根据职业院校学制特点制定学年安排框架,把握好大方向。如,在第一学年,学校可以组织与职业启蒙相关的活动,帮助学生了解职业教育规律,培养基本的公民责任感;在第二学年,可以引导学生参与与所学专业相关的行业调研活动,增强其行业洞察能力和团队协作能力;在第三学年,学校可以通过"工学结合""订单培养""岗位实习"等活动强化学生的职业道德和职业心理,使其为进入职场做好准备。此外,职业院校要与地方政府、企业、社区合作,建立社会实践基地、实习就业基地。这些实践平台为学生提供了真实的工作情境,学生能够在实际岗位上评估和提升自身的职业素养,通过参与岗位实践、行业调研等活动,将理论知识融入实际操作,提升解决现实问题的能力。为了使社会实践活动更具有针对性和专业性,职业院校应结合专业设置,围绕社会需求开展具有深度和广度的主题社会实践。以旅游管理专业为例,可以组织学生参与当地旅游节庆活动的策划,通过实践活动了解旅游业的运作模式,做到服务社会与提升组织协调能力、客户服务能力的"双优效"。除此之外,学校还应当根据行业特点,开展"文化传承、旅游先行——探索历史遗迹,弘扬地方文化""旅游扶贫、共同发展——助力乡村经济,推动旅游振兴""旅游创新、科技融合——运用现代科技,提升旅游体验"等主题实践活动,帮助学生提升创新思维和社会责任感。在活动总结阶段,学校应构建多元评价体系,综合评价学生在活动过程中的技能水平、情感态度以及认知发展。通过系统的反馈与总结,学校可以及时发现学生的优点与不足,指导其进一步提升综合素质。此外,学校还应当鼓励学生进行自我反思与评价,培养其批判性思维和持续发展的能力,为未来进入职业生涯做好准备。

六、班级日常管理

班级是学生共同生活和学习的常规载体,是班主任实施学生日常管理的主渠道。职业院校学生素质教育的开展离不开班集体的土壤,班主任的班级日常管理工作过程也是学生素质培育的过程。

(一)基于职业道德养成的学生思想教育

职业教育的主要职能是把学生培养成为面向社会的实用型、技术型、管理型人才。所以,职业院校的学生除了注重基本的道德知识、道德情感、道德品行的修养,与普通学校的学生相比较,更需要注重职业道德的培养。[①] 这就需要职业院校班主任基于学生的职业道德培养加强对学生的思想教育,使之在明确社会主义核心价值观的基础上形成正确的职业价值观。

班主任应加强职业院校学生的社会主义核心价值观教育。在渗透社会主义核心价值观的基础上,班主任还需进一步通过班级管理,实现学生职业道德的养成,包括对技术人才的团队精神与企业的文化意识的重视,并且将职业道德教育与学生的职业目标及人生规划相联系。[②] 要使他们经过职业教育,改变自我,坚定信念,成为思想成熟、心理素质好,又具有一技之长的对社会有用的职业人。此外,班主任应依托校园文化阵地传播工匠精神。班主任应组织开展相关校园文化活动。例如举办工匠技能展览和比赛,展示学生在专业领域的技艺和创新成果,激发学生追求卓越和提高技艺的

---

①　齐学红,马建富.职业学校班主任[M].南京:南京师范大学出版社,2007.
②　齐学红,马建富.职业学校班主任[M].南京:南京师范大学出版社,2007.

热情;组织手工艺品创作等实践活动,培养学生的动手能力和创新创造能力,让工匠精神得到传承和发扬;注重工匠精神制度文化创设,建立完善的奖励制度,对表现优异、成果卓越的工匠人才予以突出奖励,以激励学生追求卓越、积极探索,实现技术技能方面的创新性突破;建立导师制度,依托导师工作室,使学生得到导师的悉心指导,拥有更大的创新空间,营造良好的师生互动环境,进一步培养学生的工匠精神。

(二)基于职业特色创设班级文化

职业院校文化是依托具体的行业文化构建的,有着鲜明的职业文化特征。职业院校是以专业作为分班依据的,这就决定了职业院校的班级构成具有专业化的特点,同样也应该有鲜明的职业文化特征。在职业院校中,不同的班级隶属于不同的专业,也就指向不同的职业,相关的价值取向和职业文化也不一样,因此,职业院校班主任在打造班级文化时应彰显职业特色,建立与企业文化相融通的班级文化。一方面要依托专业,开发和弘扬技能文化,突出校园文化活动的职业导向性,彰显"职"的特点;另一方面要确立文化交融机制,多渠道"移植"优秀的企业文化,如整合校企双方资源,开设企业文化认知课程,邀请企业代表为学生授课,传播优秀的企业文化。

职业文化是职业院校班级文化的特色所在,主要包括职业认知、职业情感、职业道德、职业技能等。班级职业文化可以激发学生学习专业技能的兴趣、明确学习专业技能的目的、端正学习的态度,从而使学生更好地学习专业知识、掌握专业技能。

(三)基于职业责任设计班级活动

在职业教育素质教育背景下,班主任应加强对学生的责任教育。一方面让学生充分意识到自己在所处的班级中承担的职责和所起的作用,建立责任感。学生们只有具备了较强的责任感,才能更好地完成学业。另一方面,基于职业院校的职业特点,班主任还应注重培养学生的职业责任感。优秀企业都非常强调责任的力量,把责任感看作比能力更重要的基本素质,认为职业责任感承载着职业能力,只有充满职业责任感的人才有机会充分展示自己的能力。班级活动是学生学校生活的基本形式之一,也是培养学生职业责任感的重要载体。

职业责任感的培养最终是在责任体验、责任实践和责任情境中完成的,活动是必不可少的中间环节。班主任要在班级活动中培养学生的职业责任感,强调通过班级活动来促进学生道德的发展,教学生学会负责,只有在活动中,学生才能发展出真正的责任意识和义务感。班主任要设计出既能够让学生自觉参与,又符合职业道德规范的有益活动,活动的设计要贴近时代、贴近学生的实际、贴近学生的生活,如班级辩论赛、专业技能比赛、社会实践,这样既能提高学生的素养,又可以培养学生的职业责任感、职业荣誉感以及团队精神。

学生只有在班级活动中自觉树立清醒的职业意识,培养对所学专业的热爱和敬重之情,从而激发强烈的职业责任感,将来才可能在所从事的行业中有所建树。

（四）基于职场竞争塑造学生的阳光心理

职业院校学生入学时普遍存在作为"失败者"的自卑心理,认为自己基础差,无奈之下才进入职业院校,对自己的评价不高,心理负担很重;社会对职业院校的认同度不高,更加深了他们对未来的迷茫和对自己人生价值的怀疑。因此,班主任的心理辅导对于职业院校学生的发展以及和谐班集体的建立有着十分重要的作用。面对学生的种种消极心态,班主任首先应纠正他们对职业教育的片面认识,及时开导,循循善诱,结合专业特点组织学生外出参观并参与社会实践,对各种媒体上出现的与专业相关的素材作有针对性的点评,举办专题知识讲座,使学生把思维面和知识面拓展到课堂之外;或者请已经就业的优秀毕业生作专题报告,以唤起学生的自信,激发其专业兴趣。让他们主动去适应新环境,树立目标,制定措施,充分利用在校时间,勤奋学习,全面发展。其次,班主任应关注每一个学生的思想动态,多找学生谈心,了解和熟悉每一个学生,体察学生的心理动态,为他们解决实际困难,要让学生感受到班主任的关心和爱护,从而缩短师生之间的心理距离,在师生感情不断融洽的过程中消解学生的心理障碍。最后,班主任还应通过心理辅导,加强学生之间的心理沟通。教育学生要关心同学,对待同学要有一颗宽容之心、真诚之心,以自己的真情去感动同学,并增强自身的责任感,培养学生的集体荣誉感与团队协作能力,构建良好的班级人际关系,正确处理学习中合作与竞争的关系,为今后的工作开展打下良好的心理基础。

（五）基于职业规划转化后进生

职业教育素质教育的根本意义在于对不同类型学生的关注,促进每一个职业院校学生自我价值的实现。赋予学生个体职业能力,使其成为现实的职业人,是学生个体价值实现的基本保证。职业教育要以综合能力培养和发展学生个性为基本出发点,努力为学生个体价值的实现创造条件。然而,不可否认,在职业院校中存在较多后进生,如何使这部分学生也得到发展,为其立足社会奠定基础,是职业院校班主任应思考的一个重要问题。职业院校班主任在转化后进生的过程中,可以依托职业特点,在职业规划中转化后进生。

德国教育家第斯多惠指出:"教学艺术的本质不在于传授的本领,而在于鼓励、唤醒和鼓舞。"职业院校所强调的职业素质教育不是一个只强调理论的教学过程,而是以现实生活和社会环境为基础,根据不同学生的特点、不同岗位的需求,帮助学生从多方面获得知识和技能,形成良好的综合素质,这为促进学生多方面的发展提供了可能性。因此,班主任要善于发现学生的优势智力领域,特别是对于那些在传统智力结构上表现较差的学生,班主任要用放大镜来发现其不寻常之处,由此帮助学生制订适合自身特点的职业生涯规划,确立职业理想,从而增强学生对未来的信心,激发其学习的主动性和积极性。

（六）基于职业素质关注学生实习

校企合作是职业院校培养学生的重要模式,学生通过企业实习,才能实现综合素质的提高。学生离开学校进入企业,并不意味着班主任工作的停止,利用校企合作加强学生综合素质的培养恰恰是职业院校班主任工作的重要内容。

学生在学校里所学的是偏向理论的专业技能,不可能学会生产线上所有设备的操作方法,而且不同的企业所用设备不可能和学校的设备一样,这要求学生在掌握基本的生产工艺和相关设备运行原理基础上,有良好的再学习能力。生产线生产是一个班的集体劳作活动,岗位工作任务也不会由一人单独完成,形成良好的集体观念有利于提高生产效率。这要求职业院校班主任重视对学生的团队合作意识、创新工作意识、安全意识等进行培养。

第五章　职业教育素质教育的师资

百年大计,教育为本;教育大计,教师为本。新修订的《中华人民共和国职业教育法》提出:"国家保障职业教育教师的权利,提高其专业素质与社会地位。"《深化新时代职业教育"双师型"教师队伍建设改革实施方案》明确提出:"建设高素质'双师型'教师队伍(含技工院校"一体化"教师,下同)是加快推进职业教育现代化的基础性工作。"毋庸置疑,作为学校教育活动中最积极、最活跃的因素,教师在整个教育教学工作中起主导性作用。教师素质则是影响职业教育的目标能否实现的关键因素。职业教育教师的素质在很大程度上决定着素质教育的成败。为了更好地探究职业教育素质教育的师资要求、师资来源以及专业发展情况,充分借鉴相关文献的指标体系设置,结合教育部办公厅印发的《中等职业教育专业师范生教师职业能力标准(试行)》等政策文本,研究团队编制了《职教教师职业能力及培训现状调查问卷(教师版)》和《职教教师职业能力及培养现状调查问卷(学生版)》,形成调研指标及工具,对江苏省的职教师资进行调研,采用 SPSS 21.0 进行数据分析,主要对数据的均值、标准差等进行独立样本 t 检验和单因子 ANOVA 差异性分析。

第一节　职业教育素质教育的师资要求

职业教育素质教育要落到实处,离不开教师素质的全面提升。职业教育素质教育的师资队伍应该具有正确的教育理念、宽厚的知识基础、较强的教育能力、较强的"双创"能力以及丰富的社会实践经验,这是职业教育培养高质量人才的要求,同时也是实施职业教育素质教育的需要。

一、具有正确的教育理念

教师的教育理念必须符合素质教育的内在要求。根据素质教育的要求,本书认为职业教育教师应该具备以人为本、全面发展、能力本位和终身学习的教育理念。

（一）以人为本教育理念

1. 以人为本教育理念的内涵

所谓以人为本的教育理念是指教育者在教育活动中,以充分尊重学生在教育过程中的主体地位、充分发挥学生的主观能动作用、最大限度地调动学生的积极性和创造性为根本,以促进学生的全面发展作为教育目标的教育指导思想和行为指南。以人为本的教育理念与人类思想史上的人文主义、人道主义思想传统一脉相承,是针对应试教育中出现的"人的物化"现象的弊端,并基于教育的本质功能提出的。以人为本的教育理念深刻地诠释了教育的本质功能——育人功能的内涵。

根据研究团队编制的江苏省职教教师的职业能力李克特量表,职教教师的职业能力可分为师德践行能力、专业教学能力、综合育人能力和自主发展能力四个维度。师德践行能力又涵盖遵守师德规范、涵养教育情怀、弘扬工匠精神三个维度,契合以人为本的教育理念。在职教师资职业能力矩阵中,平均分为 4.51,其中师德践行能力维度以 4.61 的平均分居首,特别是"涵养教育情怀"维度,平均分为 4.63,高于其他两个维度。这一结果从侧面反映出职教教师对于人本思想的领悟较为深刻,从而有效推动教育育人功能的发挥。职教教师在"了解学生的基本特点"和"了解学生的学习态度和能力"两方面的认知得分均为 4.48 分,高于平均分 4.45 分。尤其在"了解学生的基本特点"方面,标准差较小,表明职教教师对学生有着较为深刻的认识,充分体现了以人为本的教育理念。

2. 坚持以人为本教育理念的意义

（1）以人为本教育理念符合素质教育的本质要求和价值目标。素质教育将教育与人的生命发展紧密结合,从而最大限度地实现了教育向人的本体的回归。素质教育的本质在于凸显教育服务于人的发展这个根本目的和本质要求,在结果上要体现出以人为本的教育理念,在过程中也要注重对学生生命过程的关怀。以人为本教育理念的实质在于要求教师在理解素质教育的内涵、价值和本质要求的基础上,能坚持以人为本的教育指导思想,在教育设计、教育实施以及教育评价的过程中,充分关注学生的生命意义和主体地位,充分体现出教育发展为人的主体性发展服务的教育思想。在素质教育实践中,只有注重以人为本,率先实现教育的本体功能和目标,才能实现素质教育的整体目标。以人为本是从根本上符合素质教育的本质要求和价值目标的。

（2）以人为本教育理念有助于学生主体地位的真正确立。以人为本教育理念的实质就是充分彰显学生的中心地位和主体作用。在应试教育过程中,教育的社会功能被无限放大,学生往往成为实现教育社会功能的工具,成为知识和能力传递的工具,教育的本体性功能被忽略。在素质教育背景下,坚持以人为本的教育理念就是充分尊重和重视教育的本体性功能,重视教育功能向人的回归,尊重学生的个性和主体地位,重视学生在教育过程中的主体性地位。

（3）以人为本教育理念有助于学生责任意识的培养。在以人为本的教育理念下，学生的主体地位和主体作用得到恢复，学生的自我概念愈发清晰，学生的自我意识得到强化和凸显。随着学生的主体意识和自我意识得到强化，学生意识到自己是教育教学活动中的真正主人，学生的主人翁意识和责任意识得到唤醒。可见，坚持以人为本的教育理念有利于学生责任意识的培养。

（二）全面发展教育理念

1. 全面发展教育理念的内涵

所谓全面发展的教育理念指的是教育者在教育过程中，在坚持教育民主与教育公平的前提下，实现全体学生的全方位成长与成才的教育理念。其包含两层意思：一是指面向全体学生；二是指让每个学生都获得全面的发展。让每个学生都能得到全面的发展，这是现代社会对人的发展的诉求，也是素质教育的内在要求。中国式现代化是社会主义现代化的一部分，是社会主义现代化在当代中国的新形态和最新发展，社会主义现代化的根本目标是实现物的全面丰富和人的全面发展。[①] 根据江苏省职教教师的职业能力李克特量表，职教师资能力中的综合育人能力均分为 4.48，总体处于中上水平。其共分为三个维度，分别是开展班级指导、实施专业育人和组织活动育人，符合全面发展教育理念的标准。

2. 坚持全面发展教育理念的意义

（1）全面发展教育理念体现了素质教育的必然要求。应试教育背景下，由于教育考核的"唯成绩论"和学生评价的"唯分数论"，容易出现重点学校与一般学校的学生之间、重点班级与普通班级的学生之间、城市学生与农村学生之间、发达地区与欠发达地区的学生之间的教育不公平现象，这些都与素质教育的本质要求严重脱节。让全体学生都得到发展是素质教育的本质要求。素质教育的一个重要特征是教育的民主化。教育的外部民主主要体现在教育的普及上。素质教育旨在服务全体国民，致力于全面提升国民素质，而非局限于少数人或特定群体，它并非"精英教育"。让全体学生得到发展是实现社会公平，特别是教育公平的根本要求，是素质教育理念的基本内涵和本质要求。

（2）全面发展教育理念符合社会主义社会建设的要求。素质教育旨在调整教育导向，使之突破过度侧重知识传授的局限，使学生实现德智体美劳全面发展，实现知识、能力与素质的完美融合，从而塑造出符合社会要求的合格公民。只有坚持全面发展的教育理念，才能培养出符合社会主义建设要求的全面发展的人。人的全面发展和社会主义的建设是一个相互促进、共同进步的过程。一方面，社会主义为人的全面发展提供现实可能性。马克思认为："人的全面发展是与社会经济发展相统一的过程，这一过程至少需要经过自然经济社会形态、商品市场经济形态和共产主义形态三个社会

---

① 尹庆双，肖磊，杨锦英. 人的全面发展：时代特质、内涵延展与理论意义[J]. 政治经济学评论，2023，14（6）：102−126.

形态的历史发展。"①在社会主义条件下,人们摆脱了自然经济时期的经济束缚以及商品经济时期的剥削,社会主义制度的建立也实现了社会关系的根本性变革,这两点为人的全面发展提供了现实的经济条件和制度条件。另一方面,社会主义的建设需要人的全面发展作为支撑。人作为社会物质财富和精神财富的创造者和享有者,在不断地创造物质财富和精神财富的同时,也在不断地提高自身的物质、文化生活水平。

(3)全面发展教育理念有利于学生需要的充分满足。马克思说,对于人而言,"需要即他们的本性"②。就是说,人对外部世界的需要体现着人的内在本性。因此,人的需要的充分满足也是人的全面发展的重要内容。"没有需要就没有生产。"③人类有权满足其正当需求,任何对这一权利的压制都是对人类本性的背离。试图抑制人类正当需求的行为从根本上否定了人的尊严和价值。人们通过生产劳动和其他社会活动来满足自身需求,而这种需求的满足又进一步激发出新的、更高级的和更丰富的需求。马斯洛的需要层次理论告诉我们,需要体现出层次性,也体现出多样性。只有人的需要得到充分的满足,才能造就自由、健全的个人。

(4)全面发展教育理念有利于促进学生的社会化。人的社会活动和社会关系是非常多样和丰富的,而缺乏全面发展的智能结构的人无疑难以适应这样的社会。促进学生社会能力的提升,促进学生的社会化,是素质教育的内容和目标之一,而全面发展教育理念有利于促进学生社会化。全面而丰富的社会关系的建构是人发展的重要内容。人的本质在于其社会性,"社会关系实际上决定着一个人能够发展到什么程度"④。"在发展的早期阶段,单个人显得比较片面,那正是因为他还没有造成自己的丰富的关系。"⑤全面而丰富的社会关系的建构又必须依托人的全面而丰富的智能,没有这个前提,丰富而全面的社会关系建构无疑是无本之木。可见,没有学生在知识、能力、心理、生理、道德等方面的全面发展作为基础,学生的社会关系建构和社会化发展就难以实现。学生的全面发展是促进其社会化程度提升的前提条件。

(三)能力本位教育理念

1. 能力本位教育理念的内涵

能力本位教育(competence-based education,简称 CBE)形成于美国 20 世纪 60、70 年代的职业教育与培训思潮中,20 世纪 90 年代被引入我国职业教育领域后,一度

---

① 马克思,恩格斯. 马克思恩格斯全集:第 46 卷[M]. 中共中央马克思、列宁、恩格斯、斯大林著作编译局,译. 北京:人民出版社,1979.
② 马克思,恩格斯. 马克思恩格斯全集:第 3 卷[M]. 中共中央马克思、列宁、恩格斯、斯大林著作编译局,译. 北京:人民出版社,1960.
③ 马克思,恩格斯. 马克思恩格斯全集:第 2 卷[M]. 中共中央马克思、列宁、恩格斯、斯大林著作编译局,译. 北京:人民出版社,1957.
④ 马克思,恩格斯. 马克思恩格斯全集:第 3 卷[M]. 中共中央马克思、列宁、恩格斯、斯大林著作编译局,译. 北京:人民出版社,1960.
⑤ 马克思,恩格斯. 马克思恩格斯全集:第 46 卷[M]. 中共中央马克思、列宁、恩格斯、斯大林著作编译局,译. 北京:人民出版社,1979.

成为引领我国职业教育改革的重要支柱理念之一。自能力本位这一概念体系被引入以来,学术界围绕能力的内涵进行了广泛而持久的探讨。综观各种观点,对能力内涵的界定归纳起来主要有两种。一是广义的理解,认为能力是由知识、技能、态度构成的素质整体结构。二是狭义的理解,认为能力指的是面向特定工作岗位时所表现出来的岗位实践技能。这里从职业教育人才培养这个视角,从广义的角度来理解能力的内涵。所谓能力本位的教育理念,指的是职教教师在实际工作中,始终坚持把培养学生的能力作为核心目标的教育指导思想和教育价值追求的教育思想。需要指出的是,以能力作为人才培养的核心目标与促进学生的全面发展并不矛盾,两者是辩证统一的。

职教师资能力中的专业教学能力平均得分为 4.49,总体处于中上水平。其分为掌握专业知识、开展专业实践、学会教学设计和实施课程教学四个维度,体现了能力本位的特征。研究结果显示,学历层次在本科及以下的教师占比为 83.7%,研究生及以上的教师占比为 16.3%。近三年没有参加过国培/省培项目的教师占比超过 50%,近五年没有去企业实习锻炼过的教师也接近半数。需要进一步指出的是,目前江苏省虽然在招聘简章中多次提出要培养研究生层次师资队伍,但师资学历仍然局限在本科层次。《关于推动现代职业教育高质量发展的意见》《深化新时代教育评价改革总体方案》等多个文件曾多次提出要完善实习实训制度、培养"双师型"教师队伍,但职教教师的实践仍然未突破藩篱。《中华人民共和国职业教育法》明确指出,国家建立健全职业教育教师培养培训体系。国家对于职教师资的能力培养颇为重视,同时,职教教师自身的能力水平也关系到其能力本位的教学理念的树立。

2. 坚持能力本位教育理念的意义

(1) 有利于提高学生的就业能力。以就业为导向是当代我国职业教育追求的价值目标,是职业教育改革和发展的基本原则,也是职业教育质量评价的基本标准之一。教师坚持能力本位的教育理念,在教育设计、教育实施及教育评价的过程中都会坚持以"是否有利于提高学生的能力"作为设计和实施的准绳,在评价时则会以学生能力实现的宽度和高度作为评判的标准。而这势必会引导学生自觉或不自觉地以能力提升,尤其是职业能力的提升作为自己学习的动力和标准。教师坚持能力本位的教育理念,有利于促进学生职业实践的能力的提高,有利于提升学生的就业能力,从而促进职业教育目标的实现。

(2) 有利于提高学生的职业发展能力。个体在职业生涯中的表现,关键在于其专业能力、方法能力及社会能力三要素的整合程度。只有当这三要素相互协调、有机融合,才能形成强大的职业竞争力。同时,这种整合结果也会影响个体在不断变化的职业环境中能否持续发展和进步。当职业岗位发生变更,或者当劳动组织发生变动的时候,个体不会因为原有专门知识和技能的老化而束手无策,而是能在变化了的环境里积极寻找自己新的坐标,进而获得新的知识和技能。这种善于在发展与变革中主动应对的定位能力是一种更高层次的能力,常被称为关键能力。不难理解,这种较高层次的能力体系的建立需要依赖完整而持续的能力本位教育体系,而引领、贯穿这个能力本位教育体系的无疑是能力本位的教育理念。

(3)有利于提高学生的可持续发展能力。《国家中长期教育改革和发展规划纲要(2010—2020年)》中明确提出了"重视可持续发展教育"的理念,其主要内容是关注教育本身的可持续发展和教育对象的可持续发展,这为我国教育的前进指明了方向。[①]因此,职业教育要为学生的第一次就业奠定坚实的职业能力基础,还要为学生将来的可持续发展做好准备。这要求职教教师坚持能力本位的教育理念,努力为学生构建一个以职业能力为核心、其他社会能力全面发展的能力素质体系。

(四)终身学习教育理念

1.终身学习教育理念的内涵

终身学习是21世纪的生存概念。1994年,首届世界终身学习会议于意大利罗马召开,会议基本精神是,人们如果不具备终身学习的理念,就难以在21世纪生存。应该说,终身学习理念是20世纪60年代终身教育理论提出以后的一种概念延伸和拓展,它从另一个角度深化与发展了终身教育的内涵。终身教育与终身学习是两个相互联系而又有所差别的概念。"相对于终身教育而言,终身学习强调的是从学习者自身的角度,使'有意义的学习能够贯穿人的一生',而终身教育则主要是指通过教育机会的提供,来推动终身学习的全面发展。"[②]所谓终身学习理念是指个人为了较好地适应社会生活的需要,坚持通过各种方式持续学习的行动指导思想。终身学习理念是对终身教育理念的继承与发展,相对而言,终身学习理念更加强调个人的主观能动性。

终身学习的内涵非常丰富,至少包括以下几个方面。第一,终身学习被视为一种生存方式。它正逐渐成为个人不可或缺的生存能力和责任,倘若缺乏终身学习能力,人的社会存在便无从谈起。第二,终身学习更加强调学习者的自主性和能动性。第三,学习是一个终身的过程。第四,学习是一个全面发展的过程。第五,终身学习的方式和途径具有灵活性和多样性。根据江苏省职教教师的职业能力李克特量表,自主发展能力在职业教育师资中的平均分为4.5,其中"我能够具有终身学习的意识,制订教师职业生涯发展规划"得分为4.5,总体处于中上水平。教师的终身学习教育理念对于教育的可持续发展以及学生的成长具有深远影响。

2.坚持终身学习教育理念的意义

(1)有利于人才培养质量的持续提升。随着社会经济发展速度的日益加快,知识和技术更替的速度也在加快。在这样的时代背景下,一次性教育和终结性教育已经不能满足社会经济发展对人才知识、能力的要求。终身学习已经成为教师专业化发展的必然要求和必经之路。当今的时代是社会大开放、大变革的时代,新理念、新知识、新

① 丁绚.高职院校学生职业能力可持续发展的培养[J].教育与职业,2015(33):85-86.
② 吴遵民,邓璐.终身学习与高校教师的专业发展[J].大学教育科学,2007(5):69-73.

技术的不断出现给教师带来了新的挑战,同时也给教育教学工作带来了不少新问题和新矛盾。这就需要教师依靠不断学习去积极应对、探索,并不断地加以解决。教师只有坚持终身学习,不断学习新的教育教学理念、教育教学方法、知识、教育策略,才能从根本上保障教育教学质量和学生培养质量,才能满足社会经济发展对人才需求的新要求。

（2）有利于学生终身学习理念的形成。1965年法国学者朗格朗在联合国教科文组织的一次会议上提交了关于终身教育的提案,开终身教育研究之先河。在我国,《中国教育现代化2035》明确提出了"构建服务全民的终身学习体系"的任务目标。党的二十大报告指出:"建设全民终身学习的学习型社会、学习型大国。"在学习型社会、学习型国家的建设中,学习权逐步过渡为终身学习权。教师担负着为国家培养人才的重任,理应在建设学习型社会中起带头作用,成为终身学习的典范。教师是学生学习和成长的引路人,教师的行为对学生具有很强的示范作用。教师自觉地秉承终身学习理念,践行终身学习的行为,学生会在教师终身学习精神和行为的感化下,潜移默化地形成终身学习的理念和习惯。

（3）有利于学生终身学习能力的提升。欧盟重视公民终身学习能力培养,发布了一系列政策和报告,确立了公民终身学习的八种关键能力。2006年,欧洲议会和欧洲理事会发布了《关于终身学习关键能力的建议》,首次提出八种关键能力:母语沟通能力、外语沟通能力、科学技术基本能力与数学能力、数字能力、学会学习能力、社会能力与公民能力、首创精神和创业能力、文化意识和表达能力。[①] 终身学习能力的提升包括学习观、自学能力、学习的积极性和主动性、学习方法、学习策略等方面的培养。这就要求职教教师特别注重对学生终身学习能力有意识的培养。教师的终身学习能力会在很大程度上影响到学生终身学习能力的培养和提高。

江苏省的职教教师、职教本科师范生以及职教专硕在师德践行能力和专业教学能力上得分比较高,可以推断其具备以人为本的教育理念和全面发展的教育理念(表5-1)。总体来看,三者整体表现为"职教教师＞职教专硕＞职教本科师范生",阅历的积累是能力提升的根本。

表5-1　江苏省职教教师队伍的职业能力情况

职业能力	职教教师			职教本科师范生			职教专硕		
	N	M	SD	N	M	SD	N	M	SD
师德践行能力	742	4.52	0.52	567	3.82	0.67	54	4.26	0.53
专业教学能力	742	4.61	0.53	567	3.94	0.69	54	3.99	0.50

① 兰国帅,黄春雨,杜水莲,等. 数字化转型助推欧盟公民终身学习能力框架:要素、实践与思考[J]. 开放教育研究,2023,29(3):47-58.

续　表

职业能力	职教教师			职教本科师范生			职教专硕		
	N	M	SD	N	M	SD	N	M	SD
综合育人能力	742	4.49	0.55	567	3.77	0.70	54	4.00	0.55
自主发展能力	742	4.48	0.56	567	3.78	0.70	54	4.00	0.59
整体表现	742	4.50	0.56	567	3.80	0.73	54	4.06	0.49

二、具有宽厚的知识基础

2020 年,教育部等九部门印发《职业教育提质培优行动计划(2020—2023 年)》,标志着职业教育的发展进入"增速增能、提质培优"的新阶段。职业教育发展的迅速推进,离不开教师素质的提升。专业标准提出职教师资应具备教育知识、职业背景知识、课程教学知识和通识性知识四个领域的宽厚知识基础。职教教师的知识从"量"向"质"的转变是新时代职业教育对职教教师素质提升要求下的应然之变,更是培养高素质技术技能型人才的本质所需。

(一)教育知识

1. 教育知识的内涵

韩愈在《师说》中曾经提出:"师者,所以传道受业解惑也。"教师不只是简单的教书匠,还要教授学生为人处世的道理,使之养成主动学习的可贵品质。教育知识是有关学生成长发展的知识,包括熟悉技术技能人才成长规律,掌握学生身心发展规律与特点;了解学生思想品德和职业道德形成的过程及教育方法;了解学生在不同教育阶段以及从学校到工作岗位过渡阶段的心理特点和学习特点,并掌握相关教育方法;了解学生集体活动的特点和组织管理方式。教师要熟悉人才成长规律,提高学生对职业教育的认同感和自豪感。

2. 教师掌握教育知识的意义

(1)有利于课程思政的开展。2020 年,中共中央、国务院印发的《深化新时代教育评价改革总体方案》明确提出"完善德育评价"。《教育部关于职业院校专业人才培养方案制订与实施工作的指导意见》提出:"强化课程思政。积极构建'课程思政+思政课程'大格局。"职业院校学生的心理发展尚未成熟,渴望理解、尊重,因此教师需要在课程中渗透思政元素,以身作则,为人师表,不断挖掘学生的闪光点,多路径传授德育知识,致力于搭建教育与教学的立交桥,打破传统的知识"灌输",形成"多元共治"的教育局面。

(2)有利于激发学生的职业认同感。职业认同(professional identity)是一个心理学概念,起源于埃里克森的自我同一性理论,是指个体对于所从事职业的肯定性评价,是指一个人认为所从事的职业有价值、有意义,并能够从中找到乐趣。[①] 在职教师范生"成长发展"的量表题中,职业认同得分为 3.34,低于平均分 3.49。由此可见,当前职教师范生的职业认同感偏低。职业院校学生身处青春期,生理机能日臻成熟,然而心理发展尚处于转折阶段。首先,教育知识能助力教师培育学生道德品质,如诚信、正直、守诺、友善及乐于助人等。通过传授教育知识,可以引导学生树立正确价值观,塑造良好的道德品格。其次,德育知识对于塑造学生正确的职业道德与职业素养至关重要。教师通过讲授职业道德规范、职业操守、职业责任等知识,引导学生形成正确职业观念,为未来的职业生涯发展奠定基础。

(3) 有利于培养融洽的师生关系。习近平总书记在党的二十大报告中指出,"以中国式现代化推进中华民族伟大复兴""统筹高等教育、职业教育、继续教育协同创新"。毋庸置疑,我们要用习近平新时代中国特色社会主义思想武装头脑,注重搭建师生凝聚力的堡垒。教育知识有助于教师培养学生良好的人际关系能力。学生是独立的个体,有独立的思想。一方面,他们渴望有自己的独立人格;另一方面,又渴望有一定的思想指南。教师通过教授沟通技巧、合作能力和人际交往的道德准则相关的知识,帮助学生建立良好的人际关系,增强团队合作和集体意识,对于提高教育质量和培养学生全面发展具有重要作用。

(二) 职业背景知识

1. 职业背景知识的内涵

职业背景知识是有关职业和专业的知识,包括:所在区域经济发展情况,相关行业现状、趋势与人才需求,世界技术技能前沿水平等基本情况;所教专业与相关职业的关系、所教专业涉及的职业资格及其标准;学校毕业生对口单位的用人标准、岗位职责等情况;所教专业的知识体系和基本规律。

2. 教师掌握职业背景知识的意义

(1) 有利于开展实践导向的教育。职业院校教师掌握职业背景知识,可以更好地将教学与实践结合起来。了解职业背景知识是就业和实践必不可少的前提。教师了解特定职业领域的最新动态、技术要求和实际工作过程,可以将这些知识融入到教学活动中,提供更贴近实际、有针对性的教育内容。职业院校教师掌握职业背景知识,可以与相关行业建立联系和合作关系,与企业、行业专家合作,了解最新的职业要求和技术发展情况,并将这些信息应用到教学实践中,使教育更具实效性和适应性。

(2) 有利于提升教学的实践性。《中华人民共和国职业教育法》及《国家职业教育改革实施方案》多次强调"加强实践性课程"和"提升教师社会实践参与",这表明,熟悉

---

① 张敏,陈庆红. 麻醉科护士职业认同现状及其影响因素分析[J]. 护理学杂志,2023,38(10): 50−53.

职业背景知识对于构建理论与实践相结合的体系具有积极意义。通过深入理解职业背景知识,职业教育的教师能够紧密地将教育与实际工作相结合。他们能够以"任务导向"和"项目导向"的教学方式,展示职业技能在实际中的应用,助力学生理解并掌握职业需求,为未来职业生涯发展做好准备。

(3)有利于激发学生的职业兴趣和动机。俗话说,兴趣是最好的老师。在德国教育体系中,职业定向教育自义务教育阶段便开始实施,旨在引导青少年明确个人兴趣、竞争力及目标,同时让他们了解职场需求和期望。此举旨在助力学生更好地认识职场环境及需求。英国推行学分转换制度,以便学生根据自身需求随时调整学习路径。我国职业教育的教师熟知各类职业领域的特性与前景,因此可以为学生提供关于职业选择的指导意见和建议。他们可以分享职业发展相关的经验与知识,激发学生对不同职业的好奇心与动力,帮助他们明确职业目标,以便在未来的道路上作出明智抉择。丰富的职业背景知识是激发学生兴趣的关键要素。

(三)课程教学知识

1. 课程教学知识的内涵

课程教学知识是职业教育知识体系中最为核心、系统的部分。专业学习中最基础的内容便是知识,教师不仅要使学生知其然,还要使学生知其所以然。课程教学知识包括所教课程在专业人才培养中的地位和作用,所教课程的理论体系、实践体系及课程标准,学生专业学习特点和技能形成的过程及特点,所教课程的教学方法与策略。

2. 教师掌握课程教学知识的意义

(1)有利于有效设计教学活动。《职业学校学生实习管理规定》中提到:"学生实习的本质是教学活动,是实践教学的重要环节。"教师熟悉所教授的课程教学知识,能够为学生提供专业的指导和教学支持。他们了解课程的核心概念、重要原理和学习方法,能够帮助学生理解和掌握知识,解决学习中的问题。《职业教育提质培优行动计划(2020—2023年)》中明确提出"实践性教学学时原则上占总学时数50%以上"。教师掌握了课程教学知识,能更加合理地使理论和实践相互贯通。

(2)有利于学生开展个性化学习。《中华人民共和国职业教育法》《关于推动现代职业教育高质量发展的意见》等文件多次提出:"面向人人、因材施教、有教无类。"陶行知曾经说过:"培养教育人和种花木一样,首先要认识花木的特点,区别不同情况给以施肥、浇水和培养教育,这叫'因材施教'。"随着社会经济的发展和科技的进步,教育的个性化需求愈发突出。掌握课程教学知识的教师能够更好地根据学生的特点和需求进行个性化教学。他们可以根据学生的学习风格、兴趣爱好和学习能力,调整教学策略和教学内容,提供个性化的学习支持,帮助每个学生收到最佳的学习效果,大大提升教学的灵活性和主动性。实施个性化教学并不意味着迎合"精英教育"理念,在"三全育人""五育并举"的背景下开展个性化教学有助于推动社会的发展。

（3）有利于促进深度学习。目前，"核心素养＋深度学习"的观念在教育界影响非常广泛。深层次的学习就是学习者把学到的新知识和自己头脑中已有的知识结构、心得体会结合起来，将两者融会贯通。[①] 教师掌握课程教学知识可以推动素养和学习的深度融合。同时，教师对课程教学知识的深入理解使其可以帮助学生进行深层次的学习，他们可以引导学生思考和分析知识之间的联系和应用，鼓励学生进行独立思考和问题解决，培养学生的创造性思维和批判性思维能力，提高他们的学习质量。

（四）通识性知识

1. 通识性知识的内涵

通识性知识就是本学科以外的普通知识，这些知识可能与生活、工作密切相关。社会上的任何现象都不是孤立存在的，需要拥有多维度、多方面的知识，才能解决更深刻的问题。通识性知识包括相应的自然科学知识和人文社会科学知识，我国经济、社会及教育发展的基本情况，一定的艺术欣赏与表现知识，适应教育现代化的信息技术知识。

2. 教师掌握通识性知识的意义

（1）有利于提高教师的综合认知能力。通识性知识是一种广泛而综合性的知识，它包括各个学科领域的基本概念和原理，以及对社会、历史、文化等方面的了解。教师具备通识性知识，能够强化综合认知能力，更加全面地理解人类社会与自然界的现象，并提高跨学科思维能力，为学生提供更广泛的知识。综合认知能力指的是对多个领域进行融合思考，以解决复杂问题及应对新情境的能力。实现从"如何教学"向"如何优质教学"的突破，关键在于提升综合认知能力。

（2）有利于提高学生的核心素养。自 2014 年《教育部关于全面深化课程改革、落实立德树人根本任务的意见》发布以来，培养学生的核心素养成为教育教学发展的新方向。培养核心素养旨在将学生培养为全面发展的人，关系到 21 世纪学生最关键、最必要的基础素养。为使学生实现从"职校学生"向"大国工匠"的蜕变，核心素养的培养成为关键要素。教师具备通识性知识有助于使学生具备更为全面的人文素养和社会责任感。通过教学及榜样示范，教师可引导学生认识并尊重各类文化、价值观与观点，培育其社会意识及全球视野。

（3）有利于开展跨学科教学。通识性知识具有涵盖广泛的特点，教师掌握通识性知识可以更好地进行跨学科教学。他们可以将不同学科领域的知识联系起来，帮助学生认识到不同学科之间的关联和相互作用，培养学生的综合思考能力和跨学科解决问题的能力。《国务院办公厅关于深化产教融合的若干意见》强调"积极发展跨学科、跨专业教学和科研组织"。无疑，跨学科主题教学已然成为教育时代发展的要求。

---

① 张洁. 小学信息科技课堂深度学习策略[J]. 第二课堂(D),2023(12):10.

三、具有较强的教育能力

（一）教育科研能力

教育科研能力是教师专业化时代背景下教师必须具备的核心能力之一。职业教育不仅承担着人才培养和技术传承的重要使命，更承担着技术革新、设备改造、产品研发等科技创新使命。职业教育教师和学生是职业教育的主体力量，教师更在科研创新中起着主导作用。职业教育教师的教育科研能力不仅决定了职业教育创新能力和创新水平的高度，更决定了人才培养质量的高度。

1. 职业教育教师教育科研能力的价值

（1）有助于职业教育素质教育目标的实现。教学有法，但无定法。不同的主体解决教育问题的路径和策略也是不尽相同的。这些都要求职业教育教师在不断的教育教学理论和实践探索中寻求正确而又合乎实情的答案。从这个角度而言，职业教育教师具备较强的教育科研能力无疑有助于其在素质教育实践中，通过不断的科研探索找到更好、更合理的办法，从而更好地实现素质教育的目标。

（2）有助于促进职业教育教师的专业化发展。具体而言，职业教育教师具备教育科研能力对于教师的专业化发展具有以下几个方面的重要意义。首先，有助于促进教师自觉地进行教育教学改革和创新。其次，有助于教师形成独特的教育教学风格。教师应形成自己的教学个性、教学特色。教育工作富于复杂性、创造性。教育工作中没有"最好"，只有"更好"。因此，教育工作不能模仿，只能学习、借鉴。再次，有助于"研究型""学者型"教师的培养。最后，有助于促进教师自觉地按教育规律办事。

（3）有助于促进职业教育理论和实践的改革。一方面，有助于职业教育理论的进一步完善和创新。改革开放四十多年来，我国学者对职业教育理论进行了广泛的探讨。然而，目前仍存在不少影响职业教育发展的基础理论问题，比如职业教育的学科逻辑体系、职业教育发展的理论依据、职业教育质量的评价体系等问题仍没有得到很好的解决。这些都需要职业教师在今后的科研实践中不断探索、不断丰富、不断完善。另一方面，有助于职业教育实践问题的解决。在职业院校的办学实践中，不仅有许多老问题，还会不断地产生新的问题。职业教育教师在解决这些实践问题时，必须通过不懈的教育科研，创造性地解决问题。

2. 职业教育教师教育科研能力的基本内容

（1）教学研究能力。教学是职业教育教师的本职工作，也是教师专业化过程中最重要、最富有创意的工作。教师要想出色地完成教学任务，必须具有较强的教学研究能力，能创造性地开展教学，以科研的思维方式对待教学，做到对教学目标和学情进行科学分析、对教学进行创造性设计、对教学内容进行有效加工、对教学方法灵活运用、对教学评价手段合理使用等。

（2）课题研究能力。课题是职业教育教师进行系统化研究的重要载体和途径。职业教育教师要做好科研课题，需要做好以下几个环节的工作：一是做好课题的选择工作；二是做好课题的论证和申报工作；三是做好课题的前期准备工作；四是做好课题的过程管理工作；五是做好课题的成果撰写或专利申报工作；六是做好课题的成果推广工作。

（3）学术写作能力。撰写学术论文不仅是科研成果表述和推广的一种方式，而且是职业教育教师进行科学研究的重要手段。从学术论文的写作过程来看，其本身就是对科研过程的再次演绎和修正。从学术论文写作的最终结果来看，其质量的优劣也是教师创新能力、掌握和运用知识能力、逻辑思维能力以及文字表达能力的综合体现。学术论文的撰写可进一步提高教师发现问题、分析问题和解决问题的能力。

（4）创新思维能力。创新思维体现了教育科学研究的本质，也是教育科学研究的前提。教育科学研究要求研究者善于借助直觉、联想和想象发现问题和解决问题，敢于开拓创新，敢于突破原有的理论框架，从新的角度和高度分析研究教育中出现的各种问题。

（5）协作研究能力。优势互补，群体攻关，这是现代教育科研发展的重要趋势。尤其是在职业教育领域，在涉及一些工程型项目的技术攻关时，这种协作研究能力就显得尤为重要。群体科研要求研究者有较强的合作意识以及协作研究的能力。这种合作意识和能力将增强科研群体的聚合力、向心力，使群体内的每个成员都自觉地瞄准同一活动目标，形成团结协作的良好科研氛围。

（二）教学工作能力

1. 职业教育教师教学工作能力的价值

（1）有利于提高职业教育质量。教育质量是培养高素质人才的第一根准绳，是教育的生命线。职业教育教师具备教学工作能力，可以保障教育质量。他们熟悉职业教育的教学内容、标准和要求，能够有效地组织和实施教学活动，确保学生受到系统、全面的知识和技能培养。

（2）有利于促进学生全面发展。社会要发展，职教走前端。职业教育教师具备教学工作能力，可以促进学生全面发展。他们能够根据学生的学习特点和需求，有针对性地设计并实施教学计划，选取适应学生能力水平的教学方法和材料，激发学生学习的兴趣和潜力，帮助他们全面发展各方面的能力，真正培养出"有德有才"的高素质后备力量。

（3）有利于培养社会需要的人才。中国式现代化进程催生了职业教育对高质量人才培养的迫切需求，社会对具有数字化专长、创新思维及弹性适应力人才的需求日益增长。职业教育教师具备的教学能力使其成为培养社会所需人才的重要力量。他们熟知行业规范和发展态势,能够将学科知识与职业技能有机融合,通过实际操作和实践经验的传授,培养学生解决实际问题和适应职业需求的能力,为社会各领域输送所需的人力资源。

2. 职业教育教师教学工作能力的基本内容

(1)教学设计和实施能力。教学设计和实施能力要求教师具有良好的理论性和计划性理念,主要包括:一是根据培养目标设计教学目标和教学计划;二是基于职业岗位工作过程设计教学过程和教学情境;三是引导和帮助学生设计个性化的学习计划;四是参与校本课程开发。

(2)班级管理能力。班级管理能力要求教师具有高度的责任感,以班级事为己任,协调各方因素,从而实现学生自主、全面的发展。一是结合课程教学并根据学生思想品德和职业道德形成的特点开展育人活动;二是发挥共青团组织和各类学生组织自我教育、管理与服务的作用,开展有益学生身心健康的教育活动;三是为学生提供必要的职业生涯规划、就业、创业指导;四是为学生提供学习和生活方面的心理疏导;五是妥善应对突发事件。

(3)沟通与合作能力。教育部门与其他行政部门要紧密沟通,教师和学生之间的沟通也是必不可少的。沟通与合作能力是团队进步的根本动力,主要包括:一是了解学生,平等地与学生进行沟通交流,建立良好的师生关系;二是与同事交流合作,分享经验和资源,共同发展;三是与家长进行沟通合作,共同促进学生发展;四是配合和推动学校与企业、社区建立合作互助关系,促进校企合作,提供社会服务。

(三)教学反思能力

"当前国际教师教育界公认反思是促进教师专业成长的有效途径,对教师教学反思的关注成为这一时期教师教育改革的一个重要方向。"[1]越来越多的实践证明,教学反思成为促进教师专业成长的有效途径。

1. 教学反思的内涵

叶澜在《教师角色与教师发展新探》一书中指出,系统化、经常化的教学反思是促进教师专业自主发展的基础。在教师的职业生涯中,需要在从教学到职业等各方面有意识地进行系统的、持续的反思评价,并在此基础上调整和改进。教学反思是教师对自己的教学活动进行感知、体验、思考,进而发现问题并进行调节,以达到良好教学效果和促进教师专业成长的过程。[2]

教学反思是教师通过审视和思考自己的教学实践,解决在实际教育教学中遇到的问题,进而重构自己的教学经验的过程。从这一点可以看出,教学反思对于教师个人而言,是深入学习的过程,也是不断自我完善和提高的过程。对于教育实践而言,教学

① 王海燕. 技术支持的教师教学反思研究[D]. 上海:华东师范大学,2010.
② 常英华. 教师教学反思的意义、内涵及实践路径[J]. 教育理论与实践,2023,43(28):41-45.

反思旨在发现并解决即时情境中的问题,从而寻找有效的解决方案。从根本上说,教学反思的核心不在于反思本身,而在于通过反思发现问题并寻找解决之道。

2. 职业教育教师教学反思能力的价值

大量的实践和研究表明,教师成长的关键在于对教育教学活动的反思,通过反思提高教学水平,增强教学行为的有效性,在促进学生高效学习的同时推动自身不断成长与发展。具体来说,职业院校教师形成教学反思能力具有以下几个方面的重要意义。

(1) 教学反思是促进职业教育教师自我发展的重要机制。美国心理学家波斯纳曾经提出"教师成长=经验+反思"的著名公式;我国学者林崇德认为"优秀教师=教学过程+反思";叶澜曾指出,"一个教师写一辈子教案不一定成为名师,如果一个教师写三年反思有可能成为名师"。可见,教学反思是促进教师自我专业发展的重要途径。

(2) 教学反思有助于教师科研创新能力的提升。教学反思的过程就是一个针对教育教学现象及问题不断进行思考的过程,从一定程度上说,教师的教学反思过程就是教育教学研究和教育创新的过程。第一,反思有利于形成教师的创新意识。第二,反思有利于培养教师的创新精神。敢于进行反思的教师,也必然具有足够的勇气、公正的品质、豁达的胸怀、丰富的情愫、敏锐的判断力和丰富的想象力。第三,反思能促进教师创新能力的形成。反思型教师具有思维和行动的独立性特征。他们在行动上往往表现为独行敢钻,敢于对传统观念进行反叛和对常规行为作出挑战。第四,反思能促进教师的创新行为。反思型教师具有很强的责任心,没有这种责任心,就不会反思自己的行为,不会去想怎么改善自己的教学行为。反思品质正是教师进行创造性活动的重要保证。

(3) 教学反思有助于提升教师专业化发展水平。教学反思与教师专业发展的内在逻辑是一致的。"从教师专业化的历史发展进程来看,经历了由'教师群体专业化—教师个体被动专业化—教师个体主动专业发展'的过程。"[①]而教师个体的主动专业发展是"以反思实践培养反思型教师"为特征的。教师反思能力的提升与教师的专业发展密不可分,这种紧密关系体现在两个方面。首先,反思能力是教师专业发展的基石,为教师的成长提供了必要的支撑。其次,具备反思能力的教师能够持续地实现自身的专业发展,推动自己的教学能力不断提升。因此,培养教师的反思能力是促进教师专业发展的重要途径。也就是说,教学反思是教师专业发展必经而有效的途径,教学反思可以显著提高教师的素质,这一点已经被相关的理论和实证研究所证实,而教师教学反思的最终目的就是促进其自身的专业发展。

(四) 教学评价能力

根据江苏省职教教师的职业能力李克特量表,针对量表题"我能够运用职业教育

---

① 白益民. 教师的自我更新:背景、机制与建议[J]. 华东师范大学学报(教育科学版),2002(4):28-38.

教学评价方法评价学习活动、学习成果和技能水平",选择"非常符合"和"比较符合"的总比例为97%,表明目前教师教学评价能力总体处于中上水平,且教师对于教学评价表现较为自信。改革开放以来,我国教学评价改革经历了夯实基础的甄选型教学评价时代、素质导向的发展性教学评价时代、聚焦核心素养的高质量教学评价时代。新时代教学评价改革在传承中发展创新,取得了巨大的历史成就。[①]

1. 职业教育教师教学评价能力的价值

(1)有利于保障教育质量和公平性。《深化新时代教育评价改革总体方案》中指出,"坚持把立德树人成效作为根本标准""健全职业学校评价",将评价的重点放在德育和技能上。过去的"唯分数论"观念已与社会发展情况不符,如今更倡导构建一种"人人皆能成才、人人均展其才"的积极社会氛围。在评价方面,要重视发现教学过程中的问题和不公平现象,及时采取措施并进行整改。评价成果可作为内外部监督及教育政策制定的参考,有助于确保教育质量并推动教育改革。

(2)有利于促进教学发展和创新。教育评价的核心目标在于提供反馈并促进创新发展。教师要实现多主体、多方法、多维度、多种成效协同育人。教与学互为因果,评价则为两者奠定基础。教师具备良好的教学评价能力有利于进一步推动评价体系的发展与完善,实现"教—学—评"动态贯通。随着数字化时代的到来,人工智能等技术普遍应用。教师可借助这些技术深入剖析教学过程中的问题,不断交流经验,革新教育观念,从而推动教学事业的持续进步和发展。

2. 职业教育教师教学评价能力的基本内容

陈玉琨认为教学评价就是判断教学活动现实的或者潜在的价值,或教学活动在多大程度上满足了社会与个人的需要,以期实现教育增值的过程。[②] 刘子怡认为教学评价是反映学校教育管理及教学实践成果质量的重要途径。教学评价是有效促进学生的健康成长、教师队伍的教育专业素养持续发展、提高教师课堂建设及教学与工作质量成效的重要手段。[③] 目前,国际上对于教学评价有多种解读方式。按评价主体,其可分为外部评价和内部评价。按实施功能,其可分为诊断性评价、形成性评价和总结性评价。按运用标准,其可分为相对性评价、绝对性评价、个体内差异评价等。按评价方法,其可分为定性评价和定量评价。

四、具有较强的"双创"能力

在新时代,培养创新型人才已逐渐成为职业教育领域一项至关重要且紧迫的时代任务。为了更好地肩负起这一历史使命,我们亟须一支具备创新精神、创业意识以及创新能力的教师队伍。

① 车丽娜,王晨. 教学评价改革的现实成就与未来趋向[J]. 课程·教材·教法,2023,43(9):75-83.
② 陈玉琨. 教育评价学[M]. 北京:人民教育出版社,1999.
③ 刘子怡. 基于CIPP模式的高中英语口语教学评价研究[D]. 延安:延安大学,2023.

（一）职业教育教师"双创"能力的价值

1. 教师具备"双创"能力是职业教育发展的内在要求

创新精神对教师的专业成长有重要意义。我国职业教育改革与发展的主要目标之一是推进"双创"教育,进而培养具备创新精神的人才。"双创"教育的核心目标在于促进个体创造力的发展,推动其不断成长,并培育其科学素养,特别是塑造学生的创造精神和创新意识。作为创新创业教育的关键实施者,职业教育教师唯有自身具备深厚的创新能力,才能积极适应职业教育改革发展的需求,主动学习并掌握新的职业教育理论,更新职业教育观念,大胆地在实践中探索,从而提升职业教育教学质量。职业教育与产业、科技紧密相连,随着创新型人才的不断涌现,职业教育也将逐步突破校园的界限,更好地融入社会经济体系。

2. 教师具备"双创"能力是提升职业院校发展质量的核心要义

《关于推动现代职业教育高质量发展的意见》《国务院办公厅关于深化产教融合的若干意见》《职业学校校企合作促进办法》等若干文件都提出了"加强创新创业人才的培养""加快建设创新创业基地"等要求。由此可见,提高"双创"能力对于个人、学校、社会的发展都有着举足轻重的作用。职业教育是推动社会高质量发展、实现科技从"量"到"质"飞跃的重要武器,提升教师的"双创"能力是提升职业院校发展质量的重要基石。

3. 教师具备"双创"能力是提高学生就业竞争力的重要武器

随着新时代的到来和产业结构的转型升级,人工智能、5G网、区块链等多种技术应运而生,国家对于高素质创新型人才的需求日益迫切。教师"双创"能力的积累有助于其培养学生的数字化创新思维和解决问题的能力。在当前快速变化的社会和就业市场中,雇主更加倾向于招聘有创造性和解决问题能力的人才。具备"双创"能力的学生能够思考复杂问题、提出创新性的解决方案,并能在实践中灵活应对挑战,这将使他们在就业市场中脱颖而出。

（二）职业教育教师"双创"能力的基本内容

所谓"双创"能力主要是指主体在一定知识和经验基础之上,创造新思想、新技术、新产品和积极创业的技能或能力。从"双创"能力的本质要素来讲,其至少包括三个方面。第一,创业意识,指主体积极主动的创新思维和行动,识别机遇、迎接挑战并将其转化为商业机会的能力。第二,创新思维,指主体从事"双创"活动时所体现出来的独特的发现问题、思考问题、分析问题、处理问题的思维品质。第三,创新技能。创新技能从一定程度上说是创新思维的外在体现。创新技能也可以是"双创"主体在"双创"活动的过程中形成的分析问题和解决问题的独特方式。

美国学者史密斯认为,善于吸收最新教育成果,将其积极运用于教学中,并且有独到见解,能够发现行之有效的教学方法的教师,才能称为具有"双创"能力的教师。科研创新能力是职业教育教师"双创"能力高低的重要体现。职业教育教师创新能力的具体表现为科研创新能力和教学创新能力。职业教育教师的科研创新能力主要体现为课题研究能力、技术革新能力、产品创新能力、教学研究能力等。职业教育教师的"双创"能力也可以分为教学研究能力、应用科学研究能力与基础科学研究能力等。事实上,职业教育教师的教学研究能力是蕴含于科研创新能力之中的。作为职业教育教师,产品创新能力体现的是其作为技术专家的人格魅力,教学创新能力则是其作为专家型教师所体现的人格魅力。而无论哪一种"双创"能力,都是职业教育教师做好工作的前提和基础,也是教师专业化发展的重要能力保障。因此,"双创"能力是教师在教育活动中,丰富学生的创新意识,培养学生的创业观念,从而产生的一种"双创"能力。

五、丰富的社会实践经验

(一)职业教育教师社会实践经验的意义

职业教育具有实践性特征,职业教育的师资也需要较强实践能力。《2022年全国教育事业发展统计公报》数据显示,2022年中等职业教育专任教师有71.83万人,生师比为18.65∶1。"双师型"专任教师占专业(技能)课程专任教师比例为56.18%。由此可见,我国近年在"双师型"教师队伍建设、师资培养、人才培育等方面收获颇多成效,2022年中共中央办公厅、国务院办公厅印发《关于深化现代职业教育体系建设改革的意见》等文件中明确指出"加强'双师型'教师队伍建设"。目前"双师型"教师的比重在逐年上升,但增速较为缓慢。当前我国职业教育的师资问题就在于冲破"双师型"教师队伍建设的桎梏,因此,打好"理论+实践"的"组合拳",丰富职业教育教师的社会实践经验是提升职业教育教师素质的重要命题。

(二)职业教育社会实践经验的基本内容

1. 实际工作经验

《国家职业教育改革实施方案》提出:"从2019年起,职业院校、应用型本科高校相关专业教师原则上从具有3年以上企业工作经历并具有高职以上学历的人员中公开招聘。"毋庸置疑,要求教师具有丰富的实际工作经验是培养新时代"双师型"教师队伍的根本手段。职业教育教师在某一特定行业或职业中有过一段时间的工作经历,必须具备熟练的职业技能和与之相当的动手操作能力,具有初级技工以上的生产操作能力,获得职业资格证书或相应技术等级证书,具有胜任专业工作的能力,并有一定的专业实践经验,具有工艺实验及创新能力,这有助于进一步推动职业和专业、教师和学生的相生相依。

2. 职业发展和培训经验

职业发展和培训是职业院校教师入职后提升教育质量的必然保障,也是保证教师可持续发展的现实之需。《深化新时代职业教育"双师型"教师队伍建设改革实施方案》提出:"构建以职业技术师范院校为主体、产教融合的多元培养培训格局。"国务院、教育部多次颁布文件强调教师培训的重要性。教师参加行业培训、研讨会、学术交流等活动可以不断更新自己的专业知识和技能,积累相关经验,形成职业发展体系,并将这些经验和信息运用到实际教学中去。

3. 实习指导经验

实习是职业教育专业学习过程中最富挑战性、最重要的一环。学生能够通过实习掌握知识的真谛,将书本中的核心要义化为"双手万能"的强大动力。因此,教师要扮演好学生实习过程中"引路人"的角色,负责指导学生在实际工作环境中的实际操作和技能培养,帮助学生将课堂学习与实际工作相结合。宽厚的行业职业基础知识和实践活动能力是职业教育教师必须具备的专业知识和能力基础,在此基础上,教师能在教育教学过程中将专业实践能力与教育教学过程完美融合,具有将自身的专业实践能力传递给学生的教育能力,具备专业建设与课程开发能力、实验实训基地建设能力等。积累丰富的实习指导经验有助于快速高效帮助学生跨越从理论到实践的技能鸿沟。

第二节　职业教育素质教育的师资来源

职业教育素质教育的师资来源广泛,有职业院校教师、企业实习实训指导教师、行业专家及知名人士等多种来源渠道。强化职业教育素质教育师资队伍的建设是推动职业教育高质量发展的必由之路。

一、职业院校教师是职业教育素质教育师资的主要来源

(一)职业院校教师及职教师范生现状分析

1. 职业能力较强,受个人兴趣影响大

《2022年全国教育事业发展统计公报》显示,2022年全国中等职业教育专任教师中本科以上学历者占比为94.86%;"双师型"专任教师占专业(技能)课程专任教师比例为56.18%。调研数据显示,受访群体中江苏省中职教师中本科以上学历者的比例为98.4%,高于全国中职教师平均值,研究生学历者的比例为16.1%,江苏省中职教师素质水平整体较高。调研对象中,已工作职教教师整体水平显著高于职教师范生职业能力。这可能是因为职教教师在工作中积累了较多的经验,对各方面能力的提升有较大的帮助。

调研数据表明,过半数的中职教师因个人兴趣而选择从事该职业,他们基于内心

意愿选择成为职业院校的教师,因此在任职过程中表现出更强的责任感和敬业精神。著名教育家陶行知曾指出,教师的职责是"千教万教,教人求真",学生的职责是"千学万学,学做真人"。职业院校的教师不仅要传授给学生知识和技能,更重要的是秉持"立德树人"的原则,强化职业教育素质教育。

2. 素质教育经历欠缺,职教类型特征不显著

近年来职业院校为了提高师资队伍建设水平和院校的综合竞争力,开始招收本科及研究生层次的师资,《中共中央、国务院关于全面深化新时代教师队伍建设改革的意见》要求大力推动研究生层次师资的培养。在"近三年是否有过学历提升"一题中,有91.6%的教师表示没有,这进一步揭示了当前中职教师学历有待提升的现状。职教教师入职前就读院校中综合类大学占比41.9%,普通师范学校占比39.9%,职业技术师范学院占比18.2%。毋庸置疑,选择进入职业技术师范学院深造的学生具备成为职业教育教师的志向,并在求学过程中更有可能掌握职业教育教师所需的全面素质。因此,职业教育教师的来源应呈现多元化态势,积极从职业师范类院校选拔招收教师,以期提高职业教育教师的师范素质。

3. 职教经历催生职教情怀,有过职教经历的师范生职业意愿更强

江苏省职教师范生中有67.2%的学生曾就读于普通高中,32.8%的学生曾就读于职业高中。通过交叉分析发现,几乎半数有过职业院校就读经历的学生都有意愿成为职教教师,而就读于普通高中的学生将来愿意成为中职教师的比例低于半数,且有意愿成为中职教师者的职业能力(4.06)显著高于没有意愿成为中职教师者(3.50)。长时间处在职教轨道中的人会对职业教育产生更为深厚的情感。

(二)职业院校教师的组成

职业院校的教师作为职业教育素质教育师资主要部分,具有举足轻重的作用。教育部相关数据显示,在2015年以前,我国中等职业学校的生师比都在20∶1以上,2022年中职专职教师数为71.83万人,生师比为18.65∶1,相较2021年上涨2.29万人。由此可见,职业院校教师队伍的增长态势保持稳定。从年龄结构看,2021年,中职学校50岁以下专任教师占比将近80%,中青年教师正成为职教教师队伍骨干力量。从"双师型"教师在专业课教师中的占比看,中职学校的相关比例为56%,达到了占比过半的要求。从学历结构看,中职学校本科及以上学历专任教师占比为94%。中职学校的教师分为文化课教师、专业课教师、实习指导教师,其中不乏许多正在迅速成长的"双师型"教师。从2010年开始,中职文化课教师的比例稳定在40%左右,专业课教师为50%左右,实习指导教师的比例也在逐年上涨。[①]

① 张丹,朱德全. 从单一到多元:新时代职业教育师资队伍建设的改革设想[J]. 职教论坛,2020,36(10):80-89.

1. 文化课教师

职业院校文化课教师是在职业院校教授非职业技能课程的教师,他们的主要任务是教授文化课程,培养学生的学科知识和综合素质。根据统计数据,在江苏省的调研样本中,职业院校教师中文化课教师的比例为46.8%。这些文化课教师主要承担教授学校设置的文化课程,他们负责对学生进行这些学科领域的知识教育,帮助学生掌握相关的学科知识和技能。其教学任务包括制订教学计划、备课、授课和评价学生学习成果等。从实际情况和教学效果看,职业院校文化课教师需要进一步优化教学方法和策略,以提高学生的学习兴趣和效果。

2. 专业课教师

职业院校专业课教师的主要职责是为学生提供具体职业领域的专业知识和实践技能培训。其基本要求主要包括以下几点。第一,职业院校专业课教师需要具备扎实的专业知识,包括相关学科的理论知识、实践经验和最新行业动态知识。第二,职业院校专业课教师需要具备良好的教学能力,包括教学设计、教学方法选择、课堂管理等方面的能力。他们应该能够有效地传授知识,激发学生的学习兴趣,并引导学生进行实践操作和技能训练。第三,职业院校专业课教师应该具备高度的职业责任感和职业操守,注重教学的质量和学生的发展。

3. 实习指导教师

职业院校实习指导教师是指负责指导学生进行实习的教师。他们的主要职责是对学生的实习过程进行指导、评估和反馈,帮助学生将所学的理论知识应用到实践中,提升他们的实际操作能力和职业素养。第一,职业院校实习指导教师负责对学生的实习活动进行指导,包括提供实习方案、组织实习安排、明确实习目标和要求等。第二,职业院校实习指导教师通过与学生的面谈、讨论和反馈等形式,指导学生进行实习。第三,职业院校实习指导教师对学生的实习表现进行评估和反馈,并将评估结果及时告知学生。他们会对学生的专业技能、职业素养、工作态度等方面进行综合评价,帮助学生认识自己的优势和不足,并提供具体的改进意见和方法。

4. "双师型"教师

《国家职业教育改革实施方案》中将"双师型"教师界定为"同时具备理论教学和实践教学能力的教师"。目前国家和社会对于"双师型"教师有多种不同层面的解读,例如"双证说""双能说""双职称说"。尽管多种解读均体现出了"双师型"教师的特征,但实际上,"双师型"教师就是具备一定实际工作经验,并且能够将专业理论与生产实践相结合的教师。在德国,要成为"双师型"教师,除需要持有文理中学毕业证书以及至少具有一年企业实习、工作经验外,大学毕业后还必须参加两次全国性考试。[①] 综上,

---

① 于颖,段雅雯. 德国"职业教育4.0战略"对我国职校师资队伍建设的启示[J]. 职业教育研究,2023(4):92-96.

职业院校"双师型"教师是具备专业素养、教学能力、学生指导能力、职业素养和团队合作精神的教师。他们通过将自己的专业知识与教学能力相结合,为学生的专业发展和个人成长提供全面的教育指导与支持。

二、企业实习实训指导教师是职业教育素质教育师资的重要力量

近年来,职业院校学生实习实训相关文件相继出台。明师犹如灯塔,聘请高素质的企业实习实训指导教师成为提升学生实践素质的关键环节。之所以需要聘请企业实习实训教师,是因为职业院校教师尽管是职业教育素质教育的核心力量,但总体而言,其实践能力相对薄弱。而企业实习实训指导教师长期身处一线,具备较强的实践能力和丰富的社会经验,能够将学生的实习经历与未来就业相结合,从而提升学生的职业素养及就业竞争力。其主要职责包括以下几方面。

（一）进行实习计划和安排

企业实习实训指导教师主要负责与企业对接学校专业课程,协商实习计划和安排学生的实习时间、岗位等。他们要考虑学生的专业背景和实际需求,确保实习的内容和环境与学生的学习目标和职业规划相符。职业院校的学生尚处于职前时期,因此企业实习实训指导教师的计划和安排应该尽可能遵循高效、个性化、目的明确的原则。良好的实习计划和安排推进了校企协同治理的稳定开展。

（二）进行技能培训和指导

企业实习实训指导教师负责组织和开展实习实训的技能培训和指导工作。他们会根据学生的实习岗位和要求,帮助学生提升实际操作技能,教授相关的专业知识和技术,解答学生在实践中遇到的问题,并给予指导和反馈。鉴于职业院校专任教师的专业实践能力较弱,企业实习实训指导教师更应加强自身培训,言传身教,发挥好模范榜样作用。

（三）进行有效考核和评估

考核与评估是整个教学和实训环节中必不可少的关键环节。企业实习实训指导教师负责监督学生的实习实训过程,定期与学生进行沟通和交流,了解他们的实习进展和困难,并提供必要的帮助和指导,发挥"过程性评价"的关键作用。在实习结束后,他们会对学生的实习成果进行评估和考核,给予相应的评价和建议,形成"练习—评价—反馈—提升"的闭环。

（四）承担职业规划和就业指导工作

企业实习实训指导教师不仅承担着传授专业技能的使命,更充当"引路人"的角色,会与学生一起探讨职业规划和就业前景,提供相关的职业咨询和指导。他们会帮助学生了解不同行业和职业的需求和要求,指导学生如何提升自身竞争力,并帮助他们寻找合适的就业机会。

三、行业专家及知名人士是职业教育素质教育师资的关键补充

《国家职业教育改革实施方案》等文件多次指出,要"支持技术技能大师到职业院校担任兼职教师""建立健全职业院校自主聘任兼职教师的办法"。由此可见,兼职教师队伍是职业教育人才培养、职业院校高质量发展的重要羽翼。行业专家通常拥有业内权威地位,对行业发展趋势、就业市场需求有着深入的了解和宽阔的视野。这有助于学生紧跟行业发展,拥有与时俱进的知识与技能,更好地适应未来职业挑战。行业专家及知名人士的作用有以下几个方面。

（一）分享实践经验

行业专家和知名人士能够分享自己在特定行业或领域的实践经验和对行业发展的洞察。他们可以向教师介绍最新的行业趋势、技术进展和工作要求,帮助教师更新自己的专业知识,并将实践经验融入到教学中,实现"做中学"。

（二）提供实际案例和应用示范

行业专家和知名人士可以分享实际案例和应用示范,通过具体的案例和实际情境,"点对点"地对教师提供指导,"手把手"地帮助教师将抽象的概念转化为具体的实践,使学生更好地理解和应用所学知识。

（三）建立行业联系和合作机会

目前"校热企冷"问题的最好解决方式就是学校与行业企业建立密切联系。行业专家和知名人士拥有广泛的行业联系和资源,他们可以与教师合作,建立学校与实际行业企业之间的联系和合作。通过他们的关系网络,教师可以提供实习实训和就业机会,促进学生与行业接轨。

（四）成为学生的榜样和激励

职业教育要努力在社会上营造一种"人人皆可成才,人人尽展其才"的良好氛围,职教领域中榜样的作用非常大。行业专家和知名人士的成功经验和故事可以激发教师和学生的学习动力和进取心。他们作为成功的榜样,能够鼓励教师不断提升自己的专业素养和教学能力,同时也激励学生努力追求自己的职业目标。

第三节　职业教育素质教育师资的专业发展

习近平总书记在考察北京师范大学时发出了广大教师要争做"四有"好老师,即做有理想信念、有道德情操、有扎实学识、有仁爱之心的教师的号召。职业教育素质教育

教师也要向"四有"好老师的目标努力,形成具有职教特色的高素质职业教育素质教育师资队伍。

一、加强职业教育素质教育师资的职前培养

(一)职业教育素质教育师资职前培养状况分析

本研究编制《职教教师职业能力及培训现状调查问卷(教师版)》和《职教教师职业能力及培养现状调查问卷(学生版)》作为测量工具。问卷采用李克特五级量表,取值范围为从1到5,对应的是"非常不符合"到"非常符合",中间值3代表中等水平,通过师德践行能力、专业教学能力、综合育人能力、自主发展能力四个指标综合反映职教师范生及职业技术教师的专业能力,通过具有可比性的均值得分或百分等级来进行比较说明。

1. 女性职教师范生职业能力略高于男性

根据表5-2可知,就不同性别的职教师范生职业能力而言,女性(3.82)高于男性(3.80),但不同性别的职业能力之间不存在显著差异。研究生的综合能力普遍优于本科生,而女性在这方面表现略胜一筹。首先,从性别比例来看,女性选择从事教育行业工作的比例较高,对职业教育教师这一职业的认同感较强。其次,社会普遍认为女性更适合担任教师,由于女性对教师职业具有较高的自我效能感,可能更加注重提升自身能力水平。

表5-2 不同性别的职教师范生职业能力之 t 检验分析摘要

性别	N	均值	标准差	t 值	显著性
男	211	3.80	0.74	−0.16	0.88
女	356	3.82	0.62		

2. 职教研究生职业能力高于本科生

本问卷区分该变项受试者之年级为大一到研三共7类。根据表5-3可知,就不同年级的职教师范生职业能力而言,其 F 值($F=2.849$,$P>0.05$)未达显著水准。由此可见,不同年级职教师范生之间的职业能力不存在显著差异。但进一步研究可以发现,研三(4.97)>研二(4.13)>研一(3.95)>大四(3.86)>大二(3.85)>大一(3.77)>大三(3.68),职业能力几乎与职教师范生的年级成正比。随着学历的提升,学生所接触的知识和技能层次也相应提高,研究生层次的职业教师成为我国当前大力培养的重点对象。同时,随着年龄的增长,职教研究生的思维深度和理解力不断提升,从而巩固了其能力。然而,值得关注的是,大三学生的职业能力相对较低,这可能是由

于他们在学习过程中正处于过渡阶段,已学习两年但尚未接触到实际实习,从而产生了一定程度的无力感。大四学生临近毕业,对自己的就业前景和职业理想有了较为清晰的认识,职业能力也会相应提高。

表 5 - 3　不同年级的职教师范生职业能力之单因子变异数分析摘要

年级	N	均值	标准差	差异来源	平方和	df	均方	F	显著性
大一	121	3.77	0.70	组间	7.424	6	1.237		
大二	112	3.85	0.64						
大三	120	3.68	0.79	组内	243.189	560	0.434	2.849	0.10
大四	160	3.86	0.59						
研一	24	3.95	0.53						
研二	29	4.13	0.41						
研三	1	4.97		总数	250.614	566			
总数	567	3.82	0.67						

3. 职教师范生职业能力强

探究学生与职业教育之间的关联以及其职业能力的发展显得至关重要。根据 LSD(最小显著差异法)事后检验,本科就读于职业技术师范学院的学生职业能力显著高于本科就读于综合类大学和普通师范学校的学生,职业技术师范学院(3.94)＞综合类大学(3.80)＞普通师范学校(3.66)(表 5 - 4)。由此可以推断,职业技术师范院校

表 5 - 4　本科阶段学校类型不同的职教师范生职业能力之单因子变异数分析摘要

项　　目	N	均值	标准差	差异来源	平方和	df	均方	F	显著性
综合类大学	394	3.80	0.69	组间	3.095	2	1.55		
职业技术师范学院	124	3.94	0.54	组内	247.518	564	0.44	3.53	0.03
普通师范学校	49	3.66	0.70						
总数	855	3.82	0.67	总数	250.614	566			

兼备职业性和师范性的双重特征,对学生的"三性"培养更为重视,学生在该类院校中学习,综合素质得到显著提升。职业技术师范院校拥有专业的师资队伍、课程设置、实习实训安排等,学生更易系统提升其职业素养。

根据表5-5可知,就就读于不同高中的职教师范生职业能力而言,普通高中和职业学校的毕业生之间的教师职业能力不存在显著差异。但值得强调的是高中就读于职业学校的学生职业能力均值(3.89)高于普通高中毕业生(3.79)且标准差较小,表明职业教育经历可能会催生强烈的职业情感,这深刻阐明了职业教育作为一种类型教育发挥的重要作用。

表5-5 高中阶段学校类型不同的职教师范生职业能力之单因子变异数分析摘要

项目	N	均值	标准差	t 值	显著性
普通高中	381	3.79	0.69	−1.88	0.06
职业学校	186	3.89	0.61		

由以上两表可以推断,高中和大学就读于职业院校的学生不仅对职业教育有更深厚的情感,而且职业能力随之增长。而职业技术师范学院作为具备双重特征的学府,对学生的"三性"培养具有重要的作用。因此,国家和职业教育相关机构应更加关注职业师范教育的社会影响力及其优化路径。

4. 不同专业职教师范生的职业能力不同

《职业教育专业目录(2021年)》提出了19个专业大类,探究不同专业学生职业能力的不同对今后职教师资的培养有着举足轻重的作用。表5-6显示,其F值(F=1.61,P>0.05)未达显著水准。由此可见,不同专业之间职教师范生能力不存在显著差异。能力得分前五名为加工制造类(3.96)、教育与体育类(3.91)、旅游服务类(3.90)、信息技术类(3.87)、财经商贸类(3.86)。一方面,不同专业杰出人物的先进事迹可以对相关专业的学生产生示范效应;另一方面,国家对相关专业的支持和激励大幅提升了学生的认同感和自豪感,进而强化了职业能力。

5. 职教师范生企业见实习经历与职业能力增长存在耦合性

职业教育是实践导向的教育,实习实训对于职业能力的增长有重要的影响。根据表5-7可知,就不同专业的职教师范生的职业能力而言,其F值(F=2.54,P>0.05)未达显著水准。但值得进一步提及的是,实习次数的增加引发了学生职业能力的显著增长,特别是去企业见实习过3次及以上的同学(3.80)与去过0次的同学(3.44)间存在显著差异。《职业学校学生实习管理规定》提出,"鼓励企(事)业单位安排实习岗位""职业学校应当加强对实习学生的指导"。一方面,由于国家、学校对于实习实训的政策激励制度愈发完善,实习场地及条件不断改善,学生的实习动力得以强化;另一方

表 5-6　专业方向不同的职教师范生职业能力之单因子变异数分析摘要

专　业	N	均值	标准差	差异来源	平方和	df	均方	F	显著性
旅游服务类	30	3.90	0.63	组间	6.34	9	0.71		
文化艺术类	76	3.71	0.72						
信息技术类	94	3.87	0.61						
加工制造类	69	3.96	0.57						
公共管理与服务类	13	3.71	0.65	组内	244.271	557	0.44	1.61	0.11
财经商贸类	118	3.86	0.68						
交通运输类	49	3.75	0.68						
资源环境类	18	3.54	0.74						
教育与体育类	51	3.91	0.64	总数	250.614	566			
其他	49	3.67	0.73						
总数	567	3.82	0.67						

表 5-7　去企业见实习次数不同的职教师范生职业能力之单因子变异数分析摘要

次　数	N	均值	标准差	差异来源	平方和	df	均方	F	显著性
0 次	394	3.44	0.67	组间	3.23	3	1.093		
1 次	111	3.55	0.62						
2 次	43	3.57	0.68	组内	242.305	563	0.43	2.54	0.56
3 次及以上	19	3.80	0.51						
总数	567	3.82	0.66	总数	245.585	566			

面,通过实习,学生可以更好地了解行业需求、工作流程和实践技巧,增强与企业合作的能力。

6. 职教教师工作对职教师范生吸引力较强

学生的志向与其未来的成就密切相关。单因素方差分析显示,就不同专业的职教学生职业能力而言,其 F 值(F＝18.81,P＞0.05)达到极其显著的水准。因此,学生成为职教教师的意愿对其职业能力的形成有着显著影响,有意愿者(4.05)＞无意愿者(3.48)。工作意愿越强,目标越清晰,人们就越有动力提升该方面的能力。职业意愿是职业意志的一部分,职业意愿更多指向一种兴趣和愿望,职业意志则更强调人的决心和毅力,有坚强职业意志的人通常来说会取得更加优异的成绩。当职业意愿和职业意志吻合时,学生更可能被激励去追求既定的目标。

在学生想从事职教教师工作的原因中,排在第一位的是"教师工作稳定,环境好"(83.3％),其余依次为"能发挥自身的兴趣特长"(58.3％)、"职业发展前景好"(57.1％)、"工资待遇相对较高"(46.7％)、"有较好的社会声望"(20.8％)和"其他"(1.3％)。由此可见,目前职教教师对职教师范生的吸引力较强,并且有超过半数的学生认为这份职业能够发挥自身的兴趣特长。值得强调的是,环境为吸引职业师范生成为职教教师的第一因素,目前大家普遍认为职教教师的工作环境比较舒适,但职教教师的社会声望还有待提升。

表 5-8　成为职业教育教师意愿不同的职教师范生职业能力之单因子变异数分析摘要

项　　目	N	均值	标准差	t 值	显著性
有成为职教教师的意愿	240	4.05	0.58	8.51	0.00
没有成为职教教师的意愿	154	3.48	0.73		

(二)职业教育素质教育师资职前培养的必要性

随着中国式现代化的不断深入,职教师资的培养不再是仅以职后培养为动力源的单一体系。2022 年修订的《中华人民共和国职业教育法》明确指出,职业教育包括职业学校教育和职业培训,职业教育培养高素质技术技能型人才尚且需要纵向衔接、横向沟通的双体系,在师资队伍建设方面也要构建"职前＋职后"的双重职教师资培养保障体系。职前培养是一个人从学生到社会身份的重要过渡阶段,它可以为其提供必要的基础知识,帮助其培养教学技能、积累实践经验、塑造专业背景和素质等,有助于提高教师的专业水平,促进职业教育的质量和效果提升。

1. 有利于搭建职前、职中、职后相衔接的立交桥

职前培养是教师专业发展的起点,它能够帮助教师建立自己的专业发展方向和目标。通过系统的学习和实践,职教师范生可以树立浓厚的职业意愿,不断积累经验和知识,提高自己的专业素养和教学能力,为未来的专业发展打下坚实的基础;通过上岗前的见习实习、职业师范教育经历在师德践行、专业教学、综合育人和自主发展能力方

面得到显著的提升,为职中和职后职业能力发展奠定坚实的基础。

2.有利于激发职教师范生的从业热情

师范类大学和职业技术师范学院都为职教师范生提供了较好的发展平台。尤其是职业技术师范学院一方面为职教师范生提供了优良的师范教育,目标为培养适应国家职业技术教育行业发展需求,掌握扎实的专业知识和技能,具备良好的职业道德、社会责任感和育人精神,能在职业高中、中等职业学校胜任教学和研究工作的骨干教师;另一方面强调职教师范生技术性的培养,在教学中帮助学生理解教育的基本原理和方法,并通过实习、实训等方式让学生有机会将所学知识和技能应用到实际教学中。

3.有利于促进准职教教师的专业发展

职教教师职业能力是其专业发展过程中的重要组成部分,分为师德践行能力、专业教学能力、综合育人能力和自主发展能力四个维度。通常在学校中学生更容易接受到系统的培养培训,学校在职前通过开展师德教育课程、组织师德讲座、分享优秀教师的师德事迹等方式,引导职教师范生树立正确的教育观念和职业道德观念,提高他们的师德践行能力;鼓励师范生参加调查研究、实地听课学习等活动,提高他们的专业教学能力;通过组织志愿活动、德育课程等提高他们的综合育人能力;引导职教师范生进行职业规划,鼓励其养成自主学习的好习惯,促使其自主发展能力得到显著提高。准职教教师的专业发展与将来进入工作岗位后的发展密切相关,素质教育更是其发展的第一要义。

二、强化职业教育素质教育师资的职后培训

(一)职业教育素质教育师资职后培训状况分析

1.不同年龄职教教师职业能力存在分界点,中年职教教师职业能力水平最高

调研结果发现,就不同年龄的职教教师职业能力而言,其 F 值($F = 2.964$,$P <$ 0.05)较高。由此可见,不同年龄职教教师在职业能力方面具有显著差异(表 5-9)。21—29 周岁与 30—39 周岁的职教教师均值相差较大,而 30—39 周岁与 40—49 周岁及 50—59 周岁教师职业能力均值相差较小,可以推断 40 周岁和 60 周岁是职教教师能力成长的分水岭,教师可能会受到诸多内外部因素的影响。在 21—29 周岁的职教教师中标准差(0.74)较大,可见青年教师的职业能力水平参差不齐,仍有较大的提升空间;而 40—49 周岁、50—59 周岁的职教教师标准差较小且均值相差不大,说明其职业能力已经到了相对稳定的状态。在个人成长过程中存在一条学习曲线,个人会经历上升期和平台期(甚至会出现倒退),在平台期可能要付出大量的努力才能收获微弱的效益,但一旦突破瓶颈(如 60 周岁及以上教师的职业能力得分为4.72),就可能实现蜕变。

表 5－9　不同年龄的职教教师职业能力之单因子变异数分析摘要

年　龄	N	均值	标准差	差异来源	平方和	df	均方	F	显著性
20 周岁及以下	0	0	0	组间	3.212	4	0.803		
21—29 周岁	49	4.29	0.74						
30—39 周岁	138	4.56	0.45					2.964	0.02
40—49 周岁	317	4.54	0.31	组内	199.615	737	0.271		
50—59 周岁	234	4.51	0.31						
60 周岁及以上	4	4.72	0.56	总数	202.827	741			
总数	742	4.52	0.19						

2. 工作年限与职业能力并非完全成正比，个人内因和环境外因均为影响因素

研究结果显示，就不同工作年限的职教师资职业能力而言，其 F 值(F＝3.0,P＜0.05)达到显著的水准(表 5－10)。由此可见，不同工作年限的职教师资之间的职业能力存在显著差异。工作年限在 7—9 年教师的职业能力水平最高(4.69)，职业能力在 7—9 年之前呈现上升趋势，伴随着工作年限的延长却呈现下降的趋势，可能是因为教师在工作 7—9 年时已经积累了丰富的教学经验和专业知识，逐渐形成一定的教学风格和教学技巧。但随着时间的推移，教师可能会面临诸多挑战，如教学环境的变化、学生需求的多样化。同时，教师的职业倦怠也可能会导致教师职业能力的下降。此外，教师长时间处于舒适区，可能会缺乏对新知识和新方法的探索和应用，从而影响职业能力的提升。

表 5－10　不同工作年限的职教教师职业能力之单因子变异数分析摘要

年　限	N	均值	标准差	差异来源	平方和	df	均方	F	显著性
3 年及以下	53	4.31	0.50	组间	3.259	4	0.82		
4—6 年	16	4.53	0.54						
7—9 年	19	4.69	0.46					3.0	0.02
10—20 年	249	4.51	0.69	组内	199.568	737	0.27		
20 年以上	405	4.55	0.47						
总数	742	4.52	0.52	总数	202.827	741			

3. 不同职称造成心路历程差异,上升期教师职业能力自我评价较低

职教教师的职称是对其职业能力的认可与评价标准。本问卷区分受试者之职称为正高级、副高级、中级、初级共 4 类。研究结果显示,就不同职称的职教师资职业能力而言,其 F 值(F=0.671,P>0.05)未达到显著的水准(表 5-11)。由此可知,不同职称的职教教师职业能力并无明显差距。值得进一步探究的是,副高级职称的职教教师自评职业能力得分最低(4.50),正高级(4.68)>中级(4.54)>初级(4.52)>副高级(4.50)。一般来说,副高级职称的职教师资应该具备较高的职业能力,可能是因为该职称的教师目前正面临教学的瓶颈期,认为自身的教学方法不够灵活和多样化、缺乏持续的专业发展和学习机会等,而且随着职称升高,其教学之外的事务也会更多,巨大的精神压力可能会削弱这部分教师的自我效能感。

表 5-11　不同职称的职教教师职业能力之单因子变异数分析摘要

职　称	N	均值	标准差	差异来源	平方和	df	均方	F	显著性
正高级	12	4.68	0.40	组间	0.551	3	0.184		
副高级	307	4.50	0.51						
中级	311	4.54	0.55	组内	202.276	738	0.274	0.671	0.57
初级	112	4.52	0.49						
总数	742	4.52	0.52	总数	202.827	741			

4. 学历层次与职业教师职业能力不成正比,学历并非衡量能力唯一标准

本问卷区分受试者之学历层次为本科以下、本科、硕士研究生、博士研究生共 4 类。高学历在某种程度上被认为是高能力的象征,但研究发现,学历层次似乎与能力不成正比。根据表 5-12 可知,就不同工作年限的职教师资职业能力而言,其 F 值(F=1.47,P>0.05)未达到显著的水准。由此可见,本科以下、本科、硕士和博士层次的教师职业能力之间并无显著差异。从均值来看,学历为本科以下的职教师资自评职业能力最高(4.64)。可见,学历低并不代表职业能力低,某些职业教育教师可能在行业中有丰富的实践经验,这些经验有助于他们理解学科知识并将其教授给学生。在某些职业教育领域,特定的实用性技能和专业知识可能比学术理论更加重要,学历在本科以下的教师可能更注重于培养实践能力。随着中国式现代化和职业教育发展进入新时代,学历不再是衡量能力的唯一标准,新时代要求培养德智体美劳全面发展的社会主义建设者和接班人,因此教师仍然可以通过自身的努力和发展获得较高的职业能力。

表5-12 不同学历的职教教师职业能力之单因子变异数分析摘要

学 历	N	均值	标准差	差异来源	平方和	df	均方	F	显著性
本科以下	12	4.64	0.43	组间	1.21	3	0.40		
本科	609	4.53	0.51						
硕士研究生	120	4.45	0.58	组内	201.621	738	0.27	1.47	0.22
博士研究生	1	4.00							
总数	742	4.43	0.52	总数	202.827	741			

5. 省培、国培有助于提升职教教师综合职业能力,培养培训力度有待提升

研究结果显示,在三年内参加过省培的教师(4.55)均值高于三年内未参加过省培的教师(4.50),且标准差相对较小,说明参加省培对于教师能力的提升也较为均衡(表5-13)。进一步探究,三年内参加过国培的职教教师(4.56)>三年内未参加过国培的职教教师(4.51)。毋庸置疑,省培和国培对于教师职业能力的提升具有举足轻重的作用。其一,国家级、省级培训通常会分享最新的教育教学理论和实践研究成果,帮助教师了解行业发展动态、新的教育政策与变革(近三年参加过省培的教师将近半数,而参加过国培的仅占15%左右)。其二,国家级、省级培训项目一般会提供有针对性的教育教学技能培训,为职业教育教师创造一个宽广的交流空间。在这种互相学习、不断追求卓越的氛围中,教师能够迅速提升自身能力。

表5-13 省培项目对职教教师职业能力之t检验分析摘要

维度	项目	N	均值	标准差	t值	显著性
在三年内参加省培	是	334	4.55	0.51	0.25	0.81
	否	408	4.50	0.54		

(二)职业教育素质教育师资职后培训的必要性

教师是教育发展的第一动力,职后教育有助于教师更好地反思自身与工作中存在的问题。良好的职后培训是职业教育稳步可持续发展的动力源泉。

1. 适应职业教育高质量发展和人才培养需求

2021年国务院颁布的《关于推动现代职业教育高质量发展的意见》提出要培养更多技术技能型人才,推动校企深度合作,显著提高职业教育的吸引力。为了应对社会

给职业教育带来的挑战,职业教育需要培养更多具有高素质、高技能、创新能力和实践能力的人才。这就要求职业教育教师不仅具备深厚的学科知识和教学技能,还具备先进的教育理念和方法。

2. 顺应产业发展与学校专业发展需要

职业教育要以促进就业和产业发展为导向,通过职业教育素质教育的开展。职教教师可以具备“双师型”教师“专业教师＋企业专家”的双重素质,逐渐从新手教师成长为具有丰富经验的资深教师,时刻了解产业发展动向,了解产业相关的最新技术和工艺,掌握产业的生产流程和市场需求,为学校专业的调整与更新注入动力。

3. 提升教师的专业素养和教学能力

研究表明,教师在专业化发展的过程中可能会遇到分水岭,如何度过“低谷期”,保证职教教师的可持续发展也是值得研究的问题之一。教师的专业素养和教学能力是衡量教师素质的重要标准。通过职后培训,教师可以系统地学习和掌握最新的教育理论和教学方法,了解学生的心理发展规律,掌握有效的教育心理辅导方法,顺应生命教育的开展。同时,职后培训还可以帮助教师提高教学设计和组织能力,激发学生的学习兴趣和主动性,培养学生的实践能力和创新能力。

三、构建职业教育素质教育师资专业发展的保障体系

（一）借鉴发达国家经验,建设具有中国特色的职教师资发展范式

《教育部关于实施卓越教师培养计划 2.0 的意见》提出师范院校要实施卓越教师培养计划,全面引领教师教育改革发展。俗话说“一把钥匙开一把锁”,中国职教师资队伍的建设范式要取别国之精华,也要保留中国特色。德国职教师资培养中有一种职业性专业教学论的培养模式,该模式强调职教教师是进行教育教学的“职业教育者”,也是促进学生发展的“专业教学者”。[①] 这种模式既有职业教育的科学性,又迎合了素质教育发展的趋势。美国的职教师资采取联邦政府和州组织并行管理的方式,实现“统筹＋分散”双管齐下。日本通过降低学历限制来吸引更多高技能人才应聘职教教师的岗位。新加坡十分重视职教教师的社会地位,并且提倡加强教师的终身学习理念。总之,发达国家都非常注重职教师资培养培训的灵活性。本书借鉴发达国家经验,针对我国国情以及职教教师实践能力较弱的特点,提出以下五点建议。

第一,职业院校可以安排准职教教师在走上工作岗位之前进行至少半年的职业培训或实践,也可以要求除了教师资格证还需取得各类初中级技术资格证书才可任教。

第二,职业院校可以采用模块式课程,分类分层开展具有适应性的课程,增强教师

---

① 朗双菊,陈瑶. 德国职教师资培养专业化:演进历程、主要模式与发展趋向[J]. 中国职业技术教育,2023(21):70－75.

培训的灵活性。

第三,构建职教教师终身学习体系,实现职前、职中、职后贯通培养。如为新任的职教教师设立"导师制",帮助新教师适应工作;定期制订省培、国培等计划;建立教师学习档案与反馈机制,帮助教师进行自我评估和发展规划。

第四,"学分银行"是一种促进学分积累的教育模式,可以建立"教师＋学分"制度,并发展为一种教师激励制度,积累相应的培训学分便可得到奖励或晋升。

第五,改善职教教师招聘机制,打破"唯学历论",让一大批高素质的职教师资脱颖而出。

(二) 完善职教教师制度建设,搭建"职前＋职后"素质培养双桥梁

2022年修订的《中华人民共和国职业教育法》提出,"国家建立健全职业教育教师培养培训体系"。从资格认定到标准建设,再到培养培训是提高职业院校师资质量的核心要义。

(1) 完善职业教育教师资格认定制度。进入中职、高职、本科职业院校任职的教师都具备相应层次的教师资格证,然而,不同类型、层次的教师的专业水准、专业理念和践行能力都存在差异。学校和教育部相关部门应当针对文化课教师、专业课教师以及"双师型"教师开展分类分层的资格认定,探索多元的准入制度。关注职教教师在入职之前的实践经历积累,注重不同专业、类型职教教师的资格认定方式。强调侧重点,对于文科专业更强调其教育教学能力,理工科专业更强调其专业实践能力。"双师型"教师的培养是未来职业教育师资发展的大势所趋,但目前关于"双师型"教师队伍建设的文件特色尚不鲜明。就上述调研数据可知,不同专业的职教教师对自身能力的认知存在差异,因此,国家在发布相关文件时应在专业方面落实细化,为职教教师提供明确方向。

(2) 加强"双师型"教师标准建设,完善"双师型"教师招聘制度和考核制度。在职业教育学生培养的过程中,要打破"唯分数论",做到"不唯成绩凭能力"。政府可出台"先招聘,再提升"的政策,如职业院校可以让教师在入职之后再参加考试,在一年之内完成相关考核。[①] 在受访者的统计数据中,有91.6％的教师表示在三年内没有提升过学历。为了避免职教教师出现倦怠现象,可以参考新加坡的"末位淘汰制"考核方式,对于长期没有进步甚至出现倒退现象的教师予以辞退警告。[②]

(3) 完善职业教育教师职前培养制度,加强职业技术师范学院建设。职业技术师范学院是培养未来卓越职教师资的摇篮。《国家职业教育改革实施方案》中提出,自2020年起,"双师型"教师基本不再从应届毕业生中招聘,打造100个"双师型"教师培

① 刘晓,沈希.我国职教师资培养:历史、现状与体系构建[J].河北师范大学学报(教育科学版),2013,15(11):71-76.
② 邱爽,潘伟.发达国家职教师资培养模式及其对我国的启示[J].广西职业师范学院学报,2022,34(1):87-93.

养培训基地。国家对于"双师型"教师最为注重的是其实践经验与能力。毋庸置疑,职业学校要妥善解决理论与实践"两张皮"的问题。职业院校可以参考《职业教育专业目录(2021年)》划分的19个专业大类分类设置不同的人才培养目标及落实方案。同时,职业院校还要畅通人才上升通道,教育部等各部门鼓励学生参加全国技能大赛、世界技能大赛并制定技能大赛免试入学制度,吸引更多高素质技能型人才入学。在培养方式上,可以参考德国"双元制",采用校企协同育人模式,校企双方共同制订人才培养方案,在校企双赢的背景下培养具有区域特色、职校特色的高素质人才。此外,职业院校还要畅通本硕博一体化的师资培养通道,实现职前、职中、职后贯通培养,提升职校教师的素质素养水平。

（三）多主体联合培养,优化职教师资来源渠道

《关于推动现代职业教育高质量发展的意见》明确指出:"支持高水平学校和大中型企业共建双师型教师培养培训基地。"职业教育的师资培养需要多主体协同合作,共同助力职校教师的成长与发展。

(1) 建立"职业院校＋行业企业＋科研机构"三位一体协同育人机制。一方面,职业院校是培养高素质职业教育师资的主体。入职前毕业于职业技术师范院校的教师仅占18.2％,且与综合类大学和普通师范学院相比职业能力最低。因此,职业院校应不断提升专业建设水平,加强实训基地建设质量,并向不同类型的高校深入学习。职业教育教师的职业能力并不仅局限于专业教学能力,学术层次的人才培养很难面面俱到。职业院校可以在本院校举办教师职业能力培养会议并邀请高层次院校的教师与会发言,或是主动参与到各高校、各行各业的校培、省培、国培中去。另一方面,企业实习实训教师也是职业教育素质教育师资的重要力量。

目前就校企合作国家和教育部发布的文件已初显成效,不仅要"引进来",还要"走出去"。职业院校可以促进校企一体化发展,吸引优质企业与本校合作;设立激励机制,鼓励学生提高实习实训的积极性。行业专家和知名人士是职业教育素质教育师资的关键补充。科研院所应该承担起教师研发能力的培养,提供高质量的培训,构建"产学研"协同创新培养人才机制。

(2) 优化职教师资来源渠道。据调研数据,有41.9％的在职教师毕业于综合类大学,这部分教师没有接受过师范类的任何训练,素质可能存在不足。第一,我国职校应建立公开、透明、公正的职业院校教师招聘体系,吸引高层次高素质人才积极应聘。制定兼具严格和灵活性的招聘要求,利用数字化平台,例如招聘网站、社交媒体等进行招聘。第二,加强与优质高校的合作。高校是培养高素质人才的重要场所,职业院校要积极建立与优质高校的联系,不定期与高校联合举办组织学术交流会、教学技能大赛、创新创业比赛等,以期建立合作关系、双向交流,吸引优秀人才从事职业教育教师工作。第三,建立兼职教师队伍。职业院校可以提高兼职教师在师资队伍中的占比,通

过建立兼职教师师资库,定期更新、搜集和管理教师资源信息,并且与企业、科研机构建立密切联系,形成良好合作关系。同时,职业院校可以实施人才储备计划,吸纳并培养潜在的职业教育师资。第四,加强职教教师激励。在全国模范教师、全国优秀教师、全国教书育人楷模、国家级教学成果奖、"万人计划"教学名师等表彰项目中,均按照同等比例专设职教教师奖项。[①] 给予职教教师较高的薪资待遇,根据教师教学水平,按专业划分给予相应的薪酬奖励。畅通其职业发展通道,并制定相应的晋升评定标准。

(四)校本培训与企业实践相结合,打造高素质教师队伍

专业能力及经验是职业教育教师结构中最重要、最关键的素质,这种专业实践能力及经验必须来源于各种实践,它与学校和企业的真实环境是分不开的。

(1)校本培训。校本培训应坚定不移地立足本校实际,从本校教师的实际状况出发,贯彻"缺什么就培训什么,需要什么就补什么"的培训方针。此外,校本培训还可以根据本校的办学特色来安排相应的培训内容,从而使校本培训直接为本校的办学服务,为学校的发展作贡献。具体来说,当前的校本培训可以着重于教师职业道德培训、现代教育理论和观念培训、师范技能培训、专业知识技能培训、教育科研能力培训、现代信息技术培训、校本课程开发培训。

(2)企业实践。修订后的《中华人民共和国职业教育法》明确指出:"产教融合型企业、规模以上企业应当安排一定比例的岗位,接纳职业学校、职业培训机构教师实践。"从职教发达国家的情况看,职业院校教师到企业实践已经制度化。如澳大利亚要求在职教师除参加各种新知识讲座和新技术培训外,还必须定期到企业进行技术实践、参加企业的培训,规定职业教育教师每周在相关企业兼职工作 10 小时。[②] 目前,我国的校企合作人才培养模式有"订单式"人才培养模式、脱产定岗人才培养模式等,培养模式的选择需要根据教师的专业发展、实践能力基础、学校发展具体需要等来进行,并达到教师发展与路径优化配置目标。同时,鉴于目前调研数据显示参加过省培和国培的教师不足,国家还要致力于建设职业教育教师实践基地,开展高层次职业院校教师实践培训项目。在校企合作的过程中注重国际联系和合作,职业院校可以聘请国外知名行业专家线上授课,采用"线上培训+线下总结"的方式,深化对国际经验的理解和运用,结合我国职业教育的特点,探索出适应性更强的校企合作培养模式,努力提高我国职教师资队伍的整体素养。

---

① 吴国庆,赵静. 高质量发展背景下职业教育教师培养体系建设[J]. 中国职业技术教育,2023(5):12-18.

② 谢勇旗. 职业院校教师专业实践能力的缺失与养成[J]. 中国高教研究,2012(1):95-97.

第六章 职业教育素质教育的评价

教育评价事关职业教育素质教育的效果和质量,有什么样的评价指挥棒,就会有什么样的办学导向。职业教育素质教育评价工作既自成一体,又与职业教育素质教育的目标内涵、实施主体、实施过程、环境支撑等贯通衔接。做好职业教育素质教育的评价工作,必须明确评价工作的基本原则、评价的目的与内容,知晓评价的方法与过程。

第一节 职业教育素质教育评价的原则

职业教育素质教育内涵的丰富性、参与主体的多元性、涉及因素的复杂性决定了职业教育素质教育的评价工作是一项非常复杂的系统工程。职业教育素质教育是什么、为什么、凭什么均有其自身的规定性和目标的指向性。为了确保评价目标的有效达成,保障评价工作的顺利展开,开展评价工作不仅得遵循教育评价的一般性原则,还应有其自身的特殊性。

一、多元性原则

由于职业教育素质教育与普通教育所遵循的教育理念不同、培养目标不同,人们对教育评价的理解和运用方式不同,主要体现在评价主体、评价内容和评价方式的多元性上。[①]

(一)评价主体的多元化

职业教育素质教育评价应该实现评价主体的多元化,这有助于从多个角度全面、准确地评价学生的素质和能力。在传统职业教育中,教师通常是唯一的评价主体,学生是评价的客体且不能参与评价,这种评价方式往往无法全面反映学生的学习状况,学生的主体意识也得不到发挥。职业教育素质教育评价应倡导评价主体的多元化,除

---

① 尹伟民. 职业教育素质教育的理论基础、特征及其价值发现[J]. 职业技术教育,2015,36(9):64-69.

了教师,学生、企业、社会等各方面也应参与到评价中。这样可以更全面地了解学生的素质状况,同时也有助于培养学生的自我意识和批判性思维能力。

学生自评要求学生对自己的学习过程和学习成果进行反思和总结,做到对自己的学习和行为负责。通过自评,学生可以学会如何制订学习计划、调整学习方法和策略,从而更好地实现学习目标;意识到自己在学习和生活中所承担的责任,从而更加珍惜学习机会,努力提高自己;明确自己的目标和期望,为实现这些目标而努力;学会从不同角度审视问题,从而更加全面地认识自己。此外,学生自评可以为教师提供有关学生素质教育情况的反馈信息,帮助教师调整教学策略和方法,帮助学校了解教育教学的效果,为教育改革提供依据。

同学互评可以让学生学会如何客观地评价自己和他人的表现,从而提高自我评价能力。同学互评可以培养学生的团队合作精神和协作能力。同时,学生会从不同角度去观察和评价他人的学习成果,从而激发他们对学习的兴趣和热情。让全体学生参与到评价中,有助于避免教师评价的主观性和偏见,从而促进教育公平。

企业评价不仅对学生的职业发展有很大帮助,而且对于学校和企业的发展有所助益。企业评价可以帮助学生了解自己在职场中的优势和不足,从而有针对性地提高自己的技能和素质,增强就业能力;也可以为学生提供更实际的职业发展建议,帮助学生更好地规划自己的职业生涯,明确职业目标。对学校而言,企业评价可以为学校提供关于人才培养的反馈信息,有助于学校优化教育资源配置,提高教育质量。此外,企业的参与可能为学生提供更多的实习和就业机会,同时也能为企业输送更多优秀的人才。

社会评价可以让学生意识到自己作为社会成员的责任和义务,从而更加关注社会问题。学生积极参与社会实践,可以强化自己的社会责任感;激发学生的创新思维,鼓励学生勇于尝试新方法、新思路,培养学生的创新能力;让学生在面对社会问题时学会独立思考、自主学习,培养学生的自主学习能力;让学生了解社会的多样性和复杂性,拓宽学生的视野,为将来步入社会做好准备。

(二)评价内容的多元化

职业教育素质教育评价内容的多元性是确保全面、客观评价学生的关键。这种多元性反映了教育的全面性,也体现了社会对人才需求的多样性。职业教育素质教育评价应关注学生的知识、技能、道德品质、职业素养、创新能力和团队协作能力等方面。

知识评价包括学生对专业知识的掌握程度、对理论的理解和应用能力。评价学生的知识水平有助于了解学生的学习状况,指导他们查漏补缺,进一步提升自己的学习水平。

技能不仅仅指操作能力,还包括问题解决、沟通协作等多方面的技能。对学生技能的评价可以反映出他们将理论知识转化为实际操作的能力。

道德品质是学生个体人格的重要组成部分,也是评价其综合素质的关键因素。评价学生的道德品质有助于引导他们树立正确的价值观,培养良好的道德习惯,为社会作出贡献。

职业素养反映了一个人在职业环境中的行为习惯和职业能力。评价学生的职业素养有助于提高他们的就业竞争力,使其培养良好的工作习惯,提升职业发展潜力。

评价学生的创新能力有助于激发他们的创新思维,培养创新精神,提升他们对复杂问题的解决能力。

团队协作能力是现代社会中不可或缺的能力之一,评价学生的团队协作能力有助于提高他们的沟通协作能力,增强他们的团队意识,促进他们的团队合作。

（三）评价方式的多元化

职业教育素质教育评价方式的多元是指在职业教育过程中,采用多种方法和手段对学生的综合素质进行评价,有过程性评价、综合评价、实践操作评价、作品评价、考试评价等。

过程性评价是通过对学生的学习过程进行观察、记录和分析,了解学生学习态度、学习方法、学习兴趣等方面的表现,为教学提供及时的反馈信息。

综合评价是将学生的知识、技能、态度和价值观等多方面的表现纳入评价体系,形成综合性的评价结果,有助于全面了解学生的发展状况,为教学改进提供依据。

实践操作评价是对学生在实际操作中的表现进行评价,这种评价方式适用于技能要求较高的专业,通过观察学生的实际操作评估学生的技能掌握程度和应用能力。

作品评价是对学生完成的课程作品或项目进行评价,这种评价方式适用于创意性较强的专业,通过评估学生的作品,了解学生的创新思维和实践能力。

考试评价是以笔试、口试等传统形式评价学生的知识掌握程度和应用能力。

总之,职业教育素质教育评价方式的多元化有利于全面、客观地反映学生的发展水平,激发学生的学习兴趣和积极性,促进学生的个性化发展。在评价过程中,应根据不同的评价内容和目的选择合适的评价方式,注意评价方式的可靠性和有效性,确保评价结果真实、准确、公正。同时,多元化的评价方式也要求教师不断提高自身的教育教学水平,为学生提供更加优质的教育资源。

二、综合性原则

职业教育素质教育评价的综合性原则是指在评价过程中,需要综合运用多种评价方式和手段,全面、客观地评价学生的发展情况。职业教育素质教育评价的综合性原则要求对评价目标、内容、方式和主体等方面进行综合考虑,全面评估学生的职业素质状况。

首先,职业教育素质教育评价的目标应该涵盖学生的知识、技能、态度、价值观等多个方面,而不仅仅是单一的知识掌握或技能操作。综合性的评价目标能全面反映学生的职业素质状况,为职业教育提供准确的反馈,以更好地调整和完善教育内容和方式。

其次,在评价内容上,职业教育素质教育评价应该关注学生的整体表现,包括专业基础知识、实际操作能力、沟通协作能力、解决问题的能力等各个方面。同时,评价内容还应该考虑学生的个性差异和特长,尊重学生的个性化发展。除了传统的考试和测验,教师还可以采用作品评价、口头表达、自我评价、同学互评等多种方式。综合运用多种评价方式,可以更全面地了解学生的素质状况,同时也能引导学生全面发展。

最后,评价主体综合是指评价的参与者应该多元化,使教师、学生、企业、家长等各方参与。不同的评价主体可以从不同角度对学生的素质进行评估,提供更全面的信息。此外,引入企业参与评价可以更好地对接市场需求,提高职业教育的针对性和实用性。

三、导向性原则

导向性原则包括两层含义:一是评价要坚持正确的方向,要体现社会主义教育的性质,为提高国民素质的阶段教育目标服务;二是评价要充分发挥对客体的导向作用,关键是根据教育目标制定科学恰当的指标体系,通过对指标、标准和权重的调控发挥评价的导向功能。[①] 职业教育素质教育评价的导向性原则主要体现在目标导向、能力导向、过程导向、价值导向和激励导向五个方面。

(一)目标导向

目标导向强调以国家教育方针和职业教育培养目标为指导,制定明确、具体的评价标准。这些标准应体现职业教育对学生知识、技能和素质的综合要求,并能引导学生在学习过程中朝着预定目标努力。目标导向的评价可以确保职业教育紧紧围绕国家和社会发展的需要,培养符合行业和市场需求的高素质人才。

(二)能力导向

能力导向要求评价以学生的实际能力为重点,注重对学生实践能力和创新能力的评价。在职业教育中,学生能力的提升是根本目标。因此,评价应关注学生在实践中所表现出的技能水平、问题解决能力水平和创新思维水平等。能力导向的评价可以激励学生不断提高自己的实践能力,增强就业竞争力,适应社会发展的需要。同时,能力

---

① 郭红霞,岳定权. 多元智能理论对素质教育评价原则的支撑[J]. 周口师范学院学报,2005(6):116-118.

导向的评价还能促进职业教育与行业企业紧密联系,提高人才培养的针对性和实用性。

（三）过程导向

过程导向原则要求职业教育素质教育评价关注学生的学习过程和成长轨迹。评价不应仅停留在结果上,更要关注学生在学习过程中所表现出的态度、方法和能力。通过对学生学习过程的观察、记录和分析,可以及时发现学生的优势和不足,为他们的个性化发展提供有针对性的指导和支持。同时,过程导向的评价还能促进职业教育的教学改革和教学质量提升。

（四）价值导向

价值导向原则要求职业教育素质教育评价坚持正确的价值观,强调对学生品德、人格和情感等方面的评价。在职业教育中,学生不仅要学习专业知识技能,还要培养良好的道德品质、社会责任感和团队协作精神等。因此,评价应关注学生的价值观念和道德行为,引导学生树立正确的世界观、人生观和价值观。价值导向的评价可以促进学生的全面发展。

（五）激励导向

激励导向是指评价应具有激励作用,能够激发学生的积极性和创造力。肯定和鼓励的评价方式可以增强学生的自信心和自尊心,激发其内在潜力。同时,激励导向的评价还可以帮助学生发现自己的优势和特长,促使其在特定领域发挥更大的作用。在评价过程中,教师应注重对学生的正面肯定和鼓励,以激发学生的积极性和创造力。

四、可行性原则

所谓可行,就是评价方案要结合工作实际来制订,评价方法和技术要根据实际可能性来选用。其基本要求有二:一是指标不宜过高,不能用理想化的科学要领去套评价,否则就会觉得这也不行,那也不科学;二是所定的标准和所提的要求不能简单地适应低水平,而是通过努力可以达到的。[①] 首先,在确定评价内容、设计评价方案、选用评价方法时,要充分考虑到当时、当地及被评者的现状、条件和水平,要切实可行。例如,有些评价方案和评价标准、评价方法对重点学校可行,而一般学校就不能照搬;在城市可用,而农村就可能不具备条件。只有科学性和可行性、现实性相结合才是可取的。其次,评价的指标体系应在保证正确性与科学性的前提下尽量简化,并且可操作性强。[②]

---

① 刘先捍. 明确素质教育评价的特点和原则,构建中小学素质教育评价的目标体系[J]. 当代教育论坛,2003(5):57-59.
② 孟令华. 素质教育的评价原则[J]. 山东教育,2002(Z2):34.

职业教育素质教育评价的可行性原则主要有以下几个特点。第一,评价方案应具有实际可操作性,评价指标和标准应符合实际情况,具体可行,能够被评价对象理解和接受。在实施评价前,应对方案进行可行性分析和估计,确保方案在小范围内试行后能够逐渐推广。第二,评价应尽量简便易行,避免过于烦琐,以减少人力、物力、财力的浪费和评价对象的负担。评价指标应具有直接可测性或可操作性,能够用具体的语言加以定义,避免采用过于抽象或难以量化的指标。① 第三,可行性原则要求评价活动保持客观公正,避免主观臆断和片面评价。评价标准应根据教育目标而确定,不应随着人的主观思想而改变。同时,评价过程应公开透明,确保各方参与和监督。

第二节　职业教育素质教育评价的目的、内容和方法

职业教育素质教育评价由谁来评、评什么、怎么评,是有效实施职业教育素质教育评价首先需要明确的问题。有效开展职业教育素质教育的评价工作,首先需要准确理解职业教育素质教育评价的目的,基于此构建评价的内容体系,明确评价的主体与客体,进而选择适合的评价方法。

一、职业教育素质教育评价的目的与内容

什么是职业教育素质教育评价? 对这一概念的理解会直接影响到职业教育评价实施的具体效果。一直以来,各界关于对该概念的理解众说纷纭。从广义上来说,在职业教育中开展的素质教育评价是对学生综合素质的全面评估;从狭义上来说,职业教育素质教育的评价旨在打破传统的评价体系,使得评价体系包括但不限于对专业知识与技能的考核,而是更加关注学生的综合素养和个性发展。这种评价关注学生的职业技能、人际沟通、团队协作、创新能力、社会责任感等方面,以全面了解学生在不同层面的发展情况。

"新时代青少年肩负着中华民族伟大复兴的历史使命。在落实立德树人根本任务、实施五育并举人才培养的教育实践中,如何培养人、如何培养高素质技术技能人才,是高职院校面临的重要课题。"②职业教育主要培养高素质劳动者及技术技能型人才,要求学生在理论知识、实操能力、职业素质等三个方面都得到提升。目前,各职业院校不同程度上存在着重视学习成绩、忽视其他方面的现象,职业教育素质教育也存

① 武婧. 职业教育质量内涵、属性及评价原则[J]. 职教通讯,2016(22): 6-9.
② 洪剑锋. 高职院校学生综合素质教育评价体系建设研究[J]. 中国多媒体与网络教学学报(中旬刊),2023(8): 134-137.

在评价内容简单片面、体系结构尚不完善等问题,评价目的的充分讨论、考核项权重的科学设计、考核结果的运用等都有着较大的探索空间。

（一）职业教育素质教育评价的目的

"评价的根本目的在于促进发展,关注学生、教师、学校和课程的发展,突出评价的激励与调控功能,激发学生、教师、学校和课程的内在发展动力,实现自身价值。"[①]开展职业教育素质教育评价的目的主要有以下几个。

1. 促进学生全面发展

职业教育素质教育评价旨在全面衡量学生的综合素养和能力,包括知识、技能、态度、价值观等方面,在职业院校开展素质教育评价的目的是帮助学生在知识、技能和态度等方面实现全面发展。除了专业知识和技能的学习,学生的综合素质也需要得到培养和提升,如创新能力、合作精神、社会责任感等。通过评价,可以帮助学生挖掘个人潜力,提升综合素质,从而更好地适应社会发展的需要。

2. 改善职业院校教学质量

职业教育素质教育评价可以为教师提供有效的反馈信息,帮助他们了解学生的学习状况和发展趋势。教师可以根据评价结果优化调整教学方法和内容,提升教学效果,进一步提高教育质量。

3. 推进课程改革

职业教育素质教育评价可以为课程改革提供指导和参考。通过评价结果,可以了解中职及高职学生在不同领域的发展情况,从而有针对性地调整课程设置和内容,更好地满足学生的需求和社会的需求。

4. 适应社会需求

职业教育素质教育评价的目的是使学校培养的学生更好地适应社会需求和发展趋势。社会对于职业院校毕业生的要求不仅仅局限在专业知识和技能上,还要求其具备良好的职业道德、人际交往能力、终身学习能力等。素质教育评价可以为学生提供更全面的素质培养方案,提升其就业竞争力和适应能力。

5. 提高学校声誉

职业教育素质教育评价可以客观地评估学校的教育质量和学生综合素质。优秀职业院校的学生在素质教育评价中表现优秀,能够在各方面展现出色的能力和素养,这将提高学校的声誉和吸引力,进一步吸引更多的人才和资源。

6. 完善评价体系

职业教育素质教育评价有利于深化新时代教育评价改革,改进结果评价、强化过程评价、探索增值评价、健全综合评价,有助于建立科学的、符合时代要求的教育评价制度和机制,培养学生适应终身学习和社会发展需要的正确价值观、必备品格和关键

---

① 王传兵,仇奔波. 素质教育课程评价体系的构建[J]. 教育探索,2003(6)：30 - 32.

能力。首先,确立评价目标和标准是评价体系完善的基础,需要明确教育培训的目标,明确职业技能和素质教育的要求,制定全面、科学的评价标准,确保评价体系与职业需求、社会期望相一致。其次,建立有效的质量保障体系,确保评价过程的公正性、透明度和可靠性。有效的质量保障体系包括评价指标的科学制定、评价人员的专业素养和考评过程的监督和反馈机制等。最后,评价体系需要不断改进和完善,持续性的反馈机制可以收集各方面的意见和建议,有助于及时作出调整和改进。通过听取各方的声音,更好地满足职业教育素质教育的需求。

综上所述,职业院校开展素质教育评价的目的在于促进学生全面发展、改善教学质量、推进课程改革、提高学校的声誉等,旨在为学生、教师和学校提供有益的反馈和指导,以促进教育质量的提升和人才培养。

（二）职业教育素质教育评价的内容

职业院校开展素质教育评价的内容通常涵盖学生的综合素质,包括德智体美劳等多方面的评价。以下是可能涉及的内容。

1. 综合素质评价

评价学生的品行表现、自律能力、团队合作精神和社会责任感等方面,可能涉及学生的行为记录、社会实践、志愿活动参与情况等。学生在综合素质方面的表现可以采取问卷调查、综合素质评价量表、实际观察、教学成果展示、学生竞赛评比等方式进行评价,为职业教育提供有效的反馈和改进意见。同时,要评估学生对自己学习和发展的反思和评价能力,可以通过学生对自己学习成果的认识和评估、对自己职业发展目标和规划的明确程度,以及对自己学习过程中存在的问题进行总结和改进的意识进行评价。

2. 学业成绩评价

评价学生在专业课程以及其他学科领域的学习成绩情况,包括知识掌握程度、创新能力、问题解决能力等。评价学生在职业教育中所取得的知识、技能、能力和态度等学习成果,包括学生的专业知识、专业技能、创新能力、解决问题的能力,对职业道德、职业素养和职业道德等方面的理解和应用能力,还包括学生对职业伦理、职业规范的理解和遵守程度,承担工作责任、团队合作以及自我管理的能力。

3. 教学方法评价

评价教师在职业教育素质教育中采用的教学方法和策略是否有效。例如,教师是否采用了多元化的教学方法,包括实践性教学、案例分析、模拟实训、项目驱动等,能否激发学生的学习兴趣和主动性。教师是实施职业教育素质教育评价的主体,在评价的具体实施中,各类教师应各司其职,专任教师应在学科中渗透综合素养相关知识,辅导员应综合统筹各类活动的实施,并为学生提供相关指导。

4. 就业竞争力评价

评价学生的就业竞争力和职业素养,包括实习实训情况、专业技能掌握程度、就业实际情况等。同时评价职业院校学生的创新意识、创新能力和创业潜力,包括学科竞赛成绩、科研成果、创新项目参与情况等。

5. 实践能力评价

实践能力评价指评价学生在实际操作和实践中的表现,包括学生在实习、实训和实际工作中的技能运用能力、解决实际问题的能力、沟通协作能力和团队合作能力等。评价学生的口头表达能力、书面表达能力、团队合作能力等,包括口语表达能力、团队项目合作情况等。对学生在课外活动、社会实践中的表现和收获,可以通过社会实践报告、志愿服务时长、社会实践项目成果等进行综合评价。

设计评价职业教育素质教育的内容时应综合考虑以上指标,这些内容可以通过实际观察、成绩单、问卷调查、综合素质评价报告、学生档案、学术成果展示和学生竞赛评比等形式来呈现和记录。同时,评价内容的设计应当根据不同专业的特点、学生的实际情况和社会需求来确定,并遵循公平、客观、科学的原则,为职业教育素质教育提供有效的反馈和改进意见。

二、职业教育素质教育评价的主体与客体

学生是职业教育的主体,应以何种评价标准和目标来考量职业教育的教学质量,学生又应朝着哪个明确的方向努力和发展,都与职业教育素质教育评价体系的建设息息相关。在构建评价体系前,首先要明确评价的主体与客体问题。

(一)职业教育素质教育评价的主体

职业教育素质教育的评价主体涉及多个层面,包括学生、教师、学校、企业、家长、行业专业评价机构以及社会公众等。通过多元的评价主体,可以全面、客观地了解学生的综合素质发展,推动素质教育的深入实施。

1. 学生自评

"学生的发展和要求是教学工作的出发点和归宿,学生评价的比重应该在评价体系中占据重要地位。"[①]学生通过自我评价,能够对自己的学科知识、实际技能、人际沟通、团队协作等方面进行反思。这种自我认知有助于激发学生的学习动力和自主发展能力。学生通过反思和自评,能更好地意识到自身在各方面的优势和不足,从而更有针对性地进行个人发展规划。

2. 教师评价

教师在教育过程中扮演着重要的评价角色。他们通过多种方式,如课堂观察、学科测试、项目评估等对学生进行全面综合的评价。教师的评价不仅关注学生的学科成绩,还强调对学生综合素质的培养。通过及时的反馈和指导,教师能够促使学生在职业技能、创新思维、团队协作等方面取得进步。

---

① 刘晓敏. 高等职业教育评价的现状、问题及对策研究[J]. 职业技术教育,2005,26(7):20-23.

3. 学校评价

职业院校是职业教育素质教育评价的重要主体,人文素质教育评价应整合多方面评价意见。"评价主体应包括学校领导、有关职能部门、人文素质教育课专职教师等,他们对待评价工作更积极、主动,在评估过程中占主导地位。"①具体来说,第一,学校可以根据素质教育的特点和目标,制定相应的评价标准,包括学生的综合素质、学习态度、社会责任感等方面的评价内容和指标。第二,学校可以组织多种形式的评价活动,如学生自评、教师评价、同学互评等,通过多种途径搜集评价数据。第三,学校可以建立学生的素质教育档案,记录学生在学校期间的各项素质表现和成长情况,对其定期进行评价和总结。第四,学校可以根据素质教育评价的结果制定相应的奖惩措施,对于表现优秀的学生给予奖励,对于表现不佳的学生给予适当的惩罚或引导。第五,学校可以定期对素质教育评价工作进行评估,根据评估结果对评价标准和方法进行调整和改进,确保评价工作的科学和有效性。

4. 企业评价

校企合作是职业教育的重要环节。在建设以企业为主导的第三方职业教育质量评价体系过程中,着重考察的是中观层面,"即高职院校培养出来的学生各项综合能力——职业能力与职业素养与企业岗位需求、工作技能标准以及职业发展的匹配程度,毕业生在进入企业工作之后各个主体的工作满意程度,以及与当地区域经济的匹配程度"②。企业作为用人主体,能够更直观地评价学生在职场中的表现,关注学生的适应能力、实际工作态度、创新能力等。企业评价为学生提供了直接的职业发展建议,也使学校教育更贴近实际用人需求。

5. 家长评价

家长作为学生的监护人,对学校的教育质量和学生的综合发展有高度的关注。家长可以从学科成绩、学生活动参与度、个性发展等方面进行评价。他们的反馈有助于学校更好地了解学生在家庭环境中的表现和发展状况,从而更有针对性地进行教学和培养工作。

6. 行业专业评价

可以由行业协会或专业机构对职业教育素质教育进行评估。这些机构能够根据行业标准和发展趋势,评价学校的教育质量和培养效果。通过接受行业专业评价,学校能够更好地适应行业发展的要求,确保培养出符合行业需求的人才。

7. 社会公众评价

社会公众包括广泛的社会群体,他们对职业教育素质教育的质量和效果也有一定

① 杭国英,武飞,武少侠. 高职院校人文素质教育评价体系构建[J]. 高等教育研究,2011,32(7):68-74.
② 徐兰. 以企业为主导的第三方职业教育质量评价体系构建[J]. 职教论坛,2015(22):69.

的关注。社会公众的评价主要体现在学校声誉、毕业生就业率、社会责任履行等方面。这种社会反馈能够影响学校的形象和吸引力,对学生和教育机构具有一定的引导作用。

通过以上多个评价主体的参与,对职业教育素质教育的评价更加全面、客观。不同主体的观察和反馈互为补充,为学生提供了全方位的成长支持和指导。多元评价机制有助于更好地实现职业教育的目标。

（二）职业教育素质教育评价的客体

职业教育素质教育的评价客体主要包括学生综合素质、课程设置和实施、教学质量、学校管理、学生就业和职业发展等方面。这些客体构成了一个多层次、多角度的体系,对其进行评价有助于全面了解和提升职业教育的质量。

1. 学生综合素质

学生是职业教育素质教育的核心客体。学生的综合素质包括职业技能水平、实际操作能力、创新能力、团队协作能力等方面。通过学科知识的学习和实践能力的培养,学生的综合素质在不同层次得到展现。学生的综合素质评价是评价体系的基础,也关系到素质教育的最终目标。

2. 课程设置和实施

课程设置和实施是职业教育素质教育评价的重要客体之一。课程设置涉及各个专业的课程结构和内容设计,需要符合行业标准和市场需求。评价体系要关注课程的科学性、实用性、前瞻性,以确保学生能够得到全面的职业素质培养。同时,课程实施阶段的评价要关注教学方法的多样性、教育资源的充分利用、实践环节的设置等方面。评价课程设置和实施,可以促使学校不断改进教学内容和方法,更好地满足学生的培养需求。

3. 教学质量

教学质量是直接关系到学生学习效果的核心客体,职业教育素质教育的教学质量评价要考虑教师的教学水平、教学资源的配置、教学管理的效果等多方面因素。教师的教学水平涉及教育理念、教学方法、对学生的激励和引导作用等。教学资源的配置包括教室设施、实验室设备、教材教辅等。评价教学质量时应该能够全面反映学生在课堂学习和实践操作中的真实水平,有助于全面评估学生的学习能力,为评价体系的构建提供真实有效的资料。

4. 学校管理

学校管理是素质教育评价的重要客体。学校管理涉及招生、就业服务、校园文化建设、资源配置等多个方面。通过评价学校管理,可以了解学校能否提供全方位的支持和服务,包括课程选择、实习推荐、就业指导等方面。学校管理的良好与否直接关系到学生的学习体验和发展前景。

5. 学生就业和职业发展

学生就业和职业发展体现了职业教育素质教育的重要目标,也是评价体系的重要客体。通过就业率、毕业生就业岗位质量、职业发展路径等方面的评价,可以了解学校实施素质教育的结果,评估其培养的学生是否适应市场需求,以及他们在职场中的表现。对这方面的评价有助于学校更好地与企业合作,提高学生的就业竞争力。

表 6-1 是某职业院校实施素质教育的评价表,从学生综合素质、课程设置和实施、教学质量、学校管理、学生就业和职业发展 5 个一级指标,20 个二级指标出发,对职业教育素质教育实施的情况进行了系统性评价。必须说明的是,在不同主体、不同时代、不同地区,应根据职业教育素质教育的实际情况开展针对性、个性化评价。

表 6-1 某职业院校素质教育实施评价表

评价维度	评价指标	评 价 标 准	评价方式
学生综合素质 (20分)	职业技能水平 (5分)	熟练掌握专业核心技能,在相关职业技能考核中取得优异成绩	技能测试、实际项目考核
	实际操作能力 (5分)	操作规范、熟练,能高效完成实践任务,解决实际操作中的问题	实践操作观察、实践报告评估
	学生创新能力 (5分)	能提出新颖的想法、问题解决方案或改进措施,有创新成果展示	创新作品评估、创意方案评审
	团队协作能力 (5分)	在团队项目中积极沟通、协作良好,能发挥自身优势促进团队目标达成	团队成员互评、项目负责人评价
课程设置和实施 (30分)	课程前瞻性 (5分)	能引入行业前沿技术与理念,使学生具备未来职业发展的潜力	行业趋势分析、专业论坛研讨
	课程科学性 (5分)	课程体系符合学科逻辑与职业发展规律,知识结构合理	专家评审、行业调研反馈
	课程实用性 (5分)	课程内容紧密结合行业实际需求,所学知识技能能直接应用于工作中	企业反馈、毕业生跟踪调查
	教学方法多样性 (5分)	采用多种教学方法,如案例教学、项目教学、模拟教学等	课堂观察、学生问卷调查
	教学资源利用 (5分)	教学设备、场地等资源充足且能有效利用,教材教辅质量高且贴合教学需求	实地考察、资源使用记录审查
	实践环节设置 (5分)	实践教学课时充足,实践项目丰富且有层次,与企业实习衔接紧密	实践教学大纲审查、企业实习评价

续　表

评价维度	评价指标	评 价 标 准	评价方式
教学质量 (15分)	教师教学水平 (5分)	教育理念先进,教学方法灵活多样,能有效激励、引导学生学习	教学观摩、学生评教
	教学资源配置 (5分)	教室设施完备、舒适,实验室设备先进且能满足实践教学需求,教材教辅及时更新	实地检查、师生反馈
	教学管理效果 (5分)	教学计划安排合理,教学质量监控体系完善,能及时处理教学问题	课堂教学质量考核、教学事故统计
学校管理 (20分)	招生工作 (5分)	招生宣传真实准确,招生流程规范,生源质量符合学校定位	招生资料审查、新生素质调查
	就业服务 (5分)	提供完善的就业指导课程与服务,学生就业推荐渠道广泛,就业率与就业质量高	毕业生就业数据统计、企业招聘反馈
	校园文化建设 (5分)	有积极健康的校园文化氛围,开展丰富的文化活动,注重学生综合素质培养	学生文化活动参与度调查、校园文化展示评估
	资源配置 (5分)	人力、物力、财力资源分配合理,能保障教学、管理等工作顺利开展	财务报表审查、资源分配方案评估
学生就业和职业发展 (15分)	就业率 (5分)	学生毕业一段时间内的就业比例达到较高水平且稳定	就业数据统计
	就业岗位质量 (5分)	学生的就业岗位与专业对口度高,薪资待遇、职业发展空间良好	毕业生就业跟踪调查
	职业发展路径 (5分)	学生职业晋升路径清晰,有持续学习与发展的能力与机会	校友职业发展案例分析

三、职业教育素质教育评价的方法

"作为一种具体评价方式的综合素质评价与中考、高考等外部评价存在重要区别。前者所追求的是教育的内在价值,核心是关注每一个学生个性发展的独特性;后者则追求教育的工具价值,如满足大学学术发展的需要或适应某种社会职业岗位的需要,它自然以特定情境的需要为标准对所有学生进行比较,以选取最适合某种情境的学生,它强调的是学生的工具价值、比较价值,关注的是不同学生之间在某些方面的共性。前者强调的是评价情境中不同评价主体的合作解释与共同建构;后者则主要基于源自测量学的量化评价手段,追求评价的客观性。前者主要是过程性、形成性评价;后者主要是结果性、终结性评价。前者以档案袋评价为基本形式;后者则主要是学业成绩测验。"[1]

在职业院校开展素质教育评价时,可以采用多种评价方式来全面评估学生的素质发展水平。以下是一些可以采用的素质教育评价方法。

(一)定量评价

"高校文化素质教育课程的实施本身是一个过程,对学生素质的培养不可能立竿见影,只能在经过多种课程的教育中潜移默化地养成。所以,对于高校文化素质教育课程的评价不能采用唯目的和唯结果的评价手段。"[2]可以采用标准化的问卷调查、量表测验等方式,对学生的素质进行量化评价,设置考试成绩、作业质量、课堂参与度、社会实践项目评估等方面的指标。这种评价方式相对客观,并且可以用于对学生素质水平的横向和纵向比较。某职业院校的专业课程素质教育评价表如表 6-2 所示。

表6-2 某职业院校的专业课程素质教育评价表

评价维度	评价指标	评 分 标 准	得分
课程考核 (30分)	课程考核 (30分)	根据课程考核实际得分进行换算,如满分100分的考试,则该项得分为学生实际得分×0.3	
作业质量 (20分)	准确性 (10分)	答案完全正确且分析深入透彻,得8—10分;存在少量错误或分析略有不足,但不影响整体理解,得5—7分;错误较多或对知识点理解偏差较大,得0—4分	
	规范性 (5分)	格式规范、书写工整、引用准确,得4—5分;格式基本规范、书写较清晰、有少量引用问题,得2—3分;格式混乱、书写潦草、引用错误较多,得0—1分	
	创新性 (5分)	有明显创新性思维或独特见解,对课程内容有新的拓展或深度挖掘,得4—5分;有一定创新尝试或与众不同的思路,但不够突出,得2—3分;作业较为常规,缺乏创新元素,得0—1分	
课堂参与度 (20分)	出勤情况 (5分)	全勤得5分,缺勤一次扣1分,扣完为止	
	发言质量 (10分)	积极主动发言,且发言内容有深度、有见解,能够引发课堂讨论或启发其他同学思考,每次得8—10分;能够主动发言,发言内容较有价值,但深度和创新性略有不足,每次得5—7分;发言较少,且发言内容简单、重复他人观点或与课程关联不大,每次得0—4分	

---

① 王盈,李平. CIPP 模式在高校文化素质教育课程评价中的应用[J]. 宁波大学学报(教育科学版),2009,31(3):1-6.

② 戴斌荣. 论全面推进素质教育的难点:评价方法[J]. 天津师范大学学报(基础教育版),2002(2):8-10.

续　表

评价维度	评价指标	评 分 标 准	得分
课堂参与度 (20分)	小组活动 (5分)	在课堂小组讨论、项目合作等活动中,积极参与、协作能力强、对小组贡献突出,得4—5分;参与度一般,能够完成分配任务,得2—3分;参与度低,消极对待或对小组完成任务造成阻碍,得0—1分	
实操项目评估 (30分)	项目成果 (10分)	实操项目完成度高,得8—10分;基本完成,得5—7分;未完成,但有一定的实践过程和收获,得0—4分	
	项目报告 (10分)	项目报告内容翔实、结构清晰、分析深入、总结到位,能够充分反映实践过程和成果,且有一定的理论提升,得8—10分;报告内容较完整,有基本的实践描述和分析,但深度不够,存在一些格式或表述问题,得5—7分;报告内容简略、混乱,缺乏对实践的有效总结和分析,得0—4分	
	团队协作 (10分)	在实操项目团队中,与同学沟通顺畅、合作默契、分工合理、相互支持,得8—10分;团队协作存在一定问题,但未影响项目进展,得5—7分;团队协作矛盾突出,严重影响项目实施,得0—4分	
总分			

（二）定性评价

"应试教育只从量上对学生、教师、学校进行评价,因为学生的考试分数本来就是一个量化的东西。但素质教育中的素质是由许多子素质构成的,有些子素质难以量化或不能量化。如果把所有素质一律量化,不是相当难就是不可能,勉强为之,不是失去科学性就是达不到评价的真正目的。"①因此,对职业教育素质教育的评价不能单纯采用定量评价的方法,可以通过观察、记录、访谈等方式,对学生的表现进行定性评价。可以包括学生在实际操作中的技能运用情况,以及在人际交往、思维能力、情感态度等方面展现的素质水平。学生、家长和教师可以填写评估问卷,以评价职业教育和素质教育的效果。问卷内容可以包括学生对课程内容和教学方式的评价、对自身技能和素质发展的自我感知,以及家长和教师对学生综合素质的评价等。可以描述、分析和评价学生的素质特点,并通过案例、作品等展示学生的素质水平。这种评价方式注重对学生整体素质的品质和特点进行综合性评价,能够更全面地展现学生的优势和不足。

（三）学生自评与同学互评

鼓励学生对自己的素质进行主动评价和反思,帮助他们认识到自己的优势和不

① 王盈,李平. CIPP 模式在高校文化素质教育课程评价中的应用[J]. 宁波大学学报(教育科学版),2009,31(3): 1-6.

足,并制订个人发展规划。这有助于促进学生的自我认知和成长。引入同学评价,让学生相互评价,互相促进成长,有助于提高学生的团队合作能力和人际交往能力。

（四）他人评价

由教师对学生的素质表现进行评价,包括学业水平、品德品质、参与实践活动等方面。教师的评价有助于学生了解自己在学业和行为方面的表现。同时,引入企业、行业专业机构等对学生进行评价,从社会的角度评价学生的素质水平,使职业院校的培养更贴近社会需求、培养更适应社会要求的人才。

在开展素质教育评价时,学校需要根据学生的发展特点和课程设置制定相应的评价标准,并结合学校的办学特色和培养目标,设计合适的评价方式,全面评价学生的素质发展水平。同时,学校也需要培养教师的评价能力,确保评价的客观性和公正性。评估开展职业教育素质教育的学校或机构的教育环境,包括教学设施、教师素质、教育资源、课程设置等方面,以确保提供良好的学习条件和支持。这些评价方法可以相互结合,综合考虑,以全面评价职业教育素质教育的质量和效果。

需要注意的是,职业教育素质教育的评价应该综合考虑多个方面的指标,要注重学生的专业能力和操作技能,也要关注其综合素质和人文情怀。此外,评价应当具有针对性和可操作性,使得评价结果能够为教育管理者和教师提供有价值的参考信息,帮助优化教育内容和教学方法。

第三节　职业教育素质教育评价的实施

其实施阶段的主要任务是运用多种教育评价方法和技术,收集各类评价信息,并在整理评价信息的基础上进行价值判断。[①] 职业教育素质教育评价的实施包括前期准备、制订评价方案、收集评价指标数据、客观分析评价结果四个阶段。

一、前期准备

做好前期相关准备工作是有效实施评价的重要基础性工作。前期准备工作包括机构人员准备、评价体系准备和宣传教育准备等主要工作。

（一）机构人员准备

职业教育素质教育的评价工作由谁来完成、以什么样的组织方式完成,是实施评价时首先需要明确的。通常而言,职业教育素质教育的评价工作主要包括委托第三方

---

① 毛家瑞,孙孔懿. 素质教育论[M]. 北京：人民教育出版社,2000.

开展和职业院校自行组织两种方式。如果委托第三方来实施,应提前做好评价项目的委托签约等相关工作;如果由职业院校自行组织,则应根据评价工作的目标、工作量等,组织做好队伍建设工作。

（二）评价体系准备

在做好"由谁来评"这方面的准备工作之后,接下来应做好"评什么""怎么评"等评价体系方面的准备工作。需要使评价团队明确素质教育评价的主要目标、评价功能与评价方法等,由评价团队依此制定相应的评价体系,以提升职业教育素质教育评价的针对性、有效性。

（三）宣传教育准备

为确保评价工作的顺利进行,提升评价工作的有效性,针对评价工作的适度宣传是非常有必要的。在评价中,评价团队需要充分运用专业知识和技能,确保评价过程的客观性和准确性,以保证教育评价的有效性和可信度。首先,要让评价组织者确保参与评价的人员充分了解职业教育素质教育评价的意义,从而激发他们内在的积极性。[1] 这为评价工作的顺利进行提供了必要条件,也为发挥评价的作用和改进教育工作方法奠定了坚实基础。其次,评价组织者需确保参与评价的人员掌握评价的基本方法和步骤,理解它们在实施评价中的作用,并能按照科学的评价程序参与评价活动。最后,评价组织者还应确保全体人员切实了解评价活动的具体进程,以便得到他们的配合和协助,使教育评价活动能够顺利地进行,实现职业教育素质教育评价的目的。

宣传的方式应根据参与人员的实际情况来选择,例如召开评价动员会、讨论会。[2] 在有条件的地方,可以利用网站、微信公众号和电视等多媒体进行宣传。此外,还可以邀请专家进行相关专题报告,以使参与人员深入了解教育评价的基本理论和核心精神,提高对教育评价目的和意义的认识水平,并激励他们积极完成职业教育素质教育评价的任务。

二、制订评价方案

在进行某项评价之前,评价组织者要对评价本身进行仔细的分析。[3] 职业教育素质教育评价实施方案的制订是一个综合性的过程。知悉职业教育素质教育的重要内涵,才能制订出科学的评价方案。素质教育内涵发展的逻辑轨迹是:教育实践中存在什么问题,时代发展提出了什么新要求,它就会增加相应的内容,即素质教育作为教育现实中不断出现的问题的对立面,其内涵是随着人们对问题认识的不断深化而逐步充

① 董奇. 教育性评价[M]. 北京:中国轻工业出版社,2005.
② 王孝玲. 教育评价的理论与技术[M]. 上海:上海出版社,2001.
③ 蔡敏. 论教育评价的主体多元化[J]. 教育研究与实验,2003(1):21-25.

实、完善的。[①] 还要关注职业教育与普通教育本质的区别。职业教育作为一种不可替代的教育类型具有以下特征：企业与学校"联姻"的跨界合作，形成了职业教育协同育人的办学格局；产业与教育链接的需求整合，是职业教育生存发展的社会价值。[②]

（一）明确评价主体

评价实施方案的制订应由多个相关主体共同参与，以确保方案的全面性和公正性。主要制订者包括：教育行政部门，负责制订整体规划和指导职业教育的发展，制定相关政策和标准；职业学校，作为职业教育的主要实施者，对职业教育评价有直接的需求和经验；行业企业和专家，提供行业需求和标准，对职业教育评价的专业性和实用性进行评价；学生和家长，作为职业教育的受益者，对职业教育评价有直接的反馈和建议作用。在职业教育素质评价的具体操作之前，还应组建以企业为主体的评价组织和评价队伍，通过校企合作来确定评价目标、标准和评价方案，然后通过试点推行优化评价过程，实施闭环控制。

（二）明确评价内容

职业教育素质教育的评价实施方案应包括以下内容。

（1）评价目标：明确评价的目的和意图，如提高教育质量、促进学生发展、提升学生综合素质。

（2）评价内容：根据职业教育的特点和目标确定评价的具体内容，如课程设置、教学方法、师资力量、学生表现。

（3）评价方法：选择适合职业教育特点的评价方法，如量化评价、质性评价、形成性评价，确保评价的准确性和有效性。

（4）评价周期和频率：根据实际需要，确定评价的周期和频率，如每学期、每年或每两年进行一次评价。

（5）评价结果应用：明确评价结果的使用方式和途径，如改进教学、调整课程设置、优化师资配置。

（6）监控与反馈：建立有效的监控和反馈机制，确保评价的顺利进行和及时调整。

评价的实施需要各利益相关方的积极参与和协作，共同推动职业教育素质教育的发展。

（三）进行试评

为了确保教育评价的准确性与可靠性，建议在正式评价之前，先选择适当的试点

---

① 柳夕浪. 从"素质"到"核心素养"：关于"培养什么样的人"的进一步追问[J]. 教育科学研究,2014(3)：5-11.

② 姜大源. 跨界、整合和重构：职业教育作为类型教育的三大特征：学习《国家职业教育改革实施方案》的体会[J]. 中国职业技术教育,2019(7)：9-12.

单位进行试评。通过这种方式,可以积累宝贵经验,改善工作方法,并进一步提升教育评价的质量,这一步骤对于确保整个评价过程的学术性和逻辑性具有重要意义。[①] 应首先选择具备良好基础条件、实施能力强、改革需求迫切的全国性示范校和骨干院校作为试点院校。在这些试点院校中,选择与行业企业紧密贴近的专业,通过政策和财政上的支持进行先行先试,以点带面。完成试点工作并评价后,总结其中的经验与不足,进一步完善和改进,为其他院校的评价提供参考依据。

试评阶段的评价可以通过两种方式进行,一方面由评价组织者对被评对象进行评价,另一方面进行被评对象的自我评价。相对而言,后者更有利于调动被评对象的积极性,激发其主动性和创造性,促进其自我发展和提升解决问题的能力。因此,在试评阶段,被评对象自我评价作为一种有效的评价方式,有助于提高教育评价的效果与质量,并促进整个评价过程的可靠性提升。教育评价一般需要有预评价这一阶段,其原因主要在于以下几个方面。

(1)将自我评价作为教育评价的组成部分,可以全面搜集信息,形成准确判断。全面了解被评对象的情况对于准确评估教育工作的价值至关重要。在实地调查的过程中,由于时间和空间上的限制,评价者难以全面掌握被评学校或专业的情况。而在自我评价的情况下,被评对象可以更全面地向评价者提供信息,从而产生更准确的评价结果。此外,在自我评价的过程中,被评对象也可以更容易地揭示工作中的教训和失误。

(2)试评可以帮助完善评价的标准和目标。在试评阶段,评价者可以与被评对象进行沟通,了解其期望和目标,并制定相应的评价标准。这样做有利于提高评价的准确性和客观性,同时也可以帮助被评对象更好地了解自身的优势和不足。

(3)试评阶段能够提升被评对象的积极性和主动性。自我评价要求被评对象对自身的工作进行全面和深入的分析,这可以激发其改进和提升的积极性和主动性。同时,被评对象也可以更好地理解评价的目的和意义,进而更好地配合评价的实施。

三、收集评价指标数据

(一)正式开展评价

正式评价通常是指由专家评价组对被评者进行评价。专家评价组由来自教育界、社会知识界,具有学术水平高、专业知识渊博、实践经验丰富、威望较高等特点的专家组成。他们在评价理论和实践方面具有一定水平,评价结果的质量较高,具有科学性和权威性。这些专家相对独立,与被评对象关系较少,有利于提高评价的公正性和客观性。来自不同领域和角度的专家对被评对象进行评价有助于提高评价的准确性。不同单位同行专家的评价可以促进信息交流,并有助于横向比较,专家组的威严对被

---

① 肖远军.教育评价原理及应用[M].杭州:浙江大学出版社,2004.

评对象进行自我评价起到约束作用。① 在实施正式教育评价阶段中,确保这一步成功的关键在于被评对象的紧密配合。被评对象需要全面、实事求是地提供各种材料,并为评价者提供有利的工作条件。同时,在这个环节中,评价者需要加强监督和检查,杜绝不良行为的发生。

在具体的评价实施上,企业与职业院校应分工协作,分阶段、按步骤实施评价。从数据采集、整理、分析到评价结果形成、反馈和公布,应形成一个闭环控制系统,这一点至关重要。首先,学校应积极配合企业的评价数据采集工作,企业采集到数据后进行汇总和整理,再反馈给评价组织者。其次,评价组应对职业教育各层面的数据进行核对、检查、统计、判断等,以评价指标为依据,进行详细、深入的分析。最后,形成评价结果,由评价组织者汇总质量评价的数据,通过分析和处理后形成评价报告,向职业院校和相关企业反馈评价结果。同时,将评价情况反馈给评价体系,以改进下一次的评价。此外,还应向社会公布评价结果,方便相关单位和人员查询。

(二)收集评价信息

收集评价信息是教育评价过程中的基础性工作,它提供了评价的客观依据,是得出科学结论所必需的条件。评价信息充分、全面和准确的收集,能够使评价结果更加准确、合理,并具有更强的客观性和科学性。因此,在收集职业教育素质教育评价信息时,需要注意信息的全面性,并确保信息的准确性。评价信息的收集通常会分组进行,并将通过不同途径获得的信息进行归纳和汇总。有多种方法可以用于收集评价信息,例如查阅文献法、观察法、调查法、问卷法以及访谈法。② 这些方法可以根据具体评价的需求和情境来选择和应用,以确保评价信息的有效获取和使用。

教育评价信息是进行评价的客观依据,也是作出科学结论的必要条件。对于评价的相关信息占有得越多,评价就越准确、合理。如果缺乏充分的评价信息,教育评价可能存在主观随意性、片面性等,甚至可能无法开展。因此,在实施阶段,需要广泛搜集评价信息,以支撑评价指标体系的应用。③ 在搜集评价信息时,有以下几个要求。

1. 注意评价信息的全面性

评价信息应当全面反映教育评价对象的全貌和全过程,不能忽略某一方面或某一环节的重要信息。只有全面地收集评价信息,才能科学地对教育评价对象进行全面的综合评价。

2. 保证评价信息的准确性

由于教育活动内容复杂,情况千变万化,可收集的评价信息非常丰富。在收集教育评价信息时,应该根据素质教育评价指标体系中的指标,选择最准确、最能反映教育

---

① 吴钢. 现代教育评价基础[M]. 上海:学林出版社,1996.
② 单中惠. 外国素质教育政策研究[M]. 济南:山东教育出版社,2004.
③ 沈玉顺. 现代教育评价[M]. 上海:华东师范大学出版社,2002.

活动实际的信息,以保证评价信息的准确性。

3．获取足够的信息

信息的准确性是反映信息质量的重要因素,数量是保证质量的必要条件。因此,为了准确、客观地评价被评对象的活动,需要获取足够的信息。这里所说的足够的信息,并不是指信息越多越好,而是要求获取的信息质量足以支撑对被评对象准确、客观的价值判断。

四、客观分析评价结果

（一）整理信息

信息整理是指对收集到的教育评价信息进行核实、检查、分析和整理,以保证评价的全面性、准确性、适应性和可靠性。下面是常见的信息整理步骤。

（1）分类整理。评价组织者对通过各种渠道收集到的全部评价信息在规定的时间内进行归类整理,初步将其分类整理好。

（2）审核筛选。对分类整理的评价信息进行审核,即根据既定的教育评价目的,逐一核实全部评价信息,进行关于真伪、精确性的鉴别和筛选。对于缺失的信息,要及时补充收集;对于次要或代表性差的信息,可以舍弃;对于需要进行统计处理的信息,如平均数、标准差、标准分、优秀率、合格率,要及时进行数学处理,以确保评价信息的完整性、真实性和准确性。

（3）建立档案。将经过审核后的评价信息,根据评价指标体系进行分门别类,制成表格或卡片,并进行编号和建档,以备评价之用。

以上信息整理步骤可以确保评价信息的全面性、准确性和可靠性,为后续的评价工作提供了良好的基础。

（二）处理评价信息

处理评价信息是实施阶段的核心工作。前面的信息收集、整理工作都是为处理评价信息服务的。处理评价信息就是运用定性和定量的方法处理评价信息,将评价对象在各项评价指标中呈现出来的特征运用数学或其他方法处理成评价结果。[①] 具体步骤如下。

（1）明确评定标准和具体要求,使评价者能够清晰掌握素质教育评价的标准和要求。

（2）评价者对被评对象的实际表现作出相应分数、等级或定性描述,以表示其表现的好坏及其程度。

（3）评价小组对各评价者的测量或观察结果进行认定、复核,对其实际操作情况、

---

① 吴钢. 现代教育评价基础[M]. 上海：学林出版社,1996.

评判的态度和表现、评定标准把握的宽严程度等进行集体小结和评议,并填写评价表格。

(4)评价领导小组对各评价小组的评价工作逐一进行审查,以确保评价工作的公正性、客观性和准确性。

(5)数据处理小组采用规定的计量或其他方法处理评价信息,并将处理结果报告给评价领导小组,以便开展下一步的评价工作。处理评价信息就是运用定性和定量的方法处理评价信息,将被评对象在各项评价指标上呈现出来的特征运用数学或其他方法处理成为评价结果。

(三)判定被评对象的情况

评价者需要以职业教育素质教育评价指标和评价标准为客观尺度,根据整理后的评价信息,对被评对象达到指标的程度进行判定,并进行量化处理。

这一工作之所以如此重要,是因为它对于被评对象是否达到规定标准的程度作出了判断。为了保证评价工作的质量,评价者需要反复学习和研究教育评价指标和评价标准,以便统一认识和理解。此外,评价者还需要发扬实事求是和认真负责的工作作风,排除各种不正之风的干扰,从而保证评价工作的公正性和客观性。同时,试评也是十分必要的工作。在评价时,最好先进行试评,待评价人员掌握了评价指标、评价标准和判定的原则和方法后再展开评价。这是整个教育评价中最为关键和重要的环节,评价者应坚持科学、公正、客观的评价原则,以保证评价工作的准确性和可靠性。[1]

(四)作出综合评价

这一阶段旨在将分项评定的结果运用教育学、统计学和模糊数学等相关理论和方法进行汇总,形成关于被评对象的整体综合评价。作为素质教育评价实施阶段的最后一项工作,它要求教育评价组织者根据汇总的评价结果,对被评对象作出准确、客观、定量或定性的评价结论,并形成评价意见。在必要时,还可以区分被评对象的优良程度,或是判断其是否达到应有的标准。

以上是职业教育素质教育的教育评价实施阶段的主要工作。在实际实施中,需要根据具体情况和评价目的进行灵活调整。在实施的过程中,还应该注意一些问题。

(1)素质教育工作的评价过程通常重视易于量化的评价指标,如学校规章制定、科研成果等,而对学校人文精神等隐性因素考虑不足,且评价的科学性存在问题。因此,在建立评价指标和实施过程中,应关注对学校在长期办学中所积淀的文化底蕴的评价,以便在评价中传承、研究和创新发展学校的精神。[2] 在评价过程中,应采用多元化的方法和手段,既重视定量数据的收集和分析,又注重对定性数据的综合评价。在

---

① 肖远军. 教育评价原理及应用[M]. 杭州:浙江大学出版社,2004.
② 周丙洋. 高职学生素质教育项目化实施与评价探究:基于可持续发展能力培养视角[J]. 学校党建与思想教育,2013(27):58-59.

评价指标的设计上,不仅要考虑到易于量化的因素,还要充分考虑到隐性因素的影响。同时,在评价实施过程中,要充分尊重教职工和学生的主体地位,让他们参与到评价过程中来。注意保持科学性和客观性,避免出现主观臆断和评价偏差。评价结果不仅要为学校的发展提供参考,也要为教育行政部门制定相关政策提供参考。

(2)评价方案实施之前要经过行业协会、企业专家的深入论证,并综合考虑职业院校的实际情况,保证切实可行。[①]

(3)职业教育素质教育评价的实施也离不开各方面的保障机制,包括多方面主体的联动机制等。

科学合理的职业教育素质教育评价可以达到以评促改、以评促优的目的,提高学生的职业素养,促进职业教育高质量发展,推进教育强国和技能型社会建设。

---

① 张宏亮.行业企业参与职业教育质量评价研究:指标体系、实施路径及保障机制[J].中国职业技术教育,2015(33):5-9.

第七章 新时代职业教育素质教育的案例

第一节 新时代的职业教育发展

党的十九大宣告中国特色社会主义进入了新时代,中国社会的主要矛盾由人们日益增长的物质文化需要同落后的社会生产之间的矛盾转化为人民日益增长的美好生活需要和不平衡不充分的发展之间的矛盾。这一矛盾变化给职业教育发展带来了挑战,同时也是一次难得的重大机遇。近年来,围绕着"办人民满意的职业教育"的根本宗旨,在全社会共同努力下,职业教育取得了令人瞩目的发展成绩。

一、建成了世界上规模最大的现代职业教育体系

改革开放以来,我国的职业教育由弱到强、由小到大,截至 2023 年共有职业院校 1.13 万所,在校生 3 478.28 万人,其中高职本科高校有 33 所,开设的专业和专业点基本覆盖了国民经济各领域。教育部印发的《职业教育专业目录(2021 年)》中设置了 247 个高职本科专业。在现代制造业、战略性新兴产业和现代服务业等领域,一线新增从业人员 70% 以上为职业院校毕业生,"东西职业院校协作全覆盖、东西中职招生协作兜底、职业院校全面参与东西劳务协作"三大行动累计投入帮扶资金设备超过 18 亿元,共建专业点 683 个、实训基地 338 个、分校(教学点)63 个,共同组建职教集团(联盟)99 个,一个由中职、专科高职、本科高职、应用型高校以及专业学位研究生培养的学历职业教育和纵横交织的职业培训教育组成的世界上规模最大的职业教育体系已然建成。"十三五"期间,中职招生 600.37 万人,占高中阶段教育的 41.70%;高职(专科)招生 483.61 万人,占普通本专科的 52.90%。累计培养高等学历继续教育本专科毕业生 5 452 万人,开展社区教育培训约 3.2 亿人次。这些都有力支撑了中国作为全世界唯一拥有全部工业门类的大国和世界第二大经济体的可持续发展。

二、确立了体现特色的类型教育定位

2022 年 4 月 20 日,《中华人民共和国职业教育法》修订稿正式颁布,该法第三条明确"职业教育是与普通教育具有同等重要地位的教育类型",第一次从法律层面确立了职业教育"类型教育"的特征定位。

作为一种类型教育,职业教育需要改革招生考试制度。现有的招生考试制度无论是在考试内容要求上,还是在招生制度设计上,都不利于技术技能人才的培养和职业教育的发展。当前最为关键的是要在招生环节突破传统的中考、高考"一考定终身"的习惯,代之以体现职教特色的、基于学生发展性向与兴趣需求的分类招生;在考核内容上,技术性高等院校的招生要体现职业教育的特点,重视职业能力性向测试和技术技能考核;在招生对象上,技术性高等院校要以招收中等职业学校的毕业生及其同等学历者为主,尤其要关注已经工作但又需"充电"的社会青年,甚至包括对高职感兴趣的中老年人(他们中的绝大多数是没有机会接受高等教育的),切实改变目前招生对象的严重错位现象,让真正适合的青年学生和社会人士进入职业院校,因为"适合的才是最好的"。[①] 可喜的是,这样的设想正逐步成为事实。据教育部统计数据,2020 年全国高职分类考试招生逾 300 万人,超过高职院校招生总数的 60%,缓解了"千军万马过独木桥"的高考焦虑,促进了教育结构的优化。

作为一种类型教育的职业教育在人才培养环节必须走产教融合、校企合作之路。通常认为,现代意义上的校企合作历史产生可追溯到 1903 年英国桑德兰技术学院在工程船舶与建筑系中实施的"三明治"教育模式,也就是在两端的学校学习阶段中间加上一段企业实践的实际工作经历。1906 年,美国辛辛那提大学和几家企业合作培养了 27 名工程专业的学生。他们将学生分为两组,一组在工厂实习,一组在校学习,经过一段时间后两组对调,这种人才培养模式极大地提高了人才培养质量,因而在全美受到关注和推崇。到了 1919 年,德国职业教育开始形成"双元制"人才培养模式的雏形,其中一元是教育机构,另一元为企业单位,这种模式发展至今已经得到广泛认可。英、美、德等国尽管在人才培养过程中校企合作的方式不同,但都通过"产教融合、校企合作",旨在在产业部门和教育部门之间、实际生产经营过程和教育教学活动过程之间建立密切联系,发挥学校和企业双方优势,把以课堂传授间接知识为主的教育环境与直接获取实际经验、能力为主的生产环境有机结合起来,进而达到培养高质量人才的目的。也就是说,"产教融合、校企合作"不仅对于培养技术技能型人才而言是必须的,对于培养工程型人才也是有益的,换言之,"产教融合、校企合作"是培养各类应用型人才的有效方式和必然路径。

---

① 李德方.现阶段我国高等职业教育发展问题及对策:基于入学与就业的视角[J].职教论坛,2010 (34):20-23.

作为一种类型教育,职业教育需要加强对工匠精神的培育。由于职业教育培养的人才毕业后往往直接面对顾客、面对产品、面对生产一线,工匠精神就显得特别重要。简而言之,需要培育学生的"三业"品质,即敬业、精业和乐业。敬业是对所从事职业的敬畏和热爱,也就是指责任心,这是做好工作的最为重要的基础和前提。精业就是在工作上精益求精,对每道工序、每个零件和每件产品都凝神聚力、精雕细琢、追求极致,正如老子所说,"天下大事,必作于细",也如孔子所说,"知之者不如好之者,好之者不如乐之者"。一旦所培养的人才具备了敬业、精业和乐业的精神,无论其从事什么职业,都一定能做好,也一定会是社会所欢迎的高质量的人才。[①]

三、走出了具有中国特色的高质量发展之路

在解决了规模发展、类型定位和体系构建的顶层设计问题后,2021 年 10 月,中共中央办公厅、国务院办公厅印发了《关于推动现代职业教育高质量发展的意见》,明确提出"到 2025 年,职业教育类型特色更加鲜明,现代职业教育体系基本建成,技能型社会建设全面推进。办学格局更加优化,办学条件大幅改善,职业本科教育招生规模不低于高等职业教育招生规模的 10%,职业教育吸引力和培养质量显著提高。到 2035 年,职业教育整体水平进入世界前列,技能型社会基本建成。技术技能人才社会地位大幅提升,职业教育供给与经济社会发展需求高度匹配,在全面建设社会主义现代化国家中的作用显著增强"的发展目标。为此,强化职业教育人才培养的制度化和标准化建设以及人才培养的创新成为关键。"十三五"期间,我国已发布中职专业 368 个、高职(专科)专业 779 个、本科层次职教试点专业 80 个,修(制)订并发布 347 个高职和 230 个中职专业教学标准、51 个职业院校专业实训教学条件建设标准、136 个专业类顶岗实习标准;开展现代学徒制试点,布局了 558 个现代学徒制试点单位,覆盖 1 000 多个专业点,惠及 10 万余学生(学徒);遴选、公布 232 门在线精品开放课程,建设 203 个职业教育国家专业教学资源库,遴选约 4 000 种"十三五"职业教育国家规划教材。

此外,"产教融合、校企合作"不断得以深化,我国目前已培育 800 多家产教融合型企业、试点建设 21 个产教融合型城市,构建了以城市为节点、行业为支点、企业为重点的产教融合新模式。成立 1 500 个职业教育集团,3 万多家企业参与职业教育,确定 150 家示范性职业教育集团(联盟)培育单位,组建 56 个行业职业教育教学指导委员会,发布近 60 份行业人才需求预测与专业设置指导报告。在向世界开放上,我国与 70 多个国家和国际组织建立了稳定联系,有 400 余所高职院校与国外办学机构开展合作办学。

---

① 李德方.破解无奈选择的"三个关键点"[J].江苏教育,2018(36):12-14.

第二节　新时代职业教育素质教育面临的挑战

在新时代背景下,职业教育素质教育面临着多方面的挑战。这些挑战不仅源于教育体系内部,还涉及社会经济环境、人口结构和劳动力市场变化等多个方面。

一、教育体系内部挑战

(一)课程体系与教学内容滞后

尽管改革开放后我国加强了职业教育课程体系建设,也取得了突出的成绩,但不可否认的是,不少地区、不少职业院校的课程结构、课程设置和教学内容等仍然滞后于当地行业发展、民生需求和技术进步,导致学生所学的知识和技能与实际需求脱节。以计算机技术专业为例,不少职业院校的计算机专业仍在使用几年前的教材和课程大纲,而市场上已经出现了许多新的编程语言和开发工具。有的教案多年不变,导致学生毕业后发现所学内容过时,难以找到合适的工作岗位。

(二)"双师型"教师资源配置依然薄弱

根据教育部公布的数据,全国中等职业教育专任教师中"双师型"教师比例虽然有所提升,但仍未超过 60%,难以满足高素质劳动者和技术技能型人才培养需求。即使已经通过认定的"双师型"教师,其质量也参差不齐。职业教育缺乏既具备深厚理论功底,又具备丰富实践经验的"双师型"教师仍然是需要解决的重要问题。

(三)实践教学资源匮乏

注重实践能力的培养和提升是职业教育人才培养的核心环节,由于深度"产教融合、校企合作"难以实质性推进,加上职业教育投入的不足,许多职业院校缺乏先进的实训设备和实训基地,导致学生只能在老旧的设备上进行练习,实践机会不足,实践技能得不到充分锻炼,特别是与人工智能发展相匹配的先进设施设备得不到及时补充,进而影响学生未来的就业竞争力。

二、社会经济环境挑战

(一)社会认可度不高

尽管我国职业教育发展已经取得了巨大的成就,作为一种类型教育的法律地位已经确立,但多方面原因导致社会对职业教育的认可度依然普遍较低,认为职业教育是"次等教育",只有考不上普通高中的学生才会选择中等职业教育,考不上普通本科高校的学生才会选择高等职业教育。这种观念导致职业院校招生困难，生源质量不高，进一步影响职业教育的发展。

（二）经费投入不足

相对普通教育而言，职业教育办学具有"昂贵性"特点。有研究表明，培养一名职业教育学生的花费是普通学生的 2.64 倍。虽然各级政府增加了职业教育经费投入，但职业教育财政性教育经费投入在同级教育中占比仍然较小。例如，2022 年全国中等职业教育经费总投入占高中阶段教育经费的 33.89%，而高等职业教育经费总投入只占高等教育阶段教育经费的 20.69%。职业教育经费投入不足，导致学校基础设施建设滞后、教学设备陈旧、师资力量薄弱等问题普遍存在，严重制约了职业教育的高质量发展。

三、人口结构和劳动力市场变化的挑战

随着人口负增长态势的加剧、教育适龄人口的减少和普通高中的扩容等因素叠加，职业教育生源结构发生变化，整体数量减少，生源质量也受到影响，部分职业院校面临招生困难的问题，进而影响学校的生存和发展，对职业教育提出了新的挑战。同样，随着产业结构的调整和技术的进步，劳动力市场对人才的需求发生了变化，职业教育需要不断调整专业设置和课程内容以适应市场需求的变化。特别是随着技术的快速发展和产业的数字化转型，职业院校要及时提供优质数字化教学资源。但事实上，职业院校的培养理念、课程内容和教学方式以及优质教学资源等难以适应这样的变化，影响了教学效果和学生的学习体验，导致培养的人才无法适应新技术、新业态的发展需求。

第三节　新时代职业教育素质教育的案例展示

案例研究法是调查研究的一种，始于美国哈佛大学法学院，1908 年被哈佛大学商学院引入商业教育领域。研究者选择一个或几个事件、场景为对象，通过系统地收集数据和资料并进行分析，探讨某一现象在实际学习、生产和生活环境中的状况。案例研究不仅对现象进行翔实的描述，还要对现象背后的原因进行深入的分析，它既回答"怎么样"，又回答"为什么"，有助于研究者把握事件的来龙去脉和本质。与此同时，案例研究来源于实践，没有经过理论的抽象与精简，是对客观事实全面而真实的反映，易于读者理解和接受。此外，案例研究法常常能够发现传统的调查和统计等方法不易发现的特殊现象。

本研究的案例选择综合考虑学校类型、代表性以及发展成绩等方面情况，将职业

院校类型按照层次区分为中职、高职专科和高职本科。为了有效地展示职业院校开展素质教育的做法、成效和经验,研究采用了目的性抽样方法,分别选取了在素质教育方面做法独特、成效明显且具有代表性的江苏省内中职、高职专科和高职本科学校各一所。

一、中职案例

(一)案例学校概况

江苏省通州中等专业学校(以下简称"通州中专")于 1985 年以"南通县金沙职业中学"为名创立,历经多年建设与发展,于 2010 年正式更名。创办四十年以来,学校以陶行知教育思想为指导,坚持立德树人的根本任务,将"办一所充盈着生命生长的职业学校"作为愿景,践行"融合、升级、超越"的实践发展路径,以"做人教育"为载体,打造"做人教育"德育特色品牌,致力于培养"在学校做文明好学生、在社会做文明好公民、在企业做文明好员工、在家庭做文明好孩子"的现代文明职校生。通州中专是江苏省首批四星级中等职业学校、江苏省高水平示范性中等职业学校、江苏省职业学校德育工作先进校、江苏省"三全育人"典型中职学校,"做人教育"案例多次获评江苏省中职德育特色案例,被誉为全国"县域职业教育现代化实践的'通州样本'"。

(二)案例学校实践成效与创新举措:通过"做人教育"全面提升学生的素质

四十年来,学校从仅有两排平房、8 名教职工、226 名学生的职业中学,成长为占地320 亩、在校师生 5 000 余人、就业与升学并重的现代化职业学校。多年来,通州中专以立德树人为行动起点,自 2009 年起进行育人工作探索,充分挖掘区域德育资源,创新德育载体,切实加强全员育人、全方位育人、全过程育人,目前以"做人教育"德育品牌享誉省内外,在素质教育工作方面屡获佳绩。其主要成就包括获"国防教育特色学校""江苏省中等职业学校德育工作先进集体""德育特色学校""江苏省全民国防教育先进单位""江苏省职业学校德育工作先进校"等称号。学校逐渐发展成为江苏省职业教育德育特色学校之一,具有鲜明的素质教育办学特色。

1. 坚持党建统领

党建工作是职业教育的"红色引擎"。通州中专多年来始终坚持全面加强党的建设,牢固树立以党建促履职、以党建促发展的思想教育理念,大力实施党建融合工程,力求通过"四合"党建工作机制,基于"合心""合德""合行""合创"四个维度,开展帮扶活动,主要有"我是党员我帮你"活动、"党建+教师专业成长"青蓝结对活动、"党建+学生生命生长"帮扶结对活动、"党员+红石榴学生成长"民族帮扶结对活动等,从学生、教师、师生、民族等多主体层面践行素质教育宗旨。同时,通州中专党委书记带领班子成员开设"精神讲堂",宣讲、弘扬以伟大建党精神为源头的中国共产党人精神谱系,赓续红色血脉,凝聚奋进力量;针对中层管理干部开展"通专大讲坛"活动,宣讲立足岗位、担当有为的通专人、通专事,树榜样力量,凝通专精神;思政老师引领学生参加"润泽讲堂",传承中华优秀传统文化,争做新时代好青年。学校采用以点带面的形式,从宏观、中观到微观,结合学校的思政工作实际,推进课程思政和思政课程的融合式发力,将工匠精神、劳模精神渗透于学生的素质教育精神课堂中,帮助学生养成爱岗敬业、创新担当的职业素养,在学校层面为学生做好指引工作,科学引领学生成长,全面促进学生素质发展。

2. 坚持课题引领

党的二十大报告中创造性地提出了"科教融汇"的概念。科教融汇中对于"科"和"教"的定义不单单是指科学研究和教育教学,而是指向更大的范围,表示科学技术、科学研究与教育应当呈现融合交汇的关系。[①] 从职业院校层面而言,师资队伍是推进职业教育科教融汇的根本力量。通州中专坚持课题引领,深挖育人内涵,开展素质教育专题研究,获评江苏省首批职教科研基地、江苏省首批职业教育名师工作室,形成了以课题为导向引领素质教育的特色品牌"做人教育"。

(1) 开展素质教育课题相关研究。通州中专在深刻理解现代职业教育的内涵基础上,以"中等职校现代文明人培养实践研究"为基点,立项"陶行知'真人'教育思想与中高职生理想人格培育研究""基于学生人文素养培养的中职德育校本课程开发研究""中等职校社会主义核心价值观教育的实践研究""人文类'哲学与人生'校本课程开发研究"等国家、省、市级素质教育研究课题,同时,紧紧围绕"做人教育"的核心思想,开展素质教育相关课题研究,实现培养现代文明人的职业教育人才培养目标。

(2) 推进育人名师培养工程。通州中专以培育具有"追梦拓新的理想信念""厚德笃行的道德情操""博学精艺的扎实学识"和"敬业爱生的仁爱之心"的素质教育教师队伍为目标,以"古沙"三年行动计划为宏观统筹规划,省级"合育"班主任工作室为中观方向引领,学校青年夜校、系部班主任工作坊为微观培养场域,协同推进包含育人师培养工程、系统化班主任培训工程、年轻教师成长工程的系统化名师培养工程,从实践层面引领素质育人管理工作者培养责任意识。同时,通州中专的"姜汉荣名师工作室"先后获评为"南通市首批职业学校名师工作室""江苏省首批重点建设的 50 个名师工作室""南通市中青年名师工作室",多位骨干教师成功建设省、市级名师工作室,在各项教学赛事中斩获佳绩。此外,学校教师团队获评"南通市优秀教师群体"。可见,学校已经成功培养了一支具有"厚德、精艺、笃行、拓新"师德师风精神的通专素质师资队伍,将培育现代文明人作为教学根本宗旨,致力于对"做人教育"素质教育工作的持续优化与创新。

3. 坚持课程对接

课程教学是职业教育育人工作的直接途径。为切实提升育人实效,必须打通职业

---

① 张思琪,匡瑛. 职业教育科教融汇的新定位、特征与推进策略[J]. 职教论坛,2023,38(5):5-12.

教育育人的"最后一公里",将"做人教育"的素质育人核心内涵融入职业教育的课程教学过程中,主要体现在以下四个方面。一是人才培养方案的目标制定。学校邀请企业、社区、家长等多元主体共同参与,将"校园人""职业人""家庭人""社会人"的素质教育培养要求具体落实到各个专业的实施性教学计划中去,指导具体的素质教育课程建设。一方面,由文化课、思政课教研组研讨专业人才能力素质要求,进行相关素质教育课程设计;另一方面,以思政课程为主体,同步挖掘课程育人要素,促进思政课、专业课、创新创业课等多类课程的融合式发展,实现职业技能和职业精神培养的多元素质共生。二是开设"现代通用职业能力"课程。学校以项目的形式开发出模块化的课程体系,形成"口语交际""实用写作""都市生活"和"蓝领风采"四位一体的《现代通用职业能力》素质校本教材。三是开发"职校生现代文明人素养读本"。学校组织专人从"我与校园""我与职场""我与家庭""我与社会"四方面编写了学生文明修养素质读本,通过引导学生阅读,倡导学生做"文明行者"。四是创新开设个性化公选课。学校以"定制·融合·创生"为素质教育核心理念,以"走班制、学分制、菜单式、模块化、开放式、能展演"为课程特色,探索学校"跨界融合-多维支持"、学生"个性定制-自我建构"、师生"同伴同行-共生相长"的公共选修课程模式,有合计80多门公共选修课程,供学生自主选择学习。该项教学实践获评江苏省教学成果一等奖。

4. 坚持文化润泽

通州中专积极汲取中华优秀传统文化精神和新时代职业教育思想,凝练形成通专精神,形成"合"素质文化理念,践行"合"素质教育主张。所谓"合",即"知行合一、身心合一、德技合一"。第一,凝练精神文化内涵,增强思想认同。对学校"合"文化进行界定阐释,以学校标识、讲演活动等营造学校"合"文化精神氛围,凝练新时代通专精神。第二,开展融合教育活动,增强行为认同。学校以长三角职业教育古沙论坛为载体,以学术讲座报告、沙龙研讨、课堂展示等方式开展学术论坛活动;基于产教融合视角,重构课堂组织实施形态,实现人文精神、历史思想、专业技能相融通的课程新生态;以赛促学,开展技能比赛,促进学生职业技能和职业精神的有机融合;充分利用宣传媒体平台,发挥网络舆论力量,传播学校"融合"教育理念。第三,打造物质文化载体,增强情感认同。一方面,以同舟共济为目标。学校深化职业教育教学管理,以服务师生为目标,强化体制机制建设。另一方面,以合作共赢为目标。制定并完善组织规章制度,构建"大系部、小行政"的制度新格局,有效实现革新发展。此外,学校以法治为准绳,坚持树立法治意识和底线思维,形成现代化治理格局。

5. 坚持活动促进

学校坚持"五育并举",强化体育、美育、劳育在育人过程中的作用,健全学生理想、品格,通过开展丰富多彩的活动强化体育、美育、劳育。通过劳动实践周校内志愿服务、建设劳动实践基地等活动加强劳动教育,依托职校生专业特色,为劳动教育赋予新动能,同时以建立劳动实践基地、劳动实践周制度,承办全市劳动教育现场会等方式连接职业教育与劳动教育。学校为学生组织各级各类体育、艺术活动,构建"德技并修"的职业教育素质育人氛围。开展院系"一系一品"活动:对口单招部开展"励志-感恩教育";电气信息系组建"天天向上"小分队,开展"我的系部我的家"系列活动;现代服务系与人民银行、南通农商行携手,探索推进诚信教育。学校系部多样化特色育人活动多次被江苏省电视台等报道。此外,通州中专的《让每一位学生向阳生长》入选江苏省中等职业学校心理健康教育案例,学校以案例为载体开展相应的素质教育活动,目前已经形成了以培养校园文明人、家庭文明人、职业文明人为目标的素质人才培养宗旨。学校通过校企文化对接,营造人文氛围;加强家校沟通,实现家校共育;每个学期组织不同类型的职业类实践活动,培养学生职业素养。此外,通州中专成功建设通州工匠学院,为通州产业人才队伍提供素质人才保障,为产业转型优化升级作出相应贡献。

(三)案例分析

通州中专自2009年以来,积极探索"做人教育",在党建统领、课题引领、课程对接、文化润泽、活动促进等五个方面取得了显著成效,通过实施素质教育顺应时代发展趋势,培养出了一大批高素质技术技能人才,可谓职业教育素质教育的中职样板,其主要特色可以归纳为以下几点。

1. 一个人本化的办学理念:办一所充盈着生命生长的职业学校

人本主义理论可以追溯至二十世纪五六十年代,主要倡导以人为中心,关注人自我潜能的实现。其核心观点是关注人的整体发展,尤其是人的情感、精神和价值观念层面的发展。[1]在职业教育素质教育领域,概言之,教育应是以学生为中心的,应重点关注学生的成长和自我实现,以职业人为本是职业教育素质教育的理论基础。

职业院校办学应该遵循以人为本的基本逻辑,有效实现培养高素质职业人才的根本目标。"办一所充盈着生命生长的职业学校"是通州中专的办学理念。所谓"充盈着生命生长的职业学校",是指专业、教学、学生是职业学校的三大主体,如果能将专业、教师、学生的成长融入具体的职业教育素质教育办学实践,这就是一所充盈着生命生长的职业学校。通州中专多年来始终围绕这一素质教育理念开展相关教育工作。职业院校的发展在于其产教融合的发展,在专业特色方面,通州中专深度对接产业、行业实际发展,遵循专业生长的生命规律,深度调研本地企业劳动力需求,提出了"三纵三横"的专业建设思路,深化学校与地方企业的合作,打造品牌特色专业,推动学校成长。在师资队伍方面,教师的生命在于教书育人。通州中专积极提供教师成长舞台,通过名师工作室、学科中心组、技能竞赛队等渠道帮助教师实现专业化成长。在学生成长方面,学生的成长是素质教育办学理念的核心,是学校、教师的关注重点,学校坚持立

---

① 杨露. 马克思关于人的全面发展理论对高校思想政治教育的价值引领[J]. 学校党建与思想教育,2011(25):48-49.

德树人的根本任务,持续引导学生做现代文明人。

2.一项以"现代文明人"培养为核心的素质教育培养工程

马克思主义关于人的全面发展的理论是马克思主义理论的重要组成部分。一方面,"人的全面发展"主要指"个人的全面发展","个人"包括两个主体,一是教师,二是学生。通州中专秉持"教育的核心是做人的教育,而现代教育就是要培养'现代'的人"这一素质教育核心要义,开展素质教育的具体实践。从教师层面而言,通州中专致力于名师工作室、班主任工作坊的建设,从理想信念、道德情操、专业学识、敬业爱生等多个方面进行师资队伍的"做人"素质教育,系统推进育人名师培养工程,促进"厚德、精艺、笃行、拓新"师德师风的形成。从学生层面而言,通州中专将"现代文明人"作为素质人才培养目标,定期开展研讨和设计,将"校园人、职业人、家庭人、社会人"的培养要求进行有机融合,牢牢占据教育教学的主阵地,培养学生的现代通用职业能力,从校园、企业、家庭、社会等不同角度着手,呈现不同形式的文明素养知识,帮助学生提升个人文明修养。另一方面,"人的全面发展"是个人能力的全面发展。马克思认为,人的全面发展是人素质的全面提高。人的素质包括生理素质、心理素质、思想道德素质和科学文化素质等各种素质的均衡、协调发展。通州中专持续拓展"做人教育",完善了以"一格、二养、三立、四人"为主要目标和内容体系的教育实施工作方案。"一格"指的是人格,所谓"千教万教,教人求真;千学万学,学做真人","人"是做人教育的根本立足点;"二养"指的是人文素养,即人的素质的总和;"三立"立的是志、德、行,首先要具备远大的志向,其次要有良好的德行,最后要能付诸行动;"四人"则是现代文明校园人、家庭人、职业人、社会人。围绕这一"做人教育"的培养体系,通州中专还组织专人开发了"我与校园""我与职场""我与家庭""我与社会"的文明修养素质教育校本教材,为塑造"现代文明人"组织教育实践活动,为培养全面发展的现代职校生提供了优秀教材,受到了社会各界的广泛认可与欢迎。

3.一个县域职业教育素质教育实践样本:培养现代文明人的育人理念、建设德技并修的师资队伍、开展"五育并举"的校园文化活动、实施四位一体的品德评价体系

(1)培养现代文明人的育人理念。通州中专始终关注学校教育生态的主体——学生的发展,明确提出了"培养现代文明人"的育人理念。职业教育素质教育到底有何作用?社会大众普遍认为职业教育是以就业为导向的教育,是一种教技能的教育,这固然是职业教育的重要功能。但是,人们常常忽视教育的育人特性,因此才会出现社会对职业院校教育缺乏认可,职业院校招生困难的现象。尤其是在知识经济时代,家长更愿意为孩子选择普通教育而非职业教育,职业教育的吸引力不够。因此,中职学校的职业教育应更多地关注学生的全面成长,要让学生具有扎实的理论知识和精湛的专业技能,同时也要关注学生素质的培育,帮助学生树立良好的职业观念,形成企业、社会所认可的良好职业素养,能够灵活适应当前的社会发展,从根本上提升职业院校学生的市场竞争力。

(2)建设德技并修的师资队伍。教师是中职学校实施素质教育的直接组织者和具体践行者,建设一支德技并修的师资队伍是主动适应职业教育素质教育发展的关键所在。一方面,学校鼓励教师开展立德树人相关课题研究,支持教师针对学生人格培育开展研究工作,结合《中等职业学校德育大纲》要求,开展灵活多样的教育教学改革试验,成功立项国家级、省级、市级课题。另一方面,学校的中心工作是教学,教师是职业教育素质教育的重要主体。一是直接教育。通州中专通过整合语文、数学、英语、体育等课程,采用项目化的形式开发"现代通用职业能力"课程,以专门的素养课程教学作为主渠道,教师以专业知识传授的形式培养学生。二是间接教育。素养教育还体现在教师教学的全过程中。例如,教师在班级管理中采用企业管理模式,将班级企业化,由教师担任董事长,班长担任总经理,采用员工守则、考勤制度、5S管理制度等进行班级管理,增强学生的职业适应性。此外,教师在课程教学中所体现的爱岗敬业、认真负责等优秀教师素养同样能够对学生产生潜移默化的影响。

(3)开展"五育并举"的校园文化活动。通州中专立足于学生,以活动为载体,丰富"现代文明人"的培养形式。在"五育并举"教育方针的指引下,学校创新挖掘各类载体,积极开展各类文化活动。例如,以职业素养教育为载体。第一学期按专业特点建立企业制班级,校企合作开展5S管理;第二学期开展职业理想主题教育活动,引导学生规划职业生涯;第三学期组织系列社会生产实践和拓展训练活动,深化学生的职业体验;第四学期重点规范学生职业行为,开展创业教育培训;第五、六学期结合顶岗实习,开展职业形象评比、专业学习提升等,充分落实以职业素养为主体的现代文明职业人培养目标。同时,学校重视开展"劳模进校园""道德讲堂"等类型多样化的主题活动,在创造性文化活动的组织实施过程中,改变了过去传统的讲授式教学方式,赋予学生体验的机会,让学生在活动中学,教师在活动中教,充分提升学生的素养认同感,取得了不错的活动成效。

(4)实施四位一体的品德评价体系。科学的评价是体现"做人教育"成果的重要手段,为实现"做人教育"的优化发展,通州中专构建了一套"四位一体"的育人评价体系。一是评价内容"四维并重"。"做人教育"的育人目标是培养现代文明人,包括校园文明人、家庭文明人、职业文明人、社会文明人。学校每学期以不合格、合格、良好、优秀四个层级对学生进行综合性的定格评定,评定结果代表该生的操行等第,对考核优秀者给予相应的奖励,如授予"现代文明人标兵"的荣誉称号。二是评价主体"四位一体"。与评价内容相呼应,通州中专充分利用学校、家庭、企业、社会的四主体资源,邀请多方主体共同对学生进行评价,强调评价结果的综合性、真实性、一致性,提升评价的可信度。三是评价手段"四径共举",即以工资形式实施基本评价,以活动展示实施典型评价,以企业反馈实施仿真评价,以家校互通实施对接评价,最终形成成长手册。这一评价手段能够促使评价有据可依,要求学生日常在手册中完成图片的补充,形成过程性记录。例如,在家庭手册中,包括学生填写的部分,也包括家长填写的部分,需要家长、学生协作完成手册记录,促进多主体共同参与现代文明人的培育过程。

二、高职专科案例

（一）案例学校概况

苏州经贸职业技术学院（以下简称"苏经贸"）是由 1961 年成立的苏州商业学校和 1984 年创建的苏州丝绸工业学校于 2003 年合并而成,是一所实力突出、特色鲜明的高职院校。学校遵循"人民性、地方性、职业性、智慧性"的发展理念,立足于"聚焦智慧企业、聚力智慧服务、成就智慧人生"的发展定位,以"人""S"为学院标志,寓意其始终坚持以学生为中心,坚持以人为本和能力为本的办学思想,积极开展"适合的职业教育",致力于素养本位的个性化人才培养。苏经贸连续五年获江苏省地方普通高校综合考核优秀,多次获"江苏省职业教育先进单位""江苏省高等学校和谐校园""江苏省文明校园""江苏省高等学校思想政治教育工作先进集体"等荣誉称号,是名副其实的国家大学生文化素质教育基地。

（二）案例学校实践成效与创新举措：以"适合的职业教育"助力学生素质发展

二十余年来,苏经贸坚持以现代大学制度和管理体系为治理基础,不断提升自身的办学实力。学校坚定贯彻"五育并举"教育方针,遵循以人为本、能力本位的素质教育办学理念,致力于为每个学生设计"课政融通"的素质人才培养方案,指导每个学生了解自己"要什么";为每个学生提供"德技交融"的成长路径,服务每个学生"会什么";为每个学生实施"知行融合"的个性评价,考核每个学生"成什么",围绕"适应性"的职业教育类型定位,实现了"因才施教"的素质教育人才培养模式改革。

1. 定制个性化培养方案

每个学生都是不同的个体,具有不同的学习风格。围绕以学生为中心的办学理念,苏经贸施行全员导师制,入学后每位新生自主选择一位导师,形成师徒结对,导师根据思想先导、专业引导、学习指导、心理疏导、职业向导五个"导"进行全程素质教育导学,充分关注学生个体差异,辅导学生参加专业知识学习活动,引导学生树立正确的职业观和素质观,找到自己的职业方向。就课程体系而言,苏经贸形成了"公共基础课＋专业技能课＋学院特色课"的三维素质课程体系,要求学生完成公共基础课的规定学分,奠定学生的综合素质基础;结合专业技能标准,开设专业核心课程必修课,同时综合考虑专业发展趋势,为提升学生素质有针对性地设置一定比例的限选课;立足学生就业、升学、创业的三个主需求,开设特色课程供学生自主选择,形成个性化的素质人才培养方案。

2. 打造适应性教学资源

（1）创设多元课堂育人模式。21 世纪新课程改革的核心目标是改变课堂教学的方式,注重课程育人,促使学生学会学习,形成核心素养。就职业教育领域而言,课堂的多元化和教学方法的多样性直接影响教育教学效果。苏经贸试行第一课堂与第二课堂综合育人模式,一方面,课堂教育生产化,着力打造"典型企业-典型岗位-典型能力-典型教材-典型任务-典型工艺-典型产品"第一课堂;另一方面,实践活动课程化,着力打造"专业社团-企业导师-生产任务-实训车间-熟能生巧-工艺创新-作品展示"第二课堂,双课堂"同排课表、共进教案",形成"理论学习+虚拟训练+真技实操"的立体化教学模式。

(2)构建校企协同育人机制。职业教育是与经济社会发展关系最为密切的教育类型,人才培养需要多元主体的共同参与。苏经贸与典型企业共聘专业教师,双岗双薪,校内给编制,课外给岗位,在承担教学和生产任务的同时开展"企业元素-职业元素-教育元素"一体化的项目课程素质教学;根据企业首岗要求,聚焦真实生产任务,进行项目任务式教材编写,突出企业元素和教学元素的有机融合,推动"岗位任务进教材、生产项目进教案、工匠文化进教室",形成了职业院校、生产企业协同育人的人才培养机制,营造良好的技能学习氛围。

3.进行适应性育人评价

评价是衡量育人质量的基本方法。苏经贸以"适合的职业教育"为基点,实施专业素养"1-n-1"链条式考核和综合能力"十个一"菜单化考核。所谓"适合的职业教育",是符合国家、社会、学生三大主体要求的教育类型,体现了职业教育的本质及特点。[1] 学校围绕"适合"这一关键点,采用过程性和增值性相结合的评价方式对学生的专业素养进行评价,制定"任务分类考核、项目分层实操、作品分组鉴定"的评价机制,开发"聚焦1个首岗要求-分解n个关键任务-培养1项专业技能"的考核量表,延展考核德智体美劳等方面,开展"每一类任务都互评互检、每一个项目都进阶实操、每一门课程都作专题报告、每一个真实作品都分组鉴定、每一个学生都有毕业作品"的全过程增值评价。推出"担任1任干部、组织1次活动、参加1个社团、培养1项特长、结对1名技能导师、明确1个技能方向、参加1次技能竞赛、加入1个创业团队、完成1次创业实践、取得1项创新成果"的考核体系,对学生开展"综合素养+核心技能+创新创业"人人出彩的评价,助力每位学生"想就业的就好业、想升学的升好学、想创业的创成业",以素质教育为基点开展适应性育人。

(三)案例分析

高等职业教育是我国职业教育体系的重要组成部分,占据了我国高等教育的半壁江山,对社会人才结构有着重要的影响。面对新时代"培养什么样的人、怎样培养人、为谁培养人"的根本问题,职业教育界进行了反复与深入的探索,多年来坚持以学生为

---

[1] 尹伟民,李德方,周向峰.适的职业教育:基于类型教育的内涵分析[J].中国职业技术教育,2019(13):22-27.

本位,关注学生职业能力的发展,开展具有可持续性意义的素质教育,案例学校苏经贸就是一个典型。学校持续推进现代职业教育体系建设,坚持立德树人的根本任务,贴近学生成长、成才、发展需求,结合职业教育发展特点,在人才培养方案制订、教学资源建设、教学育人评价等多个方面持续发力,形成了一套"适合的职业教育"素养育人方案,其主要特色可以归纳为以下几点。

1. 一个全方位育人新格局:"433"成才工程

组织效能是指组织实现目标的程度,主要体现在能力、效率、质量和效益四个方面。从理性目标视角而言,组织效能是选择目标并实现目标的能力,以及正确做事情的能力。[①] 对于高等职业院校而言,其属于"组织",其"效能"在于学校全方位育人的能力。学校选择育人目标并进一步实现其育人目标,从而帮助学生及学校实现未来可持续发展。苏经贸以"育厚德之人、炼强技之才"为校训,确定德育的首要地位,在提升自身组织效能的实践中,实施"433"成才工程,为社会培育宽厚仁爱、道德高尚、品行端正的高素质人才。"433"成才工程中,"4"是指导学生担任 1 任干部、参加 1 个社团、组织 1 次活动、培养 1 项特长;"3"是指导学生结对 1 名技能导师、明确 1 个技能方向、参加 1 次技能比赛;"3"是指导学生加入 1 个创新创业团队、完成 1 次创新创业实践、取得 1 个创新创业成果。苏经贸以"1"为起点,明确了"433"成才工程中,学生从入学到毕业的各项"1"任务,从学生需求出发,设计并提供菜单式的"1"任务,指导学生积极规划、明确目标、开展行动,融"433"于学生日常生活、学习中,引导学生从每一件小事做起,完成每一项任务,履行每一项职责,从而持续努力,以量变达成质变,以可行合理的实践路径指明方向,帮助学生训练工作技能、提升综合素养、扎实理论知识。

2. 一种现代素质教育育人模式:聚焦立德树人,立足"五育并举"

正如海德格尔所言,被遮蔽的现代技术本质日益进入解蔽之境,技术技能的物性、人性、活性、知性等维度得到更为丰富和深刻的展开。人之所以为人,更多的是因为人的人本性。职业教育素质教育与之不谋而合,其目的在于全面提高人的综合职业素质,促进人的全面发展,而非实现单一的职业素养的提升。

职业素养教育应遵循全面发展的根本原则,通过采取多样化的措施实现职业教育高质量发展的目标。苏经贸立足国家培养德智体美劳全面发展的社会主义建设者和接班人的教育目的,以"五育并举"为教育方针,在德智体美劳五个方面进行素质教育教学。在德育方面,苏经贸以"春融""春笋""春晖"三大行动计划为基础,明确工作目标与要求,设置路径与任务,以团委和二级学院为主要执行者,培养素养融合发展的学生。同时,学校组建思政教师库,丰富课程思政建设资源。在智育方面,学校构建"全层级推进、全链条指导、全方位培养"的"三全"就业工作模式,为毕业生就业提供实际

---

① 孙琳,何奇彦,夏光蔚. 职业学校关键办学能力提升:内涵实质、理论基础、构成要素[J]. 中国职业技术教育,2024(9):50-55.

帮助,切实提升学生和用人单位的满意度。此外,学校开展技能大赛,实施国家、省、校三级竞赛培育机制,以三年为周期开展项目化素质培育。在体育方面,学校构建课内课外相结合的融合式发展路径。在美育方面,艺术文化品牌活动的在校学生参与率超过85%,学校每年打造100部特色文艺作品,开设公共艺术课(2学分、36学时)、中华优秀传统文化课(2学分、36学时)等课程。在劳育方面,学校开展职业教育活动周系列活动,劳模、"大国工匠"进校园互动,将劳动教育纳入公共必修课,计2个学分。苏经贸聚焦立德树人,立足"五育并举",形成了现代素养育人新模式。

3. 一个培养现代服务业人才的摇篮:服务区域发展的产教融合试验区、以"四有"好老师标准为引领的师资队伍、以职业为导向的课程思政实践、以"三融教育"推进职业素养的形成

(1) 服务区域发展的产教融合试验区。校企协同合作育人是高等职业教育发展的必由之路。但在校企双方的合作过程中,往往存在利益不一致的分歧,从而导致校企合作形同虚设,难以取得良好的合作效果。2014年,苏经贸立足苏州区域经济的引导产业,依托学院强势专业,定位入园企业的产业结构,依托现代服务业主导产业,构建"互联网(电子商务)+专业"的专业链、产业链。学校成功打破传统职业教育素质教育办学体制机制障碍,探索建设产教深度融合育人平台,初步构建了"职业主导、岗位需求、工学结合、互动融合"的校企一体化人才培养新模式,实现政府、企业、学校三位一体的产教融合素质育人。一方面,学校遵循专业与产业相对接的原则,明确校企双方共同需求。另一方面,学校积极实施"大学生创业引领计划",将产教融合试验区作为学生的就业基地,同时也将其作为师生创新创业的发源地,当前孵化面积已超过11 000平方米,形成了创新创业的产业链。此外,学校以产教融合试验区为载体,汇聚研发中心,以技术创新为动力,服务区域经济社会发展。

(2) 以"四有"好老师标准为引领的师资队伍。苏经贸要求每名教师做到"七个一",实现教书与育人相统一、言传与身教相统一、"经师"与"人师"相统一。师资队伍中"双师型"专任教师的比例为89.71%。学校实施人才强校战略,采取打造博士工作站、遴选人才工作室等举措,引进高层次人才,扩大素质育人队伍。一是构建系统化的教师培训体系。苏经贸以师德师风建设为引领,进行跨专业、跨学科人才培育,启动了"双百工程""成大特聘""人才工作室"三项教师培训行动计划,持续推进"双师型"素质教师的全面培养,成功入选江苏职业教育教师企业实践基地。二是实施结构化"五专"项目式管理,打造教师教学创新团队。学校依托重点专业群打造教师教学创新团队,推动教师进入1家企业实践,主攻1个研究方向,形成教师混编的队伍体系。三是坚持"经师"与"人师"相统一。学校通过对当前制度体系的改革创新,引导教师明确教书育人的本职工作,以"好、优、用"为评选标准,开展真实性素质评价。

(3) 以职业为导向的课程思政实践。2022年,苏经贸成立了课程思政研究中心,出台《学院课程思政建设实施方案》,从制度上确定了专业课程与思想政治理论课程融

合式育人的根本路径。学校以《思政课改革创新三年行动计划》为基础,开展"互听互评""拜师学艺"等活动,通过相互促进、相互学习提升教师思政素养。学校紧密贴合学生未来职业发展,开展思政专题化教育,构建"学、训、讲、写、比"的全员素质教育育人机制。一是全员学。工作日每天安排晨学 40 分钟,每周三下午至少学习 2 个小时,每次均安排人员领学,把自己放进去、把学校放进去、把高等职业教育放进去,结合学生实际、结合学生实践、结合学生实例。二是全员训。学校全年开设 50 期党校,全年累计培训 3 000 人次,培训对象覆盖支部书记、专业负责人、课程负责人、学生干部、后勤人员等。三是全员讲。领导跟干部讲,干部跟同事讲,老师跟学生讲,学生跟学生讲,开展讲座 300 余场。四是全员写。学院开辟"成大园地"专栏,让全体党员干部坚持写学习心得,全年发布学习心得 800 余篇。五是全员比。学校多次开设思政类课程比赛,促进教师思想政治理论水平的有效提升。

（4）以"三融教育"推进职业素养的形成。所谓"三融",即将综合素质教育融入专业教育,渗透于教学全过程;将综合素质教育融入校企合作;将综合素质教育融入创业就业。首先,苏经贸探索建立了"思想道德素质教育基地""文化素质教育基地""职业素质训练基地""身心素质训练基地"4 个素质教育基地,以基地为育人平台,营造积极向上的素质教育氛围和健康文明的校园人文环境;其次,选聘 100 名"素质教育导师",从名师视角为学生提供多角度、全方位的职业指导与咨询服务;再次,通过"三融教育"的形式,以素质教育课程、素质实践基地参观、文化素质讲座、创业模拟实训等多样化的教学形式帮助学生形成相应的职业素养;最后,以综合素质教育质量监控保障体系明确监管职责,对实施素质教育的过程进行适宜的考核、评价与监控,对素质教育体系进行调控与完善。

三、高职本科案例

（一）案例学校概况

南京工业职业技术大学（以下简称"南工院"）是由黄炎培于 1918 年创建的百年职校,在办学探索过程中,形成了以黄炎培职业教育思想为核心理念的深厚职业教育文化底蕴。南工院坚持"手脑并用、双手万能"的办学宗旨、"敬业乐群"的育训方针,致力于实现"使无业者有业、使有业者乐业"的大职业教育理想,以建设"现代化的有特色的国内一流、国际知名的高职院"为发展目标。学校坚持守正创新,将职业教育人才培养与社会发展结合,提炼总结"金铁美强创"的新时代职教人才精神内涵,率先挖掘职业教育人才培养的复合性、精深性和创新性内涵,创造性地提出了"五有三性"的育人标准。多年来,南工院获评"全国教育系统先进集体""江苏省文明校园""全省高校示范马克思主义学院"等,在人才培养改革与实践工作方面屡次荣获国家级、省级教学成果奖。同时,南工院率先踏上了职业本科教育探索的新征程,于 2019 年成为全国首家公办职业本科试点院校,成为中国职业教育发展史上的里程碑。

（二）实践成效与创新举措:"五育并举"的素质教育育人实施方案

百年来,学校走过中华职业学校、上海机械学校、南京机电学校、南京职业技术学院四个发展时期,以中国现代第一所真正意义上且"最富有试验性"的职业学校为基石,逐步发展为如今有 3 个校区、建筑面积 46 万平方米、教学仪器设备价值约 3.4 亿元、全日制在校生 18 418 人的全国首家公办职业本科院校。学校目前开设了 30 个本科专业、46 个专科专业,现有江苏省品牌专业 3 个、江苏省高水平骨干专业 5 个、"十四五"江苏省重点学科 1 个、江苏省高校国际化人才培养品牌专业 1 个、江苏省高等职业院校高水平专业群 4 个;牵头或参与制定了 30 余项专业教学标准;拥有全国高校黄大年式教师团队、国家级职业教育教师教学创新团队 4 个,省级科技创新团队、优秀教学团队、技能大师工作室等各类团队 32 个,学校博士教师占比达 38.24%。多年来,学校立足"德技并修"的人才培养基本点,将百年职教精神与新时代发展要求相结合,着力解决职教特色育人现实问题,形成了覆盖 5 个方面、5 个核心要素、25 个基本点的"金铁美强创"育人体系。学校围绕"培养什么人、怎样培养人、为谁培养人"三个教育核心问题,将为党育才、为国育才、立德树人贯穿于教育教学全过程,其办学特色主要体现在以下三个方面。

1. 形成了具有中国特色的职业教育培养方案

美国学者霍尔曾言明,教育作为抽象概念在本质上就是一种文化现象,每种教育制度都源于它得以存在的文化环境。中国的职业教育环境发生了变化,围绕黄炎培职业教育思想,结合新时代职业教育人才培养和工匠精神培育要求,南工院也提出了新的解决策略——将传统的德智体美劳"五育"素养进行创新性拓展,提出了"金铁美强创"的融合创新方案并加以实践。学校聚焦"传承"与"创新"两个核心要义,以中华职教社黄炎培职教思想研究院、江苏省黄炎培职教思想研究院、江苏省高校哲社重点研究基地、江苏省高职院校社科应用研究协同创新基地、学校本科职业教育研究院 5 个研究基地为职教科研平台,通过"职教大讲坛""师生优秀典型""书记第一课"等进行历史性传承,以开发相关系列教材、开展相关持续性课题研究、创设育人文化环境实现时代性素质教育创新,形成百家争鸣、思想解放发展的素质育人氛围,凝聚南工院素质人才培养定位的发展共识。学校遵循以人为本的科学治校素质教育理念,以本科层次职业教育试点为发展契机,目前已将"金铁美强创"特色育人标准嵌入所有专业人才培养方案,并带动职业教育研究校外立项 423 项,形成"三教改革"成果 126 项,覆盖全体师生。学校牵头成立全国、全省 18 个育人平台,建成全国首家"中文＋职业技能"国际推广基地和职业教育孔子学院,将中国特色职教经验向全球推广。

2. 建成了全国知名的黄炎培职教素质教育研究基地

作为黄炎培先生创建的百年名校,南工院始终坚守"敬业乐群"的校训,坚持"平民化、社会化、科学化、国际化"的办学方针,遵循"手脑并用、做学合一"的素质教育教学原则,以高水平的职业教育研究促进黄炎培职业教育思想内涵的创造性发展,成功创建中华职教社"全国黄炎培职业教育思想研究院"、省高职院校唯一"江苏省党员教育实境课堂"黄炎培职业教育思想展览馆,深入挖掘弘扬黄炎培职业教育思想,发挥"实境课堂"的文化普及作用,每年承接各类学习、交流和培训超过 200 批次,促进职业教育社会服务功能的落实。例如,南工院秉持黄炎培先生的职业教育思想,立足于其国际化的特点,实现专业标准与海外应用技术院校的对接,专业对接国际通用资格标准比例达 38%。同时,南工院重点依托"黄炎培职业教育思想研究学术中心""工匠精神研究与实践中心"等 3 个江苏高校哲学社会科学重点研究基地,积极开展黄炎培等中国近现代职业教育先贤的教育思想与当代实践研究,推动黄炎培职业教育思想的理论化、时代化和普及化,充分研究黄炎培等中国近现代职业教育先贤人物的教育思想和当代实践的融合,为南工院职业教育人才培养提供理论层面的依据,形成普适性的推广经验和实践启示。此外,学校自主开设"黄炎培职业教育思想解读"专门课程,开发黄炎培职业教育网络文库,编写《黄炎培职业教育思想经典论述与创新实践》《黄炎培职业教育思想评介》《溯源与创新》《黄炎培职业教育文论精选》等系列研究丛书,深入阐释黄炎培职业教育思想的时代价值。

3. 采取了多种行之有效的职业素养教育创新举措

(1) 完善人才培养方案。人才培养方案是贯彻职业院校的人才培养理念,确保人才培养规格和教学质量的纲领性文件,是人才培养的"宪法",也是职业院校学生进行专业学习的"指明灯"。南工院将"金铁美强创"的素养育人标准融入专业人才培养方案,在专业基础课程、核心课程、拓展课程中融入素质教育元素。例如,南工院于 2023年发布的机械电子工程技术(普高本科)专业人才培养方案的培养目标中明确提及"五有三性"的人才特征,毕业要求包括素质要求、共性专业知识要求等五个方面,以"金的人格、铁的纪律、美的形象、强的技能、创的精神"为根本素质要求。

(2) 更新教学内容。在课程体系方面,学校构建了"德技并修"通识课程、"理实并举"基础课程、"三跨并行"专业课程的"三并组合"素质教育课程体系。学校建立"金铁美强创"的基本内涵与课程体系矩阵,将"五有三性"的育人标准同时融入第一课堂和第二课堂,在日常教学中融入课程思政元素。具体表现如下。首先,进行宏观统筹设计。学校根据国家政策文件制订相应的美育、体育、劳育等"五育"改革实施方案,具体落实职业教育"三教改革"的素养育人要求,对第一课堂的教学活动和第二课堂的文化、科技、实践活动进行整体性设计。其次,两类课堂互为补充。第二课堂主要作为第一课堂的延伸,对部分活动进行计分,如技能竞赛活动、创新创业大赛。

(3) 进行活动育人。活动育人是学校素质人才培养的主渠道,南工院以多样化的教育活动为载体,熔铸"五有三性"育人素质。为了提高师生的实践能力和创新能力,促进产业转型需求和技能教育人才培养的对接,南工院以赛促学,积极开展"双创"活动、校园文化品牌活动等,营造崇尚工匠精神的校园文化氛围。例如,开展新生入学第一课,通过对黄炎培思想的宣传,不断总结深化、推陈出新,传承近代职教先贤的职业教育思想理念,对学生进行思想熏陶。

(4)关注师德教育。南工院高度重视人才队伍建设,构建"技能大师＋青年博士"的师资人才队伍,形成"双师效应",连续多年蝉联江苏省职业院校人才综合竞争力排名第一。学校在课程思政建设要求中明确,教师在专业教学过程中,既要承担教书的工作职责,又要践行素养育人的师德规范。一是设立"入职第一课"的新教师培训活动,宣讲过学校百年校史与优秀教师典型,聘请技能大师定期指导青年教师,要求青年教师进行企业实践锻炼,实行"导师制"师德精神传承。二是建立南工院师德标准,通过具体的文件条例,明确师德规范,要求教师践行具体标准。三是开展优秀教师相关评选活动。对教师实行教学、育人、科研、公益等四个方面的绩效考核,教师要承担课堂育人、活动育人、实践育人的相关任务,通过师德教育,打造真正意义上的"双师"队伍。

(5)完善制度体系。为确保人才培养有据可依,帮助教师依"法"从教,南工院构建了相对完善的制度体系,制定了包括《南京工业职业技术大学课程思政建设的实施方案》《南京工业职业技术学院思想政治工作协同育人体系实施方案》《南京工业职业技术大学学生综合素质测评实施办法》等多项规章制度,实现育人方案的本土化,实现协同育人。例如,在育人评价体系上,提出理论课程和实践课程各占50%,将职业素养纳入定岗实习考核,采用"基础性素质＋发展性素质"评价框架,重点关注学生的可持续性发展,促进学生全面个性化发展,破除原有的"唯技能化"倾向。

(6)强化理论研究。学校以职业技术大学为办学定位,从职业本科教育是什么、为什么、怎么办等三个方面进行职业本科教育的理论和实践层面探索,着力营造浓厚科研氛围。2021年,中华职教社黄炎培职业教育思想研究院在总社的支持下,设立"黄炎培职业教育思想研究规划课题",出台相应的管理办法,首届课题立项498项,其中重大课题7项、重点课题57项。同年11月,学校启动第二届课题申报工作,共计800多家单位参与申报。学校依托职业教育思想研究院,持续性推动职业教育思想的理论化、时代化和普及化,为其人才培养的标准制定和具体实施提供理论性参考依据,以期培养更多高素质、强技能的职教人才。

(三)案例分析

2018年,习近平总书记在全国教育大会上指出,要健全德技并修、工学结合的育人机制;2021年10月,中共中央办公厅、国务院办公厅印发《关于推动现代职业教育高质量发展的意见》,指出"坚持立德树人、德技并修,推动思想政治教育与技术技能培养融合统一";2022年,《中华人民共和国职业教育法》进行第一次修订,对职业教育人才培养提出新的目标要求,明确"坚持立德树人、德技并修",对受教育者进行思想政治教育和职业道德教育,全面提高受教育者素质。显而易见,"德技并修"已经成为职业教育发展的新理念。2012年起,南工院以江苏现代职业教育体系试点项目为载体,全面开展"五有三性"职业素养教育人才培养模式的探索与实践,深入贯彻复合性、精深性、创新性的南工人才培养理念,在理论和实践层面均取得了较好的效果,其主要特色如下。

1. 一个守正创新的育人标准:提出"五有三性"的人才培养定位

德国生物学家德贝里于1879年首次提出共生的概念,主张生物进化并非仅仅通过竞争和适应性选择,而是通过共生关系的建立和演化实现的。所谓"共生",是指不同共生单元之间的相互依存、相互影响的关系,通过合理的配置实现效益最大化。①"五育并举"是蔡元培率先提出的教育方针,首次从辩证的角度指明了"五育"之间的内在联系。2018年,习近平总书记关于教育的重要论述在传统的"五育"基础上进行了创新性论述,明确了"五育"的重要性。"五育"包含德育、智育、体育、美育、劳育等基本内容,其内在联系同样可以用"共生理论"来解释——它们之间存在着互为补充、相互统一的辩证关系,在人的全面发展过程中共同发挥作用。南工院针对职业教育重专业轻能力、重技能轻素养、重教书轻育人等现实问题,开展职业教育素质教育,将"德智体美劳"传统"五育"具体化为职业教育素质要求,构建了一个守正创新的全面化育人标准——"五有三性"。所谓"五有三性",包括"金的人格、铁的纪律、美的形象、强的技能、创的精神"等五个方面的人格特质和培养的复合性、精深性、创新性三种特性。

首先,黄炎培职业教育思想立足时代发展,强调要将"个人人格修养、发展职业教育、国家民族前途命运"结合起来,同时注重学生纪律意识的培养。"金的人格"和"铁的纪律"将"五育"素质教育与黄炎培职业教育思想联系起来,体现了对学生职业技能、修身立人等方面的素养要求。中国文明赓续五千年,"美的形象"更多强调"五育"素养与中华优秀传统文化的共生,要求学生具备高尚的情操、积极乐观的精神风貌,能够明确自身未来的人生价值方向,为社会主义现代化建设奉献自我。其次,围绕职业教育自身发展特性而言,职业教育人才培养主要聚焦于行业企业岗位群的特定职业能力要求,主要关注综合素质、职业素质和专业能力等三个方面,将其融入育人内涵,共同构成了职业教育素养育人的重要底色,即"强的技能"。最后,结合时代发展需求而言,伴随产业逐步智能化、数字化,劳动力逐步流向创造性工作岗位。勇于创新、敢于创新、善于创新成为当前职业院校学生新的关键能力。因而,南工院将创新创业教育作为职业教育素养育人的主阵地,提出了"创的精神"。可见,"金铁美强创"是一个系统化的整体标准,"金"是灵魂,具有统领性地位;"铁"是保障,是可持续发展的基础;"美"是升华,具有精神力量;"强"是主体,是学生的核心竞争力;"创"是特色,决定了学生发展的

① 夏杰长,叶紫青.共生理论视角下文化遗产与数字科技融合发展研究[J].行政管理改革,2023(10):14-24.

高度。南工院将"五有三性"进行深度融合,在传承中创新,在创新中提升学生的素质。

2. 一个素质教育的职教特色思政方案:创新性探索职教文化价值

文化是国家和民族的灵魂,是意识形态传播的重要途径,它能够以一种间接的知识传递形式使受教育者在潜移默化中受到教育。"以文育人"的思想最早出现在《易经》中,"观乎天文,以察时变,观乎人文,以化成天下";孔子也指出,"故远人不服,则修文德以来之"。可以发现,文化自古以来就具有教化民众的重要作用。南工院以校园文化建设为引领,充分利用隐性教育资源,形成立德树人的职业教育素质教育特色思政方案。

一方面,实现新时代职教文化的发展与创新。南工院以黄炎培职业教育思想为底色,不断总结、深化,形成了其精神体系,即"敢为人先的首创精神、责先利后的奉献精神、敬业乐群的职业精神、追求卓越的奋斗精神",发展确立了以"金的人格、铁的纪律、美的形象、强的技能、创的精神"为特质的素质育人目标,使职业教育思想精神焕发时代光芒。另一方面,以育人文化创新性开展职教特色思政工作。一是将文化融入环境建设。学校建设黄炎培校史馆和黄炎培职业教育思想展览馆,积极组织每一届新生有序参观,树立"手脑并用""做学合一"的理念。学校聚焦工匠精神传承,成立了涵盖人工智能、文化旅游等行业领域的 14 个技能大师工作室,充分发挥技能典型的榜样作用。二是以文化形成活动体系。学校以文化课程为主线,实现通识课程和专业课程的有机结合,依托职教特色、学校文化和专业特点,构建了具有"南工特色"的中华优秀传统文化课程素质教育体系,开设精神类选修课程"黄炎培职业教育思想及其当代价值"和"黄炎培职业教育思想当代价值研究"。三是文化强化行为规范。学校立足自身实际发展情况,制订相应的工匠精神培养计划,开设 32 学时的劳动教育课程,同步印发《大学生思想政治主题教育活动实施方案》,深刻把握立德树人的总体要求,提升学生的综合素质。

3. 一条职业本科素质教育特色育人路径:建成"三并组合"素质教育课程体系、推进"三阶递进"创新素质教育、培育"三师融合"师资队伍、打造"三型协同"育人平台

(1)建成"三并组合"素质教育课程体系。职业技术大学是举办职业本科教育的主力军,承担着为经济社会发展培养高素质技术技能人才的重要使命。课程是学校教学的重要依据,南工院构建"三并组合"的素质教育课程体系,优化职业教育课程教学内容,明确理论联系实际的课程设置标准。近年来,职业教育界强调立德树人的教育方针,致力于实现工匠精神的传承。职业教育如何培养德智体美劳全面发展的高素质技术技能人才?南工院以百年实践探索为基础,建设了"德技并修"的通识课程,传承黄炎培职业教育思想,通过通识课程帮助学生形成良好的职业习惯和职业素养;强化"理实并举"的基础素质课程,鉴于其职业本科教育的类型特色,南工院大幅提升数学、物理等基础理论课程的课时量,重构实验课程,提升理论知识的深度和难度,让学生养成良好的科学文化基础素质。学校还开发了"三跨并行"的专业素质课程,所谓"三

跨",指的是跨岗位、跨专业、跨平台。在专业课程开发层面,南工院基于岗位进行公共能力的提炼,开发专业平台课程;在专业专项能力层面,南工院着眼于岗位群的关键能力,开发专业方向课程;在专业教学资源层面,南工院致力于对多样化教学资源的整合,支持学生模块化选课,满足学生个性化发展需求,实现学生素质的多样化发展;在实习实训层面,南工院跨平台整合实训资源,开展综合性实习实训,培养学生的综合素质与能力。

（2）推进"三阶递进"创新素质教育。南工院围绕"创新、创业、创优"的创新人才培养目标,将创新创业教学设计作为专业素质人才培养的必修模块,推动创新创业教育的发展。相较传统应试教育,素质教育注重培养学生的创新意识、创新精神和创新实践能力,鼓励学生进行自主的、创造性的学习。[①] 职业教育素质教育强调,在职业教育教学过程中要注重创造性。南工院实施分层教学,为不同学习阶段的学生提供了多样化的创新素质教育类型,具体表现如下：面向全体学生,南工院开展普惠创新课程,主要目的在于培养学生的创新思维和意识;面向有专业基础的学生,学校关注其创新能力的发展,致力于提升学生的专业技术创新能力,鼓励学生开展创新活动;面向准毕业生,南工院开发了一系列创新实践项目,要求师生共同参与,深入推进"赛中创""学中创"和"研中创"。

（3）培育"三师融合"师资队伍。为了推动职业教育"双师型"素质教师队伍的建设和改革,学校以制度化的形式推动"双师型"教师成长,发布了《南京工业职业技术大学双师素质教师培养管理办法》《南京工业职业技术大学教师企业实践管理办法》《南京工业职业技术大学教师进修管理办法》。南工院的师资队伍主要包括校内教师、企业兼职教师、技能大师。第一,南工院在人才引进方面主要采取博士引培和促进专业教师博士化两个策略。一方面,完善人才福利保障机制,积极引进博士教师人才,提高人才的学历、素质;另一方面,鼓励教师进修,通过青年博士企业锻炼、在校教师跟岗研修等方式,畅通学术人才的"双师"化素质发展通道。第二,促进企业兼职教师深度参与。企业教师主要从事的是职业院校的实习实训教学工作,通过引进合作企业的工程师人才,可以实现产业链与教育链的有机融合。第三,开展技能大师引领示范活动。大力引培技能大师、技能能手、产业教授重点指导一线生产,组织对校内教师综合实训、技能大赛和创新竞赛的指导和培育,从根本上实现一对一帮扶式成长。此外,学校实施"师德工程""高智工程""双高工程""质量工程"和"国际化人才工程"五大工程,造就一支能够将创新创业教育与素质教育、专业教育紧密融合的师资队伍。

（4）打造"三型协同"育人平台。学校坚持"引产入教、引企入校",打造技术联盟型育人平台,以技术为纽带与西门子等技术上游企业建立联盟,面向技术下游企业联合开展现代学徒制育人。例如,学校与华为、西门子、ABB 等 30 多家世界 500 强企业

---

① 尹伟民. 职业教育素质教育的理论基础、特征及其价值发现[J]. 职业技术教育,2015,36(9)：64-69.

建立深度合作关系,建立校企合作平台 20 多个,与华为共建"华为云与大数据人才培养基地"和"5G＋数字化人才产教融合基地",与西门子共建"智能制造中心"等产教融合基地,主动适应职业教育产教融合素质教育人才培养新模式。打造协同服务型育人平台,校企共建省级研发中心,瞄准一线技术难题,师生共同开展研发,提升技术技能精深水平。2023 年,南工院围绕省级共性需求,联合南京邮电大学、南京航空航天大学相关实验室、中国东方航空江苏有限公司培训中心等多方主体共建技术工程研究中心,开展师生协同化技术难题攻克。学校还打造"双创"孵化型育人平台,与政府、企业共建省级大学科技园,孵化创新企业,不断开发实习岗位,提升技术技能创新性。总之,南工院联合各类平台协同发力,充分推动职业教育与技术进步、生产方式变革和社会公共服务相适应,为培养高素质的职业教育人才服务。

第四节　新时代职业教育素质教育的案例启示

众所周知,职业教育作为我国教育体系的重要组成部分,承担着向社会输送高素质劳动者和专门人才的重要使命。多年来,职业教育坚持发展,不断优化自身类型定位,取得了重要的发展与进步,但依然存在类型教育方式方法有待改善、学生综合素质及人才培养质量有待提高等主要问题。为了解决当前职业教育面临的问题,国家相关部门出台了一系列规章制度,各地、各校也进行了相关的实践性探索,上述中职、高职专科、高职本科院校正是在不同层次开展职业教育素质教育的典型代表,它们的实践经验为我们牢固树立以人为本理念、积极发展素质教育获得了有益的启示。这些启示也为我们今后开展素质教育提供了相关对策。

一、牢固树立素质教育理念,明确职业教育的办学方向,推动学生的全面发展

人才培养目标是对教育本质的规定,是开展教育教学活动的基本依据。培养"高素质技术技能型人才"的目标决定了我们在开展教育教学时要重视学生的德行修养和综合素质。实际上,我国古代教育就提出了"大学之道,在明明德,在亲民,在止于至善",提倡以"立人"为大学的根本宗旨。教育发展的历史也表明,"以人为本"是教育的旨趣,也是教育本体职能的回归。也就是说,为了培养适应社会发展需求的职业人才,以人为本是基本遵循,也是共识。一方面,要以教师为本。《教育部、财政部关于实施职业院校教师素质提高计划(2017—2020 年)的意见》中也指出,要加快建成一支师德高尚、素质优良、技艺精湛、结构合理、专兼结合的高素质专业化的"双师型"教师队伍。案例中的通州中专以"建设德技并修的师资队伍"为建设目标,采用直接和间接两种形

式对学生进行素质教育;苏经贸以"四有"好老师为标准,要求教师实现教书与育人相统一、言传与身教相统一、"经师"和"人师"相统一;南工院则以培育"三师融合"的师资队伍为目标,深化职业院校"双师型"教师队伍的建设与改革。另一方面,要以学生为本。学生是学校教育的中心对象,不同层次的职业院校分别以"培养现代文明人的育人理念""433成才工程""'五有三性'人才培养目标"等育人实践活动为基础,探索人本化的办学经验,为不同层次的职业院校提供了生动的实践案例。对于学生而言,人本化的办学能够帮助其更好地发展自我,成为全面发展的人。可见,职业教育的本质是服务于人的教育,树立人本化的办学理念,才能以服务为本位,办好服务于区域经济社会发展的职业院校,培养出符合市场发展需求的职业人才,帮助其全面发展,灵活适应当前职业岗位的发展与变化。

二、构建现代职业院校素质教育课程体系,开展"五育并举"教育实践活动,有利于进一步提升学生综合素质

为了实现新时代培养德智体美劳全面发展的人才培养目标,职业教育逐步从知识、技能传授转向推动人的全面发展,逐步由"知识本位"走向"素养本位"。课程体系的构建过程其实就是课程价值确立的过程。[①] 职业教育推行"五育并举",其主要目的是纠正原有的教育功利主义倾向和工具性的偏颇。但在实践中,有的职业院校仅仅采取增加德育课程、劳育课程的课时比例等手段,虽然这一举措在一定程度上实现了"五育",但是缺乏"并",从而难以实现"举"。在教育过程中,尤其要注意,"五育"之间的关系应该是相互促进、相互补充的,而非割裂、独立的。同时,职业教育作为一种类型教育,在进行课程构建时,要注意结合自身发展特色,立足区域经济发展、专业课程建设、职业教育自身的主要特色。正如教育家张伯苓所言:"作为一个教育者,我们不仅要教会学生知识,教会学生锻炼身体,更重要的是要教会学生如何做人。"通州中专的"做人教育"实践再次证明,职业院校可以立足于自身实际,做出有特色的德育品牌。课程目标的设计应遵循一定的原则,关注认知、情感、技能等方面的协调发展。从横向上而言,职业院校要遵循职业教育课程设计的基本原则,以能力为本位,从认知、情感、素养三个层面拟定课程目标,以"德育大讲堂""劳模进校园""校园志愿活动"等形式引领学生树立正确理念,促进学生的情感发展,提升学生的综合素养。从纵向上而言,要注意循序渐进,要避免"五育并举"教育目标的割裂,实现全方位、全过程的育人,培养具有良好品德、丰富学识、强健体魄、正确审美和劳动精神的"全人"。"五育并举"的教育实践活动强调在组织"五育"教学时,要以社会实践为载体,促进学生通过多样化的活动感知不同维度的教育教学内容。上述案例职业院校的实践无一不以"五育并举"为根本方针,这一办学宗旨不仅有利于职业院校落实立德树人的根本任务,而且能够促进

① 屈玲,冯永刚."五育并举"学校课程体系的构建及保障[J].中国电化教育,2023(12):41-47.

劳动者综合素质的全面提升。

三、改革职业教育素质教育，需要职业院校的持续努力，也需要社会各界的协同治理

从逻辑上而言，应试教育和素质教育是两种不同的教育形态。就教育目的而言，应试教育是教育过程中成就评估、资源竞争、资格认证的测量手段；素质教育是以全面提升人的素质为根本目的，关注教育目的、方向的教育手段。[①] 两者的偏重不同，应试教育强调的是应试能力，素质教育更强调综合能力。法国社会学家布尔迪厄提出了生态场域理论，认为"生态场域就像一个有机系统，行动者在遵循秩序的前提下，各自按照固有的轨迹进行互动，最终呈现出'人-我-物'三者互补共生的良性态势"[②]。同样地，这一理论也可以运用于职业教育素质教育的改革中，以职业院校为中心，以课程为主导，多主体要素相互协同，形成一个具有内生动力性、可持续发展性、互利共赢性、自我调节性特点的生态系统。长期以来，由于受到学科本位和职业院校自身办学条件的限制，我国职业教育所培养的人才与社会行业、企业的匹配性不强。生态场域理论为职业教育发展提供了一个新的思维视角，构建行业、企业、学校等多主体共生的职业教育生态系统，既是历史选择，又是现实需要。理念的转变最终要落实到实践中。在具体实践过程中，通州中专围绕"四人"，即校园人、家庭人、职业人、社会人开展"现代文明人"的培养工程，实现了学校、家庭、企业、社会共同育人；苏经贸遵循专业与产业相对接的原则，聚焦真实生产任务，突出企业元素和教学元素的有机融合；南工院则以技术为纽带，坚持"引产入教、引企入校"，打造产教融合平台，主动适应产教融合的人才培养新模式。毋庸置疑，各个层次的职业院校都重视合作治理，将生产性和教育性融合，保证了学校的育人主体地位，也为其他主体参与育人过程提供了适宜的渠道。尽管教育本身具有独立性，但这并不意味着素质教育的演进是可以单独完成的。素质教育最为核心的内容在于它所指向的教育目标，其本质特征是主体性、全面性、发展性。《深化新时代教育评价改革总体方案》中明确提出，出台该方案的目的就是通过教育评价总体改革"发展素质教育，引导全党全社会树立科学的教育发展观、人才成长观、选人用人观"。由此可见，素质教育的改革推进，不仅是职业院校自身的事务，而且是全社会共同的职责。唯有如此，素质教育才能够真正落地。

---

　①　金志远，斯日古楞，冯振华. 应试教育与素质教育都是教育手段[J]. 前沿，2001(4)：52-53.
　②　程帆，尹秀文. 生态场域理论视域下的艺术乡村建设[J]. 工业设计，2022(1)：99-101.

参考文献

一、著作

[1] 陈玉琨. 教育评价学[M]. 北京：人民教育出版社,1999.

[2] 单中惠. 外国素质教育政策研究[M]. 山东教育出版社,2004.

[3] 董奇. 教育性评价[M]. 北京：中国轻工业出版社,2005.

[4] 贺祖斌,黄艳芳. 职业教育课程与教学论[M]. 北京：北京师范大学出版社,2010.

[5] 马克思,恩格斯. 马克思恩格斯全集：第2卷[M]. 中共中央马克思、列宁、恩格斯、斯大林著作编译局,译. 北京：人民出版社,1957.

[6] 马克思,恩格斯. 马克思恩格斯全集：第3卷[M]. 中共中央马克思、列宁、恩格斯、斯大林著作编译局,译. 北京：人民出版社,1960.

[7] 马克思,恩格斯. 马克思恩格斯全集：第23卷[M]. 中共中央马克思、列宁、恩格斯、斯大林著作编译局,译. 北京：人民出版社,1972.

[8] 马克思,恩格斯. 马克思恩格斯全集：第46卷[M]. 中共中央马克思、列宁、恩格斯、斯大林著作编译局,译. 北京：人民出版社,1979.

[9] 毛家瑞,孙孔懿. 素质教育论[M]. 北京：人民教育出版社,2000.

[10] 齐学红,马建富. 职业学校班主任[M]. 南京：南京师范大学出版社,2007.

[11] 沈玉顺. 现代教育评价[M]. 上海：华东师范大学出版社,2002.

[12] 思想道德修养与法律基础编写组. 思想道德修养与法律基础[M]. 北京：高等教育出版社,2015.

[13] 宋砚清,孙卫东. 高职高专创业教育研究[M]. 南京：东南大学出版社,2015.

[14] 王孝玲. 教育评价的理论与技术[M]. 上海：上海出版社,2001.

[15] 吴钢. 现代教育评价基础[M]. 上海：学林出版社,1996.

[16] 肖远军. 教育评价原理及应用[M]. 杭州：浙江大学出版社,2004.

[17] 燕国材,刘振中. 素质教育论[M]. 南京：江苏教育出版社1997.

[18] 赵志群. 职业教育与培训学习新概念[M]. 北京：科学出版社,2003.

二、期刊论文

[1] 白益民. 教师的自我更新：背景、机制与建议[J]. 华东师范大学学报(教育科学版),2002(4)：28-38.

[2] 蔡敏. 论教育评价的主体多元化[J]. 教育研究与实验,2003(1)：21-25.

[3] 查建明,田雨. 论译者主体性[J]. 中国翻译,2003(1)：19,24.

[4] 常英华. 教师教学反思的意义、内涵及实践路径[J]. 教育理论与实践,2023,43(28)：41-45.

[5] 车丽娜,王晨. 教学评价改革的现实成就与未来趋向[J]. 课程·教材·教法,2023,43(9)：75-83.

[6] 陈家颐. "节约型"高职公共基础课改革的实践与思考[J]. 职业技术教育,2005,26(29)：32-34.

[7] 陈捷,徐倩仪,李祥. 增强职业教育适应性：职业教育政策注意力变迁的三维分析及其逻辑阐释：基于1987—2022年《教育部工作要点》的文本分析[J]. 中国职业技术教育,2023(5)：63-73.

[8] 陈佑清. 论"素质教育"概念的规定及其特性[J]. 南京师大学报(社会科学版),1999(1)：72,74,75.

[9] 程帆,尹秀文.生态场域理论视域下的艺术乡村建设[J]. 工业设计,2022(1)：99-101.

[10] 戴斌荣. 论全面推进素质教育的难点：评价方法[J]. 天津师范大学学报(基础教育版),2002(2)：8-10.

[11] 刁爱华. 对新形势下高职院校构建具有职业特色校园文化的探讨[J]. 教育与职业,2012(26)：30-31.

[12] 丁绚. 高职院校学生职业能力可持续发展的培养[J]. 教育与职业,2015(33)：85-86.

[13] 董显辉. 职业文化的内涵解读[J]. 职教通讯,2011(15)：5-9.

[14] 葛鑫伟. 高职院校通识教育改革的困境及实践路径研究[J]. 苏州市职业大学学报,2023,34(4)：67-71.

[15] 郭红霞,岳定权. 多元智能理论对素质教育评价原则的支撑[J]. 周口师范学院学报,2005(6)：116-118.

[16] 郭思乐. 素质教育的生命发展意义[J]. 教育研究,2002(3)：9-13.

[17] 杭国英,武飞,武少侠. 高职院校人文素质教育评价体系构建[J]. 高等教育研究,2011,32(7)：68-74.

[18] 郝天聪. 指向一体化的高质量职业教育人才培养路径探析[J]. 中国职业技术教育,2022(7)：18-22.

[19] 洪剑锋. 高职院校学生综合素质教育评价体系建设研究[J]. 中国多媒体与网络教学学报(中旬刊),2023(8):134-137.

[20] 侯利平. 高职院校公共基础课教学要科学定位[J]. 职业圈,2007(17):131-132.

[21] 黄永隆,刘铭良. 论职业教育中基础课的定位与实施[J]. 职业技术教育,2003,24(19):37-39.

[22] 姜大源. 跨界、整合和重构:职业教育作为类型教育的三大特征:学习《国家职业教育改革实施方案》的体会[J]. 中国职业技术教育,2019(7):9-12.

[23] 金志远,斯日古楞,冯振华. 应试教育与素质教育都是教育手段[J]. 前沿,2001(4):52-53.

[24] 匡兴华,吴东坡. 关于素质教育几个相关概念的辨析[J]. 高等教育研究学报,2010(1):13.

[25] 兰国帅,黄春雨,杜水莲,等. 数字化转型助推欧盟公民终身学习能力框架:要素、实践与思考[J]. 开放教育研究,2023,29(3):47-58.

[26] 朗双菊,陈瑶. 德国职教师资培养专业化:演进历程、主要模式与发展趋向[J]. 中国职业技术教育,2023(21):70-75.

[27] 李德方,破解无奈选择的"三个关键点"[J]. 江苏教育,2018(36):12-14.

[28] 李德方,现阶段我国高等职业教育发展问题及对策:基于入学与就业的视角[J],职教论坛,2010(34):20-23.

[29] 李东风,葛力力. 对高职公共基础课既要重视又要适度:兼与张新德老师商榷[J]. 职教论坛,2006(10):30-32.

[30] 李贺,魏麟懿. 职业本科学生职业核心素养培育探索[J]. 教育与职业,2024(1):108-111.

[31] 林蔚然,徐伟国,陈凯,等. 实践课程在线教学改革探索:以智能追光光伏发电装置实践单元为例[J]. 实验技术与管理,2022,39(4):178-180+185.

[32] 刘先捍. 明确素质教育评价的特点和原则,构建中小学素质教育评价的目标体系[J]. 当代教育论坛,2003(5):57-59.

[33] 刘晓,沈希. 我国职教师资培养:历史、现状与体系构建[J]. 河北师范大学学报(教育科学版),2013,15(11):71-76.

[34] 刘晓敏. 高等职业教育评价的现状、问题及对策研究[J]. 职业技术教育,2005,26(7):20-23.

[35] 柳夕浪. 从"素质"到"核心素养":关于"培养什么样的人"的进一步追问[J]. 教育科学研究,2014(3):5-11.

[36] 罗芳香. 新时代通识教育的特点及实施路径[J]. 普洱学院学报,2022,38(3):103-105.

[37] 孟景舟. 中国职业教育独特的价值与使命[J]. 职教论坛,2021,37(6):23-28.

[38] 彭维锋. 新时代劳模精神、劳动精神、工匠精神的理论内涵与实践导向[J]. 江西社会科学,2021,41(5):208-217+256.

[39] 邱爽,潘伟. 发达国家职教师资培养模式及其对我国的启示[J]. 广西职业师范学院学报,2022,34(1):87-93.

[40] 屈玲,冯永刚. "五育并举"学校课程体系的构建及保障[J]. 中国电化教育,2023(12):41-47.

[41] 石伟平,唐智彬. 增强职业教育吸引力:问题与对策[J]. 教育发展研究,2009,29(Z1):20-24.

[42] 史文晴,匡瑛. 基于"双创"教育的高职学生职业素养培育研究:内涵、特征及融合路径[J]. 中国职业技术教育,2020(8):67-71.

[43] 孙孔懿. 以人为本的郑重承诺:素质教育本质特征再认识[J]. 江苏教育研究,2006(3):6.

[44] 孙琳,何奇彦,夏光蔚. 职业学校关键办学能力提升:内涵实质、理论基础、构成要素[J]. 中国职业技术教育,2024(9):50-55.

[45] 孙琳,孙诚,刘义国. 职业教育的素质教育实施[J]. 职业技术教育,2009,30(15):67-69.

[46] 滕伟. 产教融合视域下行业组织参与职业教育的路径探析[J]. 机械职业教育,2020(11):1-4.

[47] 王传兵,仇奔波. 素质教育课程评价体系的构建[J]. 教育探索,2003(6):30-32.

[48] 王盈,李平. CIPP模式在高校文化素质教育课程评价中的应用[J]. 宁波大学学报(教育科学版),2009,31(3):1-6.

[49] 王育培. 高职院校订单培养"热"的"冷"思考[J]. 职教论坛,2008(16):27-30.

[50] 吴爱华,侯永峰,郝杰,等. 以"互联网+"双创大赛为载体,深化高校创新创业教育改革[J]. 中国大学教学,2017(1):23-27.

[51] 吴迪. 多元性:素质教育评价的特征[J]. 中国教育学刊,2001(4):38-40.

[52] 吴国庆,赵静. 高质量发展背景下职业教育教师培养体系建设[J]. 中国职业技术教育,2023(5):12-18.

[53] 吴沈娟. 基于"双创与五育融合"的高职创新创业教育研究[J]. 现代职业教育,2024(1):33-36.

[54] 吴遵民,邓璐. 终身学习与高校教师的专业发展[J]. 大学教育科学,2007(5):69-73.

[55] 夏杰长,叶紫青. 共生理论视角下文化遗产与数字科技融合发展研究[J]. 行政管理改革,2023(10):14-24.

[56] 谢勇旗. 职业院校教师专业实践能力的缺失与养成[J]. 中国高教研究,2012(1):95-97.

[57] 徐国庆.确立职业教育的类型属性是现代职业教育体系建设的根本需要[J]. 华东师范大学学报(教育科学版),2020(1):1-11.

[58] 徐兰. 以企业为主导的第三方职业教育质量评价体系构建[J]. 职教论坛,2015(22):69.

[59] 杨露. 马克思关于人的全面发展理论对高校思想政治教育的价值引领[J]. 学校党建与思想教育,2011(25):48-49.

[60] 尹景玉,齐福荣. 高职院校素质教育研究[J]. 中国高教研究,2005(11):61-62.

[61] 尹庆双,肖磊,杨锦英. 人的全面发展:时代特质、内涵延展与理论意义[J]. 政治经济学评论,2023,14(6):102-126.

[62] 尹伟民,李德方,周向峰. 适合的职业教育:基于类型教育的内涵分析[J]. 中国职业技术教育,2019(13):22-27.

[63] 尹伟民. 职业教育素质教育的理论基础、特征及其价值发现[J]. 职业技术教育,2015,36(9):64-69.

[64] 应金萍. 论高职实践教学体系的构建及作用[J]. 职教论坛,2005(6):39-41.

[65] 于颖,段雅雯. 德国"职业教育4.0战略"对我国职校师资队伍建设的启示[J]. 职业教育研究,2023(4):92-96.

[66] 张丹,朱德全. 从单一到多元:新时代职业教育师资队伍建设的改革设想[J]. 职教论坛,2020,36(10):80-89.

[67] 张宏亮. 行业企业参与职业教育质量评价研究:指标体系、实施路径及保障机制[J]. 中国职业技术教育,2015(33):5-9.

[68] 张洁. 小学信息科技课堂深度学习策略[J]. 第二课堂(D),2023(12):10.

[69] 张敏,陈庆红. 麻醉科护士职业认同现状及其影响因素分析[J]. 护理学杂志,2023,38(10):50-53.

[70] 张思琪,匡瑛. 职业教育科教融汇的新定位、特征与推进策略[J]. 职教论坛,2023,38(5):5-12.

[71] 张志军,郭莹. 高职学生职业核心素养培育路径探究[J]. 中国职业技术教育,2017(4):52-56+65.

[72] 周丙洋. 高职学生素质教育项目化实施与评价探究:基于可持续发展能力培养视角[J]. 学校党建与思想教育,2013(27):58-59.

三、学位论文

[1] 刘子怡. 基于 CIPP 模式的高中英语口语教学评价研究[D]. 延安：延安大学,2023.

[2] 王海燕. 技术支持的教师教学反思研究[D]. 上海：华东师范大学,2010.

四、报刊文献

[1] 陈金彪. 工匠精神匠心追梦技能报国[N]. 中国教育报,2021-12-9(6).

[2] 张烁. 我国职业教育迈入高质量发展新阶段[N]. 人民日报,2020-2-9(2).

后 记

　　一转眼，拙作《职业教育素质教育论》一书出版已近十年。十年里我国职业教育改革发展波澜壮阔，从《国务院关于加快发展现代职业教育的决定》出台，到《国家职业教育改革实施方案》发布，再到《中华人民共和国职业教育法》修订，新时代的职业教育在过去发展的基础上，体系建设不断深化，内涵建设不断加强，培养质量要求不断提升，这也要求职业教育素质教育与时俱进、推陈出新。从现实情况来看，尽管这十年也是职业教育素质教育理论和实践不断深化的十年，但从总体上而言，职业教育素质教育尚处于探索阶段，全面提升职业教育素质教育质量依然任重道远。正是在这样的背景下，我们想围绕着职业教育发展的新形势、素质教育面临的新变化、数字时代职业教育面临的新业态、教育强国征程上职业教育面临的新任务、中国式现代化建设职业教育面临的新挑战等，对《职业教育素质教育论》进行一次修订，今天呈现在各位面前的这部修订版便是我们在以上背景条件下进一步思考、研究后修撰而成的。

　　与第一版相比，本书在以下几个方面作了新的探索、尝试。一是深化了职业教育素质教育的内涵与特征研究。本书明确了职业教育素质教育的核心要义，即以学生为中心，注重学生的全面发展，培养学生的职业道德素养、职业知识素养、职业能力素养和创新创业素养。同时，本书还分析了职业教育素质教育的四个显著特征：教育对象的人本性、教育目标的全面性、教育过程的创造性以及教育结果的发展性。我们深刻感受到职业教育素质教育的核心在于人本性。教育对象是人，是活生生的、有思想、有感情、有梦想的个体。因此，职业教育素质教育必须以人为本，关注学生的全面发展。二是拓展了新时代职业教育素质教育的核心内容。通过采用归纳法、调查法和比较法，本书提出了职业教育素质教育内容的演变与实施路径，并强调了新时代职业教育素质教育的职业道德素养、职业知识素养、职业能力素养和创新创业素养等核心内容，为职业教育素质教育的实践提供了明确的指导。三是构建了职业教育素质教育的评价体系。本书提出了评价的原则、主体、内容和方法，包括多元性原则、综合性原则、导向性原则和可行性原则，以及评价的目的、主体与客体、方法等。同时，本书还详细阐述了评价的实施过程，包括前期准备、制订评价方案、收集评价指标数据、客观分析评价结果等步骤，为职业教育素质教育的质量监控与持续改进提供了有力的保障。四是增加了新时代职业教育素质教育的实践成果与经验启示。本书选取了三个具有代表性的案例,深入剖析了新时代职业教育素质教育的实施效果与存在的问题,总结了经验与教训。这些案例展示了职业教育素质教育的实践成果,也为我们提供了深刻的启示。此外,修订版还在结构、体例上作了较大的调整,按照职业教育素质教育的内涵、要素、实践和启示的逻辑顺序呈现研究结果,尽量使之有浑然一体的逻辑感。

尽管自觉为本书作了许多努力,但我们深知本书还存在许多不足和需要完善的地方。职业教育素质教育是一个不断发展和变化的领域,同时也是一项系统性工程,其开展需要政府、学校、企业和社会各界共同努力。特别是在风起云涌的时代发展中,职业教育素质教育新的理念、模式和方法将层出不穷。因此,修订版也只能作为一个阶段性的成果,为后续的研究和实践提供一定的参考和启示。在未来的日子里,我们将继续关注和研究职业教育素质教育的发展动态,不断更新和完善其理论和实践体系。

最后,要感谢所有支持和帮助我们的人,特别感谢李德方、马建富、吴济慧、吕莉敏、陈春霞、陈东勤、孙健、马欣悦、邹心鋆等同志付出的智慧和劳作。还要借此机会感谢家人对我们的理解和支持,感谢同事和朋友们对我们的鼓励和帮助,感谢为本书提供案例的中职、高职专科和高职本科院校的领导、老师们,感谢所有为职业教育素质教育作出贡献的前辈和同人——是你们的理解、支持和探索为我们提供了修订本书的灵感和动力。此外,在本书修订过程中,我们参考了许多专家、学者的研究成果,尽管已经努力按照规范要求进行了引用标注,但挂一漏万,对已经呈现和未能呈现的所有成果著作者,在此一并表达谢意!

尹伟民